프랜차이즈 예비창업자를 위한 가이드

프랜차이즈
계약과 창업

이성희 · 이성훈

머리말

일상의 삶을 불편하게 만든 코로나19는 프랜차이즈 창업시장에도 큰 영향을 미치고 있다. 꾸준히 요구되어 온 가맹본부와 가맹점 간의 "상생경영"은 이제 필수가 되었고, 공정거래위원회도 가맹점에게 로열티 할인, 필수품목 공급가격 인하, 광고·판촉비 지원, 매출감소 손해보전 등을 지원하는 가맹본부에게 '착한 프랜차이즈 확인서'를 발급하면서 적극적인 상생경영 참여를 유도하고 있다.

프랜차이즈 가맹점 창업에 성공하기 위해서는 공정한 거래를 하면서 갈등이나 분쟁 없이 상생할 수 있는 가맹본부를 발굴하는 것이 무엇보다 중요하다. 그러기 위해서는 정확한 정보를 충분히 검토한 후 가맹계약을 체결하여야 한다.

프랜차이즈는 가맹본부와 가맹점사업자가 상호 권리와 의무를 규정하는 가맹계약을 체결하고 계약기간 동안 지속적인 거래를 하며 상생하는 시스템 사업이다. 이 책에서는 프랜차이즈 계약과 창업 관점에서 프랜차이즈를 대표하는 Main-Keyword로 정보(Information), 계약(Contract), 공정(Fairness), 분쟁(Conflict), 상생(Symbiosis) 등 5가지를 제시하고 있다.

이 책은 프랜차이즈 계약과 창업 시 유의해야 할 사항으로 가맹사업법을 중심으로 5가지 Main-Keyword와 35개 Sub-Keyword를 정하고, 키워드별 예비창업자가 궁금해 하는 유의사항을 구체적이면서도 이해하기 쉽게 질의하고 응답하는 "Q&A" 구조로 설명하고 있다.

이 책에서 가장 차별화된 코너는 35번째 Sub-Keyword "정보공개서 분석을 통한 상생 가맹본부 발굴 Point"이다. 정보공개서 내용에 대해 가맹사업법 시행령 [별표 1]에서 정한 기준과 정보공개서 표준고시 기준에 대해 항목별로 어떻게 해석하여야 하는지를 쉽게 설명하기 위해 Q&A로 정리하였다. 이 코너는 가독성을 높이기 위해 별지 형식으로 구성되었으며, 가시성을 높이기 위해 정보공개서 표준고시 내용을 이미지화하여 구성하였다.

이 책은 2020년 시행된 가맹사업법 법령 및 시행령, 2020년 개정된 정보공개서 표준고시, 2020년 세분화된 업종별 표준계약서 내용이 반영되어 최신 정보를 제공하고 있다. 최근 개정된 법령 및 고시 내용을 통해 프랜차이즈 변화를 분석해 보면 가맹본부의 규제는 강화되고, 가맹점사업자의 권익은 확대되는 듯하다.

가맹점사업자의 권익이 확대된다 하더라도 그 내용을 정확히 모른다면 불공정한 거래에서도 자신의 의견을 정확히 주장하지 못해 손해를 볼 수 있다. 또 객관적인 기준으로 면밀히 살피지 않으면 '착한 프랜차이즈', '좋은 프랜차이즈'로 평가되어 있으나 실제로는 법을 수시로 위반하거나 시스템이 명확하지 않아 분쟁이 잦은 가맹본부를 선택하는 오류를 범할 수도 있다.

창업은 많은 비용이 소요되고 다양한 외부환경 등의 변화로 실패할 위험이 높기 때문에 관심 업종과 자신에게 적합한 가맹본부 및 브랜드를 선택하기 위한 정보를 수집하는데 충분한 시간을 갖고 학습역량을 강화한 뒤 시작하는 것이 바람직하다.

이 책이 자신만의 기준을 갖고 목표 달성을 위해 성실히 노력하는 가맹희망자에게 도움을 줄 수 있는 지침서가 되길 바란다.

2020. 8.

저자 이성희, 이성훈

차 례

Main-Keyword I

정보(Information) : 가맹계약 체결 전 정보 수집 시 유의사항

Main-Keyword II

계약(Contract): 가맹계약 체결 전 가맹계약 내용 검토 시 유의사항

Main-Keyword III

공정(Fairness): 가맹사업 기간 중 공정성 검토 시 유의사항

01. 프랜차이즈
02. 가맹사업법
03. 정보공개서 주요내용
04. 정보공개서 등록의무
05. 정보공개서 제공의무
06. 가맹계약서 주요내용
07. 가맹계약서 제공의무
08. 허위 · 과장정보 제공금지
09. 예상매출액산정서 제공의무
10. 가맹금 정의
11. 가맹금 예치의무
12. 가맹금 반환의무

Main Keyword

1

정보(Information)

: 가맹계약 체결 전 정보 수집 시 유의사항

프랜차이즈 가맹점을 창업하여 성공하는 가장 빠른 지름길은 상생하는 가맹본부와 함께하는 것이다. 상생하는 가맹본부를 발굴하기 위해서는 가맹계약 체결 전 "정보"를 신중하게 충분히 검토하는 것이 무엇보다 중요하다.

가맹사업법을 알면 가맹점 성공이 보인다.
가맹사업법은 가맹본부와 가맹점 간의 공정한 거래를 바탕으로 한다.
프랜차이즈 가맹점 창업을 준비하면서 가맹사업법을 숙지한다면 최소한 가맹본부를 잘못 선택하는 실패는 막을 수 있다.

가맹점 창업을 준비하면서 정보를 탐색하다 보면 용어가 생소하여 문서가 의미하는 바를 정확히 이해하기 어렵고, 문서를 해석하는 기준 및 프랜차이즈 가맹점을 준비하는 예비창업자로서 필수로 인지해야 하는 중요한 제도를 잘 이해하지 못해 어려움을 겪는 경우가 많다.

프랜차이즈 창업을 위해 꼭 알아야 하는 법은?
프랜차이즈와 가맹사업은 같은 말인가?
가맹금과 가맹비는 같은 돈인가?
정보공개서와 가맹계약서 중 어떤 문서가 더 중요할까?
인근가맹점 현황문서, 예상매출액 산정서는 어떤 기준으로 해석해야 하나?
허위 과장된 정보는 매출과 관련된 내용에만 금지되어 있나?
가맹금은 왜 예치하나?
가맹금 반환은 언제 요구할 수 있나? 등등

본 장은 상생하는 가맹본부를 발굴하기 위해 가장 필수적인 "정보"를 탐색하면서 필수로 숙지해야 하는 가맹사업 관련 내용을 키워드별로 자세히 설명하여 이해하기 쉽도록 요약 · 정리해 줌으로써 예비창업자의 실패를 예방할 수 있는 가이드라인을 제시하고자 한다.

Keyword 01

프랜차이즈

"프랜차이즈(franchise)" 사업은 가맹본부가 직접 운영하는 매장만으로 구성된 직영사업(直營事業)과 가맹본부와 가맹점사업자가 가맹계약을 체결하고 계약기간 동안 동일한 브랜드를 사용하며 가맹본부의 지원·교육·통제하에 매장을 운영하는 가맹사업(加盟事業)으로 구분된다.

국내 프랜차이즈 기업은 직영사업만 하는 기업도 있고, 가맹사업만 하는 기업도 있으며, 두 가지 형태를 복합적으로 운영하는 기업도 있다. 이 중 일부라도 가맹사업을 추진하는 기업은 가맹사업법 적용을 받는다.

Keyword Key point

- 가맹사업법은 프랜차이즈 기업 중 가맹점을 모집하여 진행하는 경우만 적용받는다.
- 가맹사업과 유사한 대리점, 특약점, 판매점 등은 가맹사업법 적용을 받지 않는다.
- 가맹희망자는 가맹지역본부 및 가맹중개인과 가맹계약 체결 시 반드시 가맹본부가 부여한 권한의 범위를 검토해야 한다.

Q01. 가맹사업이란 무엇인가요?

A01. 가맹사업법에서 정의하는 가맹사업이란 가맹본부가 가맹점사업자로 하여금 자기의 상표·서비스표·상호·간판 그 밖의 영업표지를 사용하여 일정한 품질기준이나 영업방식에 따라 상품 또는 용역을 판매하도록 함과 아울러 이에 따른 경영 및 영업활동 등에 대한 지원·교육과 통제를 하며, 가맹점사업자는 영업표지의 사용과 경영 및 영업활동 등에 대한 지원·교육의 대가로 가맹본부에 가맹금을 지급하는 계속적인 거래관계를 말합니다.

다시 말해, 다음의 6가지 조건을 "모두" 만족하여야 가맹사업에 해당되며, 이 중 하나라도 적용되지 않는다면 가맹사업법 적용을 받지 않습니다.

1. 가맹본부와 가맹점사업자는 사업자등록증을 보유한 독립된 사업자여야 합니다.
2. 가맹본부는 가맹점사업자에게 브랜드, 로고 등의 영업표지 사용을 허락하여야 합니다.
3. 가맹본부는 경영 및 영업활동 등에 대해 지원·교육 및 통제를 하여야 합니다.
4. 가맹점사업자는 일정한 품질기준이나 영업방식에 따라 상품을 판매하여야 합니다.
5. 가맹점사업자는 가맹본부의 지원·교육에 대한 대가로 가맹금을 지급하여야 합니다.
6. 가맹본부와 가맹점사업자 간에는 계속적인 거래관계가 유지되어야 합니다.

Q02. 가맹사업인 듯 가맹사업 같은 영업점도 가맹사업법 적용되나요?

A02. 가맹사업법은 가맹사업의 성립요건으로 동일한 영업표지의 사용과 가맹금의 지급, 가맹점에 대한 통제와 지원·교육, 계속적 거래관계 등으로 정하고 있습니다. 다시 말해 가맹본부의 시스템이 이 중 하나라도 충족하지 않으면 가맹사업이 아니며 가맹사업법의 적용을 받지 않습니다.

기타 가맹사업과 유사한 내용에 대하여 공정거래위원회가 해석하는 기준은 "가맹사업에 해당하는지 여부를 판단하는 기준(☞ <참고사항> 참조)"을 참고하시기 바랍니다.

참고로, 최근 가맹사업의 어려움을 호소하며 특약점이나 판매점등의 명칭을 활용하여 편법으로 가맹점을 모집하는 업체가 증가하고 있습니다. 이렇게 의도적으로 가맹사업법을 회피하는 가맹본부는 상담 단계부터 고려하지 않는 것이 현명합니다.

참고사항

가맹사업에 해당하는지 여부를 판단하는 기준 – "가맹사업법 적용대상이 아닌 경우"

구분	내용
영업표지 사용 관련	가맹점사업자가 자신의 상호만을 사용하는 경우
	외관상 가맹본부의 상호(영업표지)를 사용하는 것으로 보기 어렵고 가맹본부가 공급한 상품 등에서만 간접적으로 영업표지를 사용하는 경우
"상당한" 통제·지원 및 교육을 하지 않는 경우	가맹본부가 가맹점사업자에 대하여 상표법에 의한 상표권을 보호하기 위해서 상표사용의 통제만을 행하는 경우(라이센스 계약 등)
	가맹본부가 가맹점사업자에 대하여 법령이나 조례, 규칙 등에 정해진 보건이나 안전상 제한에 관련된 통제만을 행하는 경우
	가맹본부가 가맹점사업자에게 사업자금 조달을 위한 지원을 행하는 경우
가맹사업법상 "가맹금"을 받지 않는 경우	"가맹금"이란 명칭이나 지급형태가 어떻든 간에 가맹점사업자가 가맹점운영권을 취득하거나 유지하기 위하여 가맹본부에 지급하는 모든 대가로서 가입비·입회비·가맹비·교육비, 계약이행보증금, (비)정기적인 로열티, 도매가격을 넘는 대가 등 모든 형태의 금원을 의미
독립적인 사업자 사이의 계속적인 거래관계가 아닌 경우	위탁자와 위탁매매인, 본인과 대리상의 관계는 자신의 계산으로 사업을 영위하지 않아 해당 계약상 거래의 손익 등 권리의 귀속측면에서 독립되어 있지 않음

출처: 공정거래위원회 홈페이지

Q03. 가맹본부는 본사와 같은 의미인가요?

A03. 가맹사업법에서 정의하는 가맹본부란 가맹사업과 관련하여 가맹점사업자에게 가맹점운영권을 부여하는 사업자를 말하며, 다른 표현으로 “본사”, “회사”, “갑”, “상” 등으로 표현됩니다.

Q04. 가맹점사업자는 점주와 같은 용어인가요?

A04. 가맹사업법에서 정의하는 가맹점사업자란 가맹사업과 관련하여 가맹본부로부터 가맹점운영권을 부여받은 사업자를 말하며, 다른 표현으로 “점주”, “가맹점주”, “가족점주”, “을”, “생” 등으로 표현됩니다.

Q05. 가맹사업의 가맹점운영권은 무엇인가요?

A05. 가맹사업법에서 정의하는 가맹점운영권이란 가맹점사업자가 가맹본부의 가맹사업과 관련하여 가맹점을 운영할 수 있는 계약상의 권리를 말합니다. 가맹본부는 가맹계약 체결과 동시에 이의 권리를 가맹점사업자에게 부여하고, 가맹점사업자는 이의 대가로 가맹본부에 가맹금을 부담합니다.

Q06. 가맹희망자는 가맹점 창업을 준비하는 자를 의미하나요?

A06. 가맹사업법에서 정의하는 가맹희망자란 가맹계약을 체결하기 위하여 가맹본부나 가맹지역본부와 상담하거나 협의하는 자를 말합니다. 또한, 예비창업자 중 가맹점 창업을 준비하는 자를 의미하며 가맹희망자가 가맹계약 체결 후에는 가맹점사업자로 표현이 변경됩니다.

Q07. 가맹지역본부(지사)와 가맹계약을 체결해도 되나요?

A07. 가맹사업법에서 정의하는 가맹지역본부(지사)란 가맹본부와의 계약에 의하여 일정한 지역 안에서 가맹점사업자의 모집, 상품 또는 용역의 품질유지, 가맹점사업자에 대한 경영 및 영업활동의 지원·교육·통제 등 가맹본부의 업무의 전부 또는 일부를 대행하는 사업자를 말합니다.

가맹본부의 업무의 효율성 제고를 위해 가맹지역본부(지사)를 운영하면서 지사계약을 체결하고 가맹점 모집권한, 가맹계약 체결권한, 가맹금 수령권한, 가맹점 관리권한, 물품공급 등의 권한을 부여합니다. 이는 가맹본부의 대리업무에 해당할 수 있습니다.

가맹점사업자는 지사계약 체결 여부와 가맹본부가 부여한 권한에 대해 자세히 검토한 후 가맹계약을 체결할 필요가 있습니다. 자세한 내용은 "프랜차이즈 클리닉 <에피소드> 1." 코너를 참고하시기 바랍니다.

Q08. 가맹중개인은 가맹점 모집만 하나요?

A08. 가맹사업법에서 정의하는 가맹중개인이란 가맹본부 또는 가맹지역본부로부터 가맹점사업자를 모집하거나 가맹계약을 준비 또는 체결하는 업무를 위탁받은 자를 말합니다. 그럼에도 불구하고 가맹본부와 가맹중개인과의 협의 하에 업무 범위를 정하여 진행합니다. 일부 가맹중개인은 가맹점 모집 업무만 진행하고, 일부는 가맹계약 체결까지 진행하기도 합니다.

가맹본부는 가맹점사업자 모집 업무를 직접 진행하기도 하지만 외부기관에 위탁하기도 합니다. 가맹본부가 가맹점사업자를 직접 모집하지 않고 창업대행업체 등의 외부기관을 통해 가맹점을 모집하는 경우, 창업대행업체에서 컨설턴트가 즉, 가맹중개인이 가맹점사업자 모집부터 가맹계약체결 업무까지 진행하고 개점지원 업무부터 가맹본부로 이관되어 진행됩니다.

가맹중개인과의 가맹계약 체결은 가맹지역본부(지사)와의 거래보다 더 불안한 형태입니다. 따라서 가맹중개인이 설명한 내용에 대해 가맹본부 대표자 또는 책임자와의 미팅을 통해 진위 여부를 확인한 후 가맹계약을 체결하는 것이 좋습니다.

〈에피소드〉 1. 프랜차이즈 지사계약도 가맹계약일까?

상황

영어학원 지사를 운영하고 있는 A는 2011년경 가맹본부 B사와 계약기간을 1년으로 하는 '000영어 △△지사'에 관한 계약을 체결하고, 2012. 1. 1. 계약기간을 1년 갱신하여 이를 운영하였다.

A는 2013. 1. 1. 가맹본부인 B사와 지사 계약기간을 6개월로 하는 재계약을 체결하여 운영해 오던 중 가맹본부는 2013. 4. 29. A에게 2013. 6. 30.부로 계약기간 만료로 지사계약이 종료됨을 서면통지 하였다.

가맹점 주장

A는 가맹본부 B사에게 계약기간의 연장을 수차례 구두로 요청하였음에도 명확한 갱신거절 사유없이 계약의 종료를 통지함은 부당하다고 주장한다.

가맹본부 주장

가맹본부인 B사는 별도의 답변을 하지 않았다.

분쟁조정협의회 권고

계약서 검토 및 분쟁당사자에 대한 사실관계 조사 결과 본 건 계약은 A가 '가맹점사업자 모집, 상품의 유통, 상품 또는 용역의 품질유지, 가맹점사업자에 대한 경영 및 영업활동의 지원 · 교육 · 통제 등 가맹본부의 업무의 전부 또는 일부를 대행'하는 내용의 계약으로서, A는 가맹사업법 제2조 제7호의 규정에 의거한 '가맹지역본부'에 해당한다고 할 것이므로 이 사건 신청내용은 가맹사업거래에 관한 분쟁이 아니라고 판단한다.

공정거래위원회는 '가맹지역본부'와 '가맹본부'의 분쟁과 관련하여 가맹사업법을 통해 보호받기 어렵다는 이유로 「독점규제 및 공정거래에 관한 법률」을 적용하여 가맹본부에게 시정명령 및 과징금을 부과한 사례가 있다(공정거래위원회 2011. 6. 30. 의결 제2011-090호 ㈜제너시스 비비큐의 거래상지위남용행위에 대한 건).

따라서 이 사건 분쟁은 가맹사업법 제21조에서 규정한 협의회의 분쟁조정대상에 해당하지 아니하므로 조정신청을 각하하고, 조정절차를 종료하고, 이 사건 분쟁은 공정거래법 적용대상이므로 공정거래분쟁조정협의회로 이관하였다.

지사 즉, 가맹지역본부는 일정한 지역에서 일정한 기간 동안 주어진 역할에 맞게 프랜차이즈 가맹본부를 대행하는 가맹본부이다. 따라서 지사는 일정 지역에서 가맹본부로서 역할을 수행하게 되며 이 경우 가맹본부로서의 의무가 발생하게 된다.

가맹본부는 지역별로 지사를 통해 프랜차이징을 전개함으로써 빠른 기간 안에 효과적으로 가맹점을 개설하여 규모의 경제를 추구하고자 한다. 특히, 원거리의 경우 가맹본부가 가맹점 개발과 계약 및 지원과 관리를 할 경우 시간과 비용면에서 비효율적이기 때문에 지사를 통한 관리를 추구하게 된다. 외국지사의 경우 가맹본부의 모든 역할을 위임하는 마스터프랜차이징계약이 주를 이루고 있다.

그런데 국내의 지사는 마스터프랜차이징 방식이 아니라 가맹본부의 일정부분 통제를 받는 제한적 역할을 하는 경우가 대부분이다. 때문에 가맹점 개발권, 가맹금 수령권, 물류권, 계약기간 종료 후의 가맹계약의 주체 등 여러 분야에서 가맹본부와 지사 간 갈등이 표출된다.

프랜차이즈 지사 계약은 가맹계약과 다르므로 가맹사업법의 적용을 받지는 않는다. 따라서 지사계약은 자유롭게 가맹본부와 지사가 계약의 내용을 협의하여 작성하는 것을 원칙으로 하며, 그 내용은 다음과 같다.

첫째, 지사의 주체는 누구인가. 둘째, 지사의 범위 즉 어느 지역을 지사 관할 지역으로 할 것인지 여부. 셋째, 지사계약 기간. 넷째, 계약종료 이후의 관계인 지사 관할 가맹점의 귀속주체(가맹본부로 귀속 등의 문제와 권리금 문제). 다섯째, 지사비와 보증금 등의 규모. 여섯째, 지사권의 양도양수 인정여부. 일곱째, 지사에 부여하는 권한과 의무 즉, 가맹점 개발권의 유무, 가맹계약 체결권의 주체가 본사인지 지사가 주체인지 여부, 가맹점 관리 권한의 유무, 가맹금 수령 시 배분 문제, 로열티 수령 시 배분 문제, 물류 공급 시 주체와 수익 배분 문제, 가맹점 개설 시 인테리어 등의 주체 및 수익배분 문제, 광고, 홍보 등의 범위와 비용부담의 문제, 가맹점과의 분쟁 발생 시 해결 주체, 보고의무 등이 그 것이다.

가맹본부와 지사는 프랜차이즈 가맹본부로서 프랜차이징 전개에 따른 공동의 권리와 의무를 진다. 가맹지사는 가맹본부로서의 역할과 의무를 충실히 하여야 하며, 가맹본부는 지사의 권한범위와 의무를 명확히 함으로서 불필요한 분쟁을 예방할 필요가 있다. 가맹본부와 지사 간의 분쟁은 양 당사자 간의 문제로 국한되지 않고 소속된 많은 가맹점의 피해로 연결된다는 점을 명심하여야 한다.

출처: 창업 & 프랜차이즈 CEO study FC 클리닉, 이성훈, 2016년 7월호

Keyword 02

가맹사업법

"가맹사업법"은 2001년 IMF 당시 목돈을 들고 회사를 나온 명예퇴직자들이 프랜차이즈 창업시장에 뛰어들면서 준비되지 않은 가맹본부에 피해를 입은 경우가 사회 문제로 대두되어 프랜차이즈 창업을 희망하는 가맹희망자 및 가맹점사업자를 보호하자는 취지로 제정되었다.

때문에 "가맹사업법"에는 가맹희망자 및 가맹점사업자를 보호하기 위한 내용이 많이 담겨있으므로 가맹사업을 준비하면서, 가맹사업을 진행하면서 혹시라도 발생될 여지가 있는 문제에 대해 사전 예방하기 위해서라도 프랜차이즈 창업을 희망하는 분들은 가맹사업법의 중요한 내용에 대해 숙지할 필요가 있다.

Keyword Key point

- 가맹사업을 하는 가맹본부는 가맹사업법 적용을 받는 것이 원칙이나, 일부 가맹본부는 가맹사업법 적용을 받지 않을 수도 있다.
- 가맹사업법 적용을 받지 않는 가맹본부는 가맹사업을 할 수 있는 준비가 안 되어 있을 수도 있으니 가맹계약 체결 시 주의하여야 한다.
- 가맹계약 체결(or 최초 가맹금 수령) 전 정보공개서, 인근가맹점 현황문서, 가맹계약서, 예상매출액 산정서는 필수로 수령하여 충분한 숙고기간을 갖고 검토하여야 한다.
- 정보공개서와 가맹계약서 내용의 일치여부를 반드시 확인하여야 한다.

Q01. 가맹사업법을 제정한 목적은 무엇인가요?

A01. 가맹사업법은 가맹사업의 공정한 거래질서를 확립하고 가맹본부와 가맹점사업자가 대등한 지위에서 상호보완적으로 균형있게 발전하도록 함으로써 소비자의 증진과 국민경제의 건전한 발전에 이바지함을 목적으로 합니다.

Q02. 가맹사업법의 주요내용은 무엇인가요?

A02. 가맹사업법에는 가맹사업 양 당사자가 신의성실원칙을 바탕으로 준수하여야 하는 사항이 기재되어 있고, 가맹사업 거래의 공정화를 위한 정보공개서 제도, 허위·과장된 정보 제공금지, 가맹계약서 제도, 가맹금 예치, 가맹금 반환, 불공정거래행위 금지, 계약해지 제한, 계약갱신요구권 등에 대해 정리되어 있습니다.

또한, 공정한 거래를 수시로 감찰하는 공정거래위원회의 업무 및 분쟁조정협의회 업무, 시정명령, 과징금, 과태료, 벌칙 등 법을 위반하는 경우에 대한 제재조치 등의 내용이 담겨있습니다.

Q03. 가맹계약 체결 전 반드시 확인해야 하는 문서는 무엇인가요?

A03. 가맹희망자는 가맹본부로부터 정보공개서, 인근가맹점 현황, 가맹계약서, 예상매출액 산정서 등 4가지 문서를 반드시 가맹계약 체결 전에 서면으로 받아 검토하여야 합니다.

가맹본부는 위 4가지 문서를 가맹희망자와 가맹계약 체결 전 반드시 서면으로 제공하여야 하며, 가맹희망자가 요구하지 않더라도 가맹본부가 먼저 가맹희망자에게 서면으로 제공하여야 합니다.

Q04. 사전 제공 문서 이메일이나 문자, 카카오톡으로 받아도 되나요?

A04. 정보공개서와 인근가맹점 현황문서 제공방법은 법에 정해져 있으나 가맹계약서와 예상매출액 산정서 제공방법은 법에 정해져 있지 않습니다. 그럼에도 사전제공 의무를 동일하게 적용하는 것으로 볼 때 가맹계약서와 예상매출액 산정서도 정보공개서와 인근가맹점 현황문서 제공방법과 동일한 방법으로 제공해야 한다고 해석해야 합니다.

가맹사업법 시행령 제6조(정보공개서의 제공 등)에서 정한 문서 제공 방법은 다음과 같습니다.

1. 가맹희망자에게 정보공개서를 직접 전달하는 방법. 이 경우 다음 각 목의 모든 사항을 적은 서면을 작성(가목부터 다목까지의 사항은 가맹희망자가 자필로 작성하는 것을 말한다)하여 가맹희망자에게 주어야 한다.
   ① 정보공개서를 제공받았다는 사실, 제공받은 일시 및 장소
   ② 가맹희망자의 성명 · 주소 및 전화번호
   ③ 가맹희망자의 서명 또는 기명날인
   ④ 가맹본부의 서명 또는 기명날인
2. 가맹희망자에게 정보공개서의 제공시점을 확인할 수 있는 내용증명우편으로 제공하는 방법
3. 정보통신망을 이용하여 정보공개서의 내용을 게시한 후 게시사실을 가맹희망자에게 알리는 방법. 이 경우 가맹본부는 특정 가맹희망자가 정보공개서의 내용을 읽어 본 시간을 그 가맹희망자 및 가맹본부가 확인할 수 있는 시스템을 마련하여야 한다.
4. 가맹희망자의 전자우편 주소로 정보공개서의 내용이 포함된 전자적 파일을 보내는 방법. 이 경우 가맹본부는 전자우편의 발송시간과 수신시간의 확인이 가능한 방법으로 하여야 한다.

위에서 살펴본 대로 사전제공 문서를 이메일로 발송하는 경우는 전자우편 주소로 발송하는 방법이기에 가능합니다. 네이버, 다음, 네이트, 구글 등 포털사이트의 이메일 주소는 전자우편이며, 수신확인 코너가 별도로 마련되어 발송시간과 수신시간이 표기되기 때문입니다.

그러나 문자나 카카오톡 등은 발송시간은 확인되나 도달시간 확인은 불가능하기 때문에 법에서 정한 방법으로 제공했다고 볼 수 없습니다.

Q05. 가맹점 1개만 있는 가맹본부도 가맹사업법 적용되나요?

A05. 가맹사업법은 가맹점을 모집하는 모든 가맹본부에 적용하는 것이 원칙입니다. 그러나 가맹점사업자가 가맹금을 최초로 지급한 날로부터 6개월까지의 기간 동안 가맹본부에 지급한 가맹금 총액이 100만원 이내인 경우에는 가맹사업법 적용을 배제하고 있습니다.

또한, 가맹본부와 계약을 맺은 가맹점사업자 수가 5개 미만이면서 가맹본부의 연간 매출액이 2억원 이내의 범위에서 직영점을 매출을 포함하여 5,000만원 미만(1년 이상 직영점을 운영한 경우 직영점 매출을 합하여 2억원 이내)인 경우에도 가맹사업법 적용을 배제하고 있습니다.

하지만 위의 조건에 따라 가맹사업법의 적용이 배제된 가맹본부일지라도 허위·과장된 정보제공 등의 금지 규정과 가맹금의 반환 규정은 적용되기 때문에 모든 가맹사업법 적용이 배제되는 것은 아닙니다.

최근 가맹사업법 적용배제 조항을 악용하여 가맹본부로서 역할을 수행할 만한 준비가 안 된 가맹본부에 피해를 입은 가맹점사업자가 늘어나고 있습니다. 이 조항은 가맹사업법의 목적인 가맹본부와 가맹점 간의 정보격차 해소에도 궁극적으로 배치되는 내용으로 향후 삭제해야 할 조항으로 지적되고 있습니다.

가맹본부가 가맹사업법 적용을 받지 않는다는 의미는 가맹희망자 또는 가맹점사업자에게는 불리하다는 의미이므로 가맹사업법 적용배제 업체는 검토하지 않는 것이 좋습니다. "당 사는 정보공개서 제공의무가 없습니다."라고 당당히 말하는 가맹본부와의 계약체결을 고민하신다면 "정보공개서가 없는 가맹본부는 상담부터 하지 않아야 한다(☞ <참고사항> 참조)"를 참조하시기 바랍니다.

참고사항

정보공개서가 없는 가맹본부는 상담부터 하지 않아야 한다!!!

상담을 하다보면 가맹본부 직원이 "우리 회사는 설립된 지 얼마 되지 않아 정보공개서 제공의무가 없다."고 당당히 말하는 경우를 보게 된다. 이는 정보공개서 제도와 가맹사업법의 의미를 잘못 이해하고 소극적으로 적용한 경우이다.

가맹희망자는 비록 가맹사업법 상 정보공개서 제공의무가 없다 하더라도 회사의 정책과 노하우를 적극적으로 공개하는 가맹본부를 선택하여야 한다. 신생 업체일수록 해당 브랜드의 노하우와 장점 등을 충분히 검토할 필요가 있다. 정보제공 역량은 가맹본부의 기초 역량을 판단하는 데 중요한 부분이기 때문이다.

정보공개서 제공의무가 없다 하여 정보공개서를 제공하지 않는 가맹본부하고는 애초에 상담을 피함으로써 향후 발생될지 모를 피해를 예방할 수 있다.

최근 가맹사업법 적용배제 조항을 악용하여 가맹본부로서의 역할을 수행할 만한 준비가 안 되어 있으면서도 가맹점을 모집하고 가맹금만 수령한 후 사라지는 가맹본부 때문에 가맹점사업자의 피해가 늘어나고 있으니 주의해야 한다.

Q06. 정보공개서와 가맹계약서 중 어떤 문서가 더 중요한가요?

A06. 정보공개서가 계약체결 전에 가맹본부의 일반적인 내용을 확인하고 가맹계약 체결여부를 심사숙고하기 위한 검토 과정이었다면, 가맹계약의 체결은 구체적인 계약당사자 간의 권리와 의무 관계를 확인하고 성실하게 이행하겠다고 약속하는 단계입니다.

때문에 가맹계약서를 정보공개서보다 더 중요한 문서로 인식해야 합니다. 정보공개서 또한 가맹계약서의 내용을 바탕으로 하며 만약 정보공개서와 가맹계약서의 내용이 다르거나 누락되어 있다면 이를 정확히 확인하고 정정을 요구하여야 합니다.

예를 들어 정보공개서에는 가맹점의 영업지역을 보장하고 있는데 가맹계약서에는 영업지역의 보장여부가 불분명하거나 누락되어 있다면 가맹계약 체결 후 영업지역의 침해 등으로 피해를 당할 수 있기 때문에 가맹계약 체결 전에 이를 확인하여 정정을 요구하여야 합니다.

Q07. 시정조치와 시정권고는 같은 용어인가요?

A07. 공정거래위원회는 가맹사업법을 위반하는 가맹본부에게 위반하는 행위를 시정하라고 명하는 제재를 가할 수 있습니다. 이를 시정명령이라 하고 시정조치와 시정권고가 이에 해당합니다.

시정조치는 위반내용의 시정을 위하여 필요한 계획 또는 행위의 보고 그 밖에 위반행위의 시정에 필요한 조치를 명하는 것을 말하고, 시정권고는 시정조치를 명할 시간적 여유가 없는 경우에 위반행위의 내용과 정도, 기간과 횟수 등을 고려하여 공표의 내용, 매체의 종류·

수 및 지면 크기 등의 시정방안을 마련하여 이에 따를 것을 권고하는 것을 말합니다. 시정권고를 수락한 때에는 시정조치를 한 것으로 봅니다.

Q08. 과징금과 과태료는 같은 용어인가요?

A08. 과징금이란 가맹사업법을 위반하거나 시정명령을 이행하지 않을 때에 공정거래위원회가 가맹본부에게 부과 징수하는 금전적 제재를 말하고, 과태료란 가맹본부가 가맹사업법에서 정한 일정한 의무를 이행하지 않거나 비교적 가벼운 규정을 위반한 경우에 부담시키는 금전적 제재를 말합니다. 과징금은 가맹본부의 부당이득에 대한 환수조치의 성격을 지니고 있다는 점이 과태료와 가장 큰 차이입니다.

과징금 부과는 위반행위의 내용 및 정도, 위반행위의 기간 및 횟수, 위반행위로 취득한 이익의 규모 등을 종합적으로 고려하고, 가맹본부가 위반한 기간 동안 관련 가맹점사업자 또는 가맹희망자에게 판매한 상품이나 용역의 매출액 또는 이에 준하는 금액(이하 "관련 매출액")에 100분의 2를 곱한 금액을 초과하지 아니하는 범위(2% 이내)에서 과징금을 부과하고 있습니다. 다만, 위반행위를 한 가맹본부가 매출액이 없거나 매출액의 산정이 곤란한 경우에는 5억원을 초과하지 아니하는 범위(5억원 이내)에서 과징금을 부과합니다.

Keyword 03 정보공개서 주요내용

정보공개서란 가맹본부의 일반 현황, 가맹본부의 가맹사업 현황, 가맹본부와 그 임원의 법 위반 사실, 가맹점사업자의 부담, 영업활동에 대한 조건 및 제한, 가맹사업의 영업개시에 관한 상세한 절차와 소요기간, 가맹본부의 경영 및 영업활동 등에 대한 지원, 교육·훈련에 대한 설명 등에 대하여 가맹사업법 시행령 [별표 1]에서 정하는 사항을 수록한 문서를 말한다.

따라서 정보공개서는 [별표 1]에서 정하는 규정에 따라 작성되어야 하고, 정보공개서의 중요기재사항이 기재되지 않는 경우 공정거래위원회는 정보공개서 등록을 거부하거나 허위·과장된 정보제공 등의 금지 규정을 위반한 사유로 시정명령, 과징금, 벌칙, 징벌적 손해배상책임 등의 제재를 가할 수 있다.

Keyword Key point

- 정보공개서는 가맹사업법 시행령 [별표 1]에서 정하는 기준에 따라 작성하여야 한다.
- 정보공개서 내용의 거짓이나 중요사항 누락은 허위·과장된 정보제공에 해당한다.
- 허위·과장된 정보제공은 시정명령, 과징금, 벌칙 등의 제재를 받을 수 있다.
- 허위·과장된 정보제공은 징벌적 손해배상책임을 부담하여야 한다.

한눈에 보는 Keyword 근거 법령

법 조항	가맹사업법 시행령 제4조(정보공개서의 기재사항)
주요내용	가맹본부의 일반현황, 가맹본부의 가맹사업 현황, 가맹본부와 그 임원의 법 위반 사실, 가맹점사업자의 부담, 영업활동에 대한 조건 및 제한, 가맹사업의 영업개시에 관한 상세한 절차와 소요기간, 가맹본부의 경영 및 영업활동 등에 대한 지원, 교육·훈련에 대한 설명 등
세부내용	가맹사업법 시행령 [별표 1]에서 정하는 사항
제재사항	– 주요기재사항 누락 시: 정보공개서 등록거부 or 취소 – 내용이 사실과 다른 경우: 허위·과장된 정보제공 위반에 따른 제재 – **시정명령**: 시정조치 or 시정권고 – **과징금**: 위반기간 동안 관련 매출액(or 영업수익)의 2% 이내(매출액 산정불가 시 5억원 이내) – **벌칙**: 5년 이하의 징역 or 3억원 이하의 벌금 – **징벌적 손해배상책임**: 발생한 손해액의 3배 이내

Q01. 정보공개서에는 어떤 내용이 담겨 있나요?

A01. 표지, 가맹본부의 일반현황, 가맹본부의 가맹사업 현황, 가맹본부와 그 임원의 법 위반 사실, 가맹점사업자의 부담, 영업활동에 대한 조건 및 제한, 가맹사업의 영업개시에 관한 상세한 절차와 소요기간, 가맹본부의 경영 및 영업활동 등에 대한 지원, 교육·훈련에 대한 설명 등의 내용이며, 세부내용은 [별표 1] 정보공개서 기재사항 요약(☞ <참고사항> 참조)을 참조하시기 바랍니다.

참고사항

[별표 1] 정보공개서 기재사항 요약

1	표지	• 정보공개서 표시, 주의사항 문구 • 가맹본부의 상호, 영업표지, 주소, 전화번호 등 • 정보공개서 등록번호, 최초등록일, 최종등록일 등
2	가맹본부 일반현황	• 가맹본부의 기본 정보, 특수관계인 및 계열회사 현황 • 인수·합병 현황, 해당 가맹사업의 임원 현황 및 임직원 수 • 재무 현황, 다른 가맹사업 현황, 지식재산권 현황 등
3	가맹사업 현황	• 가맹사업 시작일, 연혁, 업종, 가맹점의 평균 영업기간 • 직영점 및 가맹점 현황, 가맹점 변동 현황 • 가맹점사업자당 연간평균매출액 현황 • 다른 브랜드 현황, 가맹지역본부(지사) 현황, 광고판촉비 • 가맹금 예치 및 피해보상보험계약 현황 등
4	법 위반 사실	• 가맹사업법, 약관법, 공정거래법 위반 사실 • 가맹사업과 관련된 민, 형사상 법 위반 사실
5	가맹점 사업자의 부담	• 영업개시 이전 부담: 가맹비, 보증금, 설비·집기 등 개설비용 • 영업 중 부담: 상표사용료(로열티) 등, 재고·회계 감독 내역, 차액가맹금 평균 및 가맹점매출액 대비 비율 • 계약종료 후 부담: 계약연장 비용, 영업 양도 시 비용 등
6	영업활동 조건 및 제한	• 공급품목 거래형태 및 거래상대방, 차액가맹금 수취여부 • 공급가격 상·하한, 가맹본부 및 특수관계인의 경제적 이익 • 상품 판매, 판매 거래상대방, 판매가격 결정에 따르는 제한 • 영업지역 설정 보호 기준, 온·오프라인 다른 유통채널 현황 • 계약기간, 계약갱신, 계약종료, 계약해지 • 환매, 양도, 상속, 대리, 경업, 영업시간, 관리감독 내용 • 광고 및 판촉, 영업비밀, 손해배상 등
7	영업개시 절차	• 영업 개시까지 필요한 절차, 기간, 비용, 분쟁해결 절차 등
8	경영·영업 활동지원	• 점포환경개선 지원, 개점 시 판촉 지원, 영업 중 안정 지원 • 경영 자문, 신용 제공 등
9	교육·훈련	• 교육·훈련의 내용, 이수시간, 부담 비용, 불참 시 불이익 등

출처: 공정거래위원회 홈페이지

Q02. 정보공개서 기재사항 중 일부가 누락되면 어떻게 되나요?

A02. 정보공개서의 기재사항의 일부를 누락하여 정보공개서 신규등록이나 변경등록을 신청한 경우, 해당 정보공개서는 등록이 거부될 수 있습니다. 또한, 정보공개서 기재사항 중 중요사항이 누락된 경우, 허위·과장된 정보제공으로 과징금·시정명령·형사처벌 대상이 될 수 있으며 또한 정보공개서 등록이 취소될 수 있습니다.

Q03. 공정위에 등록된 정보공개서는 신뢰할 수 있는 문서인가요?

A03. 정보공개서는 공정거래위원회가 사전 심사를 거쳐 등록 여부를 결정하게 됩니다. 공정거래위원회의 심사는 가맹본부가 제출한 객관적인 자료를 바탕으로 하기 때문에 가맹본부가 일방적으로 주장하는 영업자료나 말보다 일정부분 신뢰할 수 있는 문서입니다. 하지만 공정거래위원회가 모든 사실관계와 내용의 진위 여부를 가리기에는 한계가 있습니다.

따라서 정보공개서를 검토하기 위해서는 내용의 사실 여부를 보다 면밀히 검토하기 위한 가맹희망자의 노력이 필요합니다. 이에 최소한 정보공개서와 가맹계약서 내용의 일치여부 등은 반드시 확인하시기 바랍니다.

Q04. 정보공개서 내용 중 중요하게 검토해야 하는 내용은 무엇인가요?

A04. 정보공개서는 가맹본부의 가맹사업과 관련된 모든 사항을 수록한 문서입니다. 때문에 양이 방대하고 내용이 복잡하여 잘 이해가 되지 않는 경우가 있으며 어떤 내용을 심사숙고해야 하는지, 어느 부분을 중요하게 검토해야 하는지 어려운 경우가 발생하기도 합니다.

가맹점을 창업하기 위한 목적은 당연히 매출과 수익의 창출에 있습니다. 하지만 가맹점사업자는 노하우가 부족하기 때문에 브랜드와 상품 및 서비스에 대한 노하우가 있는 가맹본부의 프랜차이즈시스템을 구매하여 가맹본부로부터 지원과 통제를 받아 창업의 시행착오를 줄이고 안정적인 가맹점 운영을 하고자 하는 것입니다.

따라서 가맹본부의 경력과 노하우, 가맹계약의 조건과 부담, 가맹점에 대한 지원과 창업절차, 교육 훈련 등과 관련된 사항을 중점적으로 검토하고 예상 매출액과 기존 가맹점들의 매출액 수준 등을 검토해서 가맹계약의 여부를 결정하는 것이 중요합니다.

Q05. 정보공개서 쉽게 검토할 수 있는 방법이 있나요?

A05. 정보공개서를 통해 가맹희망자가 얻을 수 있는 기본적인 정보를 주요 체크리스트로 정리해 보았습니다. 정보공개서를 검토하실 때 활용하신다면 조금 쉽게 검토할 수 있을 것입니다.

정보공개서 주요 체크리스트

항목	내용	예	아니오
표지 일반 현황	정보공개서의 최종 수정일이 최근과 가깝다.		
	가맹본부의 설립일이 3년 이상이다.		
	가맹본부의 실제 대표자와 정보공개서상의 대표자가 같다.		
	가맹본부의 특수관계인 및 임원의 경력이 전문성이 있다.		
	브랜드 인수, 합병된 적이 없다.		
	가맹할 브랜드의 상표권 및 서비스표권이 등록되어 있다.		
	가맹할 브랜드의 상표권자와 대표자가 같다.		
	가맹본부의 자본금이 1억원 이상이다.		
	최근 3년간 매출액이 꾸준히 증가하고 있다.		
	최근 3년간 매출이익이 꾸준히 증가하고 있다.		
가맹 사업 현황	임직원의 수가 가맹점수 대비 적정하다.		
	운영하는 복수 브랜드 중 유사업종이 없다.		
	해당 브랜드의 가맹사업을 시작한 날이 3년 이상 되었다.		
	해당 브랜드의 직영점이 1개 이상 있다.		
	해당 브랜드의 가맹점수가 꾸준히 증하하고 있다.		
	해당 브랜드의 가맹점이 지역적으로 밀집되어 있다.		
	최근 3년간 가맹점의 폐점율이 10% 미만이다.		
	가맹점 평균 영업기간이 5년 이상이다.		
	해당 브랜드가 가맹본부의 주력 브랜드이다.		
	가맹점사업자당 연간 매출액의 편차가 작다.		
	해당 지역 지사가 관할하는 가맹점수가 10개 이상이다.		
	가맹본부가 전국적인 광고와 판촉행사를 꾸준히 하고 있다.		
	가맹금 예치기관을 선정해 두고 있다.		
	가맹본부와 그 임원의 법 위반 사실이 없다.		

가맹점 부담	가맹비, 교육비 등 최초 가맹금과 보증금 등이 있다.		
	가맹점 개설을 위한 인테리어, 설비 등을 강제하지 않는다.		
	상표사용료(로열티)가 있다.		
	가맹본부가 공급하는 설비나 집기 등이 명확히 선정되어 있다.		
	가맹본부가 원부재료를 통해 수령하는 차액가맹금이 적정하다.		
	영업 중 공급받는 원부재료의 품목이 명확히 선정되어 있다.		
	계약 갱신 시 추가 부담이 없다.		
	계약종료 후 경업금지의 제한이 없다.		
영업 활동 조건 및 제한	의무적으로 구입해야 하는 물품이 있다.		
	가맹본부가 가맹점에 공급하는 물품 가격을 공개하고 있다.		
	가맹본부가 지정업체에서 거래주선의 대가를 받지 않는다.		
	상품, 용역, 거래상대방 및 가격의 제한이 있다.		
	영업지역을 명확히 하고 계약기간 중 보호해 주고 있다.		
	가맹점에서 판매하는 상품을 다른 유통채널로 판매하지 않는다.		
	계약기간이 투자금액 대비 적정한 기간으로 설정되어 있다.		
	가맹점 관리를 위해 월평균 1회 이상 방문한다.		
개시 절차 영업 지원 교육 훈련	가맹점을 개설하는 기간과 비용이 비교적 정확히 기재되어 있다.		
	점포환경개선 시 비용 지원을 한다.		
	판촉행사진행 시 비용 또는 인력 지원을 한다.		
	안정적인 점포운영을 위해 비용 또는 인력 지원을 한다.		
	경영활동에 자문을 구하는 경우 지원을 한다.		
	직접 신용지원 또는 신용지원을 주선한다.		
	교육·훈련프로그램 구성이 적정하며 비용대비 적정수준이다.		
	교육·훈련 불참 시 가맹점 개점이 지연된다.		
	영업기간 중 수시교육이 있다.		
법 준수	정보공개서, 인근가맹점 현황문서, 가맹계약서, 예상매출액 산정서 제공 및 숙고기간 준수, 가맹금 예치의무 등을 잘 준수하고 있다.		

검토내용 중 "예"의 비율이 90% 이상이면 "최우수", 80%~90%면 "우수", 70%~80%면 "보통", 60%~70%면 "미흡", 60% 이하면 "불량"으로 판단할 수 있을 것입니다. 항목별로 내용을 검토하고 그 내용이 "아니오"에 해당하는 경우에는 그 구체적인 사유를 다시 검토해 볼 것을 권합니다.

전반적으로 항목별 "예"가 골고루 분포되어 있는지를 확인하는 것이 좋으며, 항목별로 본인이 중요하게 여기는 내용에 가중치를 두어 고려하는 것도 방법입니다. 그 외에도 정보공개서 내용 중에 추가로 검토할 필요가 있는 사항은 별도로 항목화하여 판단한다면 정보공개서를 효과적으로 파악하는 데 도움이 될 것입니다.

Q06. 정보공개서 기준 가맹본부를 종합 평가하는 방법이 있나요?

A06. 정보공개서와 기타 정보를 통해 가맹본부 및 해당 가맹사업의 신뢰성과 전문성, 수익성, 성장성, 안정성, 가맹점 지원수준을 판단하는 기준을 아래 표와 같이 파악할 수 있습니다. 가맹본부와 해당 브랜드에 대해 다양한 각도에서 분석하고 평가한다면 가맹본부를 선택하는 데 도움이 될 것입니다.

정보공개서 항목별 검토

신뢰성/전문성	• 임원 및 직원 현황 • 본부의 브랜드 수 및 다른 가맹사업 경영사실 • 가맹사업법 등 제반 규정 준수 여부 • 상표 및 서비스 등록 여부 • 가맹금 반환 여부 • 법적 절차 준수 여부 등
수익성	• 가맹비 및 투자 내역(설비투자 등) • 가맹점 평균 매출현황 • 로열티 등 거래조건 및 대금 결제 방법 등
성장성	• 가맹점 증가율(가맹점 지역 분포 및 증가현황) • 본부매출 증가율 • 가맹점 매출 증가율 • 업종전망 • 아이템의 경쟁력 • 상품개발 능력 등
안정성	• 가맹사업 기간, 가맹점 평균 영업기간 • 기업형태 • 재무구조 및 경영실적 • 폐점율 • 제조, 물류현황 등
가맹점 지원수준	• 본부의 광고 판촉 지원 및 가맹점 부담내역 • 정보화수준(홈페이지 수준, POS도입수준) 및 물류시스템 • 관리감독 현황 • 가맹점 교육 현황 • 가맹점 운영 매뉴얼 • 슈퍼바이저 방문 여부 및 관리 내역 • 영업지역 보호 여부 • 점포환경개선 지원, 판촉행사 지원, 경영안정 지원, 신용 지원 등

가맹본부에 대한 신뢰성과 수익성, 성장성, 안정성 및 가맹점 지원수준을 명확히 파악한 후 계약체결 여부를 결정하고 개점 이후에도 지속적으로 관련 사항들을 수시로 점검하는 자세가 필요합니다.

특히 본인이 중점을 두고 파악해야 할 사항에 대해서는 정보공개서 뿐만 아니라 다양한 방법을 통해 정보를 수집하고 판단해야 합니다.

또한 일방적인 자료에 의존하지 말고 다양한 의견에 귀 기울이고 신중히 결정해야 하며, 결정에 따른 책임 또한 본인에 있음을 명심하여야 합니다. 아무리 공정거래위원회에 등록된 정보공개서라 하더라도 내용의 신뢰성 및 타당성이 모두 검증된 것은 아닙니다. 따라서 정보공개서의 내용과 실제 다양한 경로를 통해 수집한 정보를 비교하여 검증해 보는 것이 필요합니다.

가맹본부를 평가하고 가맹계약을 체결하는 것은 전적으로 가맹희망자 자신의 책임과 판단에 따릅니다. 따라서 본인의 의사결정에 신중하기 위해서는 보다 깊이 있고 정확한 정보의 수집과 분석이 요구됩니다.

Keyword 04 정보공개서 등록의무

가맹본부가 가맹점을 모집하기 위해서는 반드시 해당 브랜드의 정보공개서를 가맹사업법 시행령 [별표 1] 정보공개서의 기재사항에서 정한 기준에 따라 작성하여 공정거래위원회 또는 특별시장·광역시장·특별자치시장·도지사·특별자치도지사(이하 "시·도지사"라 한다)에 등록하여야 한다. 정보공개서가 처음으로 등록되면 정보공개서 등록번호, 최초등록일이 부여되고 이 내용은 정보공개서 표지에 기재하여야 한다.

또한, 가맹본부는 등록한 정보공개서의 기재사항 중 변경사항이 발생하는 경우, 정기 또는 수시로 변경등록 및 변경신고를 하여야 한다. 특히, 매 사업연도가 끝난 후 가맹본부 현황 및 가맹사업 현황 등의 중요사항에 대해 매년 정기적으로 변경등록 업무를 진행하여야 하고, 법인사업자는 120일, 재무제표를 작성하는 개인사업자는 180일 이내에 완료하여야 한다.

정보공개서 변경등록이 완료되면 최종등록일이 부여되고 이의 내용은 정보공개서 표지에 기재하도록 하고 있다. 정보공개서의 중요사항을 기한 내에 변경등록하지 않을 경우 공정거래위원회 또는 시·도지사가 직권으로 정보공개서 등록을 취소하고 과태료를 부과할 수 있다.

Keyword Key point

- 정보공개서는 공정거래위원회 또는 시·도지사에 등록하여야 한다.
- 가맹본부는 가맹희망자에게 등록된 정보공개서를 제공하여야 한다.
- 정보공개서는 정기 or 수시로 변경등록 및 변경신고 하여야 한다.

한눈에 보는 Keyword 근거 법령

법 조항	– 가맹사업법 제6조의2(정보공개서의 등록 등) – 가맹사업법 시행령 제5조의2(정보공개서의 등록 등) – 가맹사업법 시행령 제5조의3(정보공개서의 변경등록 및 변경신고)
주요 내용	– 가맹본부는 가맹희망자에게 제공할 정보공개서를 대통령령으로 정하는 바에 따라 공정거래위원회에 등록하여야 함 – 정보공개서의 기재사항 중 변경하려는 경우에는 항목별 정하는 기한 내에 공정거래위원회에 변경등록 or 변경신고 하여야 함 – 거짓이나 부정하게 등록된 경우, 타 법률 위반, 중요사항 누락 시, 가맹본부가 폐업한 경우 공정거래위원회가 직권으로 취소할 수 있음 – 가맹본부가 등록취소를 요청하는 경우 공정거래위원회는 등록을 취소함
변경 등록 · 신고 기한	– 정기변경등록: 매 사업연도가 끝난 후 120일 이내(개인사업자는 180일 이내) – 수시변경등록: 발생한 날부터 30일 이내, 분기가 끝난 후 30일 이내 – 수시변경신고: 분기가 끝난 후 30일 이내
제재 사항	– 주요기재사항 누락 시: 정보공개서 등록거부 or 취소 – 과태료: 변경등록 기한 위반시 1,000만원 이하(변경신고 기한 위반 시 300만원 이하)

Q01. 정보공개서를 등록하지 않고 가맹점을 모집해도 되나요?

A01. 가맹본부는 정보공개서를 준비하면서 가맹점 모집을 위한 홍보, 박람회 참가, 가맹희망자와의 상담 등 가맹점 모집을 위한 업무를 진행할 수 있습니다.

다만, 공정거래위원회 또는 시·도지사에 정보공개서가 등록이 완료된 후 부터 가맹희망자에게 제공을 시작할 수 있고, 제공한 날로부터 14일이 지나야 가맹희망자와 가맹계약을 체결하거나 가맹금을 수령할 수 있습니다.

Q02. 가맹본부를 방문하지 않고도 정보공개서를 확인할 수 있나요?

A02. 공정거래위원회 또는 시 · 도지사는 가맹본부가 정보공개서를 신규등록, 변경등록하거나 변경신고한 경우 이를 공개하여야 하는 의무가 있습니다. 등록된 정보공개서는 공정거래위원회 가맹사업거래 홈페이지(http://franchise.ftc.go.kr/)에서 확인할 수 있고 누구나 무료로 열람이 가능합니다.

다만, 「개인정보 보호법」 제2조 제1호에 따른 개인정보와 「부정경쟁방지 및 영업비밀보호에 관한 법률」 제2조 제2호에 따른 영업비밀에 해당하는 내용은 삭제한 후 공개하고 있어 공정거래위원회 가맹사업거래 홈페이지를 통한 정보공개서 열람은 가맹본부의 정보공개서 제공 의무에 따른 제공에 해당하지 않음을 참고하시기 바랍니다.

Q03. 가맹본부가 정보공개서를 등록하지 않으면 처벌받나요?

A03. 가맹본부를 운영하더라도 가맹점을 모집하지 않고 가맹계약을 체결하지 않는다면 정보공개서를 등록하지 않은 사실에 대해서는 처벌받지 않습니다. 다만, 등록된 정보공개서를 제공해야 하는 의무에 대한 위반과 연계되어 있기에 가맹본부가 가맹점을 모집하면서 가맹사업을 진행하기 위해서는 등록의무를 반드시 이행하여야 합니다.

Q04. 정보공개서는 양식이 정해져 있나요?

A04. 정보공개서는 가맹사업법 시행령 [별표 1] 정보공개서의 기재사항 기준에 따라 가맹본부의 특성에 맞게 자율적으로 작성하면 됩니다. 다만, 공정거래위원회가 고시한 "정보공개서 표준양식"을 참조하여 작성할 수도 있습니다.

Q05. 가맹본부가 다수의 브랜드를 운영할 때 정보공개서는 1개인가요?

A05. 정보공개서는 브랜드별로 등록하여야 합니다. 해당 브랜드마다 가맹사업 내용이 다르기 때문에 정보공개서는 개별적으로 등록하여야 합니다. 다만, 정보공개서 내용 중 가맹본부가 운영하는 다른 가맹사업 현황으로 각각의 브랜드 현황이 연계되어 기재되어 있기 때문에 가맹본부의 전체 가맹사업 현황을 확인할 수 있습니다.

연계 참조 keyword 35, 329page, 333page

Q06. 정보공개서 등록번호·최초등록일·최종등록일 무슨 뜻인가요?

A06. 정보공개서 등록번호는 정보공개서를 공정거래위원회에 처음으로 등록했을 때 부여되는 번호이고, 최초등록일은 정보공개서를 최초로 등록한 날짜를 부여한 것으로 정보공개서가 취소되기 전까지는 바뀌지 않습니다.

최종등록일은 정보공개서가 마지막으로 수정된 날짜가 부여되는 것으로 수시로 변동됩니다. 정보공개서는 최초 등록 이후 항목별 변경사항이 발생되는 경우 정한 기한 내에 수시로 변경등록 및 변경신고를 하여야 합니다.

가맹희망자에게 정보의 최신성은 중요한 의사결정 요소 중 하나입니다. 따라서 가맹본부가 정보공개서를 지속적으로 관리하여 가맹희망자에게 최신의 정보를 제공하기 위해 노력하는지 여부 또한 가맹본부를 선정하는 기준으로 삼아야 할 것입니다.

연계 참조 keyword 35, 324page

Q07. 정보공개서가 취소될 수도 있나요?

A07. 거짓이나 그 밖의 부정한 방법으로 정보공개서가 등록된 경우, 정보공개서에 기재된 가맹사업의 내용에 다른 법률에서 금지하고 있는 사항이 포함되어 있는 경우, 중요사항이 누락된 경우, 가맹본부가 폐업한 경우에는 공정거래위원회 또는 시·도지사가 직권으로 취소할 수 있습니다.

또한 가맹본부가 등록취소를 요청하는 경우에도 공정거래위원회 또는 시·도지사는 등록을 취소할 수 있습니다. 가맹본부가 정보공개서를 자진취소한다는 것은 더 이상 가맹점을 모집하지 않을 예정이거나, 가맹사업을 중단할 예정이거나, 가맹본부를 폐업할 예정일 경우 중 하나입니다.

따라서 가맹희망자는 정보공개서가 취소된 가맹본부와 신규로 가맹계약을 체결하면 안 됩니다. 신규 가맹계약의 범위는 가맹점을 양수하는 자와의 신규 계약도 포함되므로 양도양수 창업을 희망하는 가맹희망자의 경우에도 완전한 계약기간을 부여하는 신규 가맹계약을 체결하면 안 된다는 점을 참고하시기 바랍니다.

Q08. 가맹본부가 정보공개서 취소하면 가맹사업 중단한다는 건가요?

A08. 가맹본부가 정보공개서를 등록하고 취소한다는 것은 신규 가맹점을 모집하거나 모집하지 않는다는 의사표시입니다. 따라서 기존 가맹점 사업자와의 관계를 단절하는 것은 아니기 때문에 정보공개서를 취소한다는 것과 가맹사업을 중단한다는 것은 다른 의미이며, 가맹본부는 정보공개서를 취소하더라고 기존 가맹점사업자의 계약기간이 종료될 때까지 영업지원을 지속하여야 할 의무가 있습니다.

Keyword 05 정보공개서 제공의무

가맹본부의 정보공개서 제공의무는 가맹본부와 가맹희망자 간의 정보 비대칭을 해소하기 위해 마련된 제도이다. 가맹희망자가 가맹본부의 정보를 수집하는 데 한계가 있을 것을 염려하여 가맹사업법에서는 가맹본부가 가맹희망자에게 가맹계약을 체결(or 최초 가맹금 수령)하기 14일 전에 "정보공개서 및 인근 가맹점 현황문서"를 서면으로 제공할 것을 의무화하고 있다.

가맹희망자에게 제공하는 "정보공개서"는 공정거래위원회에 등록된 문서여야 하고, "인근 가맹점 현황문서"는 가맹희망자의 장래 점포지에서 가장 인접한 가맹점 10개의 상호, 소재지, 전화번호가 적힌 문서여야 한다.

가맹본부는 정보공개서 및 인근 가맹점 현황문서를 제공함에 있어서 제공시점을 객관적으로 확인할 수 있는 방법(직접 전달, 내용증명우편, 정보통신망 게시, 전자우편)으로 가맹희망자에게 제공하여야 하고, 가맹희망자에게 제공한 날로부터 14일이 지나지 아니한 경우에는 가맹금을 수령하거나 가맹계약을 체결하면 안된다.

Keyword Key point

- 정보공개서 수령 후 14일이 지나지 않으면 가맹계약을 체결하거나 가맹금을 지급하면 안된다.
- 가맹희망자는 가맹계약 체결 전 신중한 결정을 위한 기간인 정보공개서와 인근가맹점 현황문서 숙고기간을 최대한 활용하여야 한다.

한눈에 보는 Keyword 근거 법령

법 조항	– 가맹사업법 제7조(정보공개서의 제공의무 등) – 가맹사업법 시행령 제6조(정보공개서의 제공 등)
정보공개서 제공의무	– 가맹본부(가맹지역본부 및 가맹중개인 포함)는 가맹점사업자를 모집하는 경우 가맹희망자에게 공정거래위원회에 등록된 정보공개서를 제공하여야 함 – 가맹본부는 정보공개서와 인근가맹점 현황문서를 제공한 날로부터 14일이 지나지 않은 경우 가맹금을 수령하거나 가맹계약을 체결하면 안됨 – 정보공개서와 인근가맹점 현황문서 14일 숙고기간은 가맹거래사나 변호사의 자문을 받은 경우 7일로 단축됨
인근가맹점 현황문서 제공의무	– 정보공개서를 제공하는 경우 가맹희망자의 장래 점포 예정지에서 가장 인접한 가맹점 10개의 상호, 소재지 및 전화번호가 적힌 문서(인근가맹점 현황문서)를 함께 제공하여야 함 – 점포예정지가 정해지지 않은 경우 확정되는 즉시 제공하여야 함
제공방법	– 직접제공 방법 or 내용증명우편발송 방법 – 정보통신망(수신확인가능시스템 설치필수)을 이용하여 게시 후 알리는 방법 – 전자우편주소(발송 및 수신시간 확인시스템 설치필수)로 전자파일을 발송하는 방법
제재사항	– **시정명령**: 시정조치 or 시정권고 – **과징금**: 위반기간 동안 관련 매출액(or 영업수익)의 2% 이내(매출액 산정불가 시 5억원 이내) – **벌칙**: 2년 이하의 징역 or 5천만원 이하의 벌금

Q01. 정보공개서 수령 후 14일이 지나야 계약을 체결할 수 있나요?

A01. 가맹희망자는 정보공개서를 가맹계약 체결(or 최초 가맹금 제공) 14일 이전에 서면이나 파일로 수령하여 검토하여야 합니다. 또한 가맹희망자는 정보공개서를 14일 동안 충분히 검토하고 가맹계약을 체결하여야 하는 의무가 있습니다. 이는 가맹점 창업 시 충분한 고민을 통해 가맹본부를 선택할 수 있는 시간을 주어 충동적이거나 순간적인 결정에 의한 잘못된 선택으로 발생할 수 있는 피해를 사전에 예방하고자 하는 취지입니다.

따라서 숙고기간을 충분히 활용하는 것이 필요하며 만약 숙고기간을 지키지 않고 바로 계약을 체결하고자 하는 가맹본부가 있다면 이는 법 위반에 해당하기 때문에 계약을 체결하여서는 안 됩니다. 정보공개서 숙고기간 제도는 가맹희망자를 보호하기 위한 제도로 충분히 활용할 필요가 있습니다.

"시간이 없는데 숙고기간이고 뭐고 빨리 계약하고 점포를 오픈하자."고 서두르는 가맹희망자를 종종 보게 되는데 점포의 개점은 충분한 검토와 준비를 거쳐야 합니다. 하루 이틀 영업하고 그만 둘 일이 아니라 적어도 몇 년 이상 사업을 지속하며 투자금을 회수하기 위해서는 충분히 검토해서 결정하여야 합니다.

장기간 목돈을 들여 시작해야 할 사업을 며칠 더 숙고한다고 해서 엄청난 손해를 보지는 않을 것이고, 오히려 섣부른 선택과 결정으로 사업 전체를 그르친다면 그 손해가 더 크다 할 것입니다. 가맹점을 창업하고자 한다면 당연히 정보공개서를 요청하고 숙고기간을 충분히 가짐으로써 가맹희망자로서의 권리를 행사할 필요가 있습니다.

Q02. 정보공개서와 함께 받은 인근가맹점 현황문서 왜 주는 건가요?

A02. 가맹사업법에는 가맹본부가 가맹희망자에게 정보공개서를 제공할 때 인근가맹점 현황문서를 함께 제공하도록 하고 있습니다. 이는 가맹희망자가 현재 영업 중인 가맹점의 현장을 직접 방문하여 정보공개서 내용과 함께 검토한다면 보다 현실적으로 사업 타당성을 검토할 수 있기 때문입니다.

인근가맹점 현황문서에는 가맹희망자의 장래 점포지에서 가장 인접한 가맹점 10개의 상호, 소재지, 전화번호가 기재되어 있습니다. 가맹희망자는 제공된 가맹점의 목록을 중심으로 해당 가맹점을 방문하면 다양한 정보를 수집할 수 있습니다.

가맹본부에 대한 가맹점의 만족도, 현재 매출 및 수익에 대한 적정성, 가맹본부의 가맹점에 대한 영업지원 수준, 물류공급에 대한 안정성, 광고·판촉 등에 대한 가맹본부의 지원 유무, 교육·훈련에 대한 지속적인 지원 유무, 다른 가맹점과의 관계, 가맹점에 대한 가맹본부의 관리 능력 등을 현장을 통해 파악할 수 있으며, 이러한 내용을 정보공개서의 내용과 비교하며 분석한다면 더욱 도움이 될 것입니다.

당당히 정보공개서와 인근가맹점 현황문서를 제공받고 충분한 숙고기간을 거쳐야 합니다. 해당 가맹본부의 가맹점을 방문하여 현장을 확인한 후 가맹본부를 선택하는 성숙한 자세를 가져야 할 시점입니다.

Q03. 인근가맹점 현황문서는 정보공개서와 따로 받아도 되나요?

A03. 정보공개서 수령할 때 점포예정지가 확정되지 않은 경우 정보공개서는 먼저 수령하고 인근가맹점 현황문서는 확정되는 즉시 요청하여 수령할 수 있습니다. 다만, 가맹계약 체결 및 가맹금 지급은 정보공개서 및 인근가맹점 현황문서 모두 수령하고 마지막 문서 수령일로부터 14일이 지난 후 지급하여야 합니다.

Q04. 정보공개서 숙고기간 중인데 가맹비 지급해도 되나요?

A04. 정보공개서 사전 제공의무는 가맹계약을 체결하거나 최초 가맹금 수령일 중 빠른 날이 기산점이기 때문에 가맹비도 정보공개서 수령 후 14일이 지난 후 지급해야 합니다.

Q05. 정보공개서 가맹거래사 자문 받으면 숙고기간 단축되나요?

A05. 가맹본부가 제공한 정보공개서에 대해 가맹희망자가 가맹거래사나 변호사의 자문을 받은 경우에는 정보공개서 숙고기간이 14일에서 7일로 단축됩니다. 다만, 가맹본부에 속하거나 자문하고 있는 가맹거래사나 변호사가 가맹희망자의 정보공개서를 자문한 경우에는 적용되지 않습니다.

참고로, 정보공개서, 인근가맹점 현황문서, 가맹계약서를 같은 날 수령하는 경우 각 문서의 숙고기간은 동일하게 14일입니다. 정보공개서와 인근가맹점 현황문서는 가맹거래사나 변호사 자문을 받은 경우 숙고기간이 7일로 단축되지만 가맹계약서는 자문에 대한 기간단축 규정이 없어 숙고기간 14일이 적용됩니다.

Q06. 정보공개서 잠시 열람만 했는데 수령확인서 써줘야 하나요?

A06. 일부 가맹본부에서 정보공개서를 제공하지 않고 몇 십분 열람하게 한 뒤 정보공개서를 제공한 것으로 수령확인서를 요구하기도 합니다. 이는 정확히 말해 정보공개서를 제공한 것으로 볼 수 없습니다. 공정거래위원회는 정보공개서를 가맹희망자에게 문서나 파일 형태로 전달하여야 제공한 것으로 보고 있습니다.

따라서 홈페이지에 공개된 내용을 열람하거나 가맹본부가 잠시 열람하게 하는 경우, 정보공개서를 수령하지 않은 것이기에 정보공개서를 수령했다는 확인서에 서명하지 않는 것이 좋습니다.

Q07. 정보공개서 수령일 이전 날짜로 작성해주면 어떻게 되나요?

A07. 숙고기간 이행 문제에 있어서 가맹본부와 가맹희망자 간에 서로 말을 맞추어 계약체결 14일 전에 정보공개서를 제공하였다는 허위 확인서를 작성하고 가맹계약을 체결하는 경우가 있습니다. 가맹본부도 가맹점사업자도 빨리 점포를 개점하고 싶은 이해가 부합하기 때문일 것입니다. 그러나 이런 경우라도 가맹본부는 숙고기간 위반에 따른 처벌을 받게 되니 양자가 상호 원칙대로 절차를 이행하는 것이 좋습니다.

Q08. 정보공개서 못 받고 계약 체결하면 가맹본부 처벌받나요?

A08. 가맹본부가 가맹계약 체결 14일 전 정보공개서 및 인근가맹점 현황문서를 제공하지 않는 것은 가맹사업법 위반입니다. 공정거래위원회는 정보공개서 사전 제공의무를 위반하는 경우 시정명령을 하거나, 위반정도에 따라 과징금을 부과할 수도 있고, 2년 이하의 징역 또는 5천만원 이하의 벌금에 해당하는 벌칙 등으로 처벌할 수 있습니다.

〈에피소드〉 2. 가맹본부의 정보를 믿었는데…….

상황

OO베이커리 개발담당 직원인 김대리는 가맹계약 체결 과정에서 가맹희망자인 나하나씨에게 매출액 1,000만원, 월순수익 440만원이 예상된다는 내용의 서면자료를 제공하고, 말로는 월 평균 600만원의 수익이 예상된다고 말했다. 이 말에 믿음을 가진 나하나씨는 가맹계약을 하고 영업을 개시하였으나 가맹점의 실제 일평균 매출액은 약 77만원에 그쳐 적자가 계속 발생하여 가맹점의 운영이 어려워짐에 따라 가맹본부에 가맹점의 양도의사를 밝히고, 이후 가맹점의 운영을 그만두게 되었다.

가맹점 주장

나하나씨는 OO베이커리 가맹본부로부터 정보공개서를 제공받은 사실이 없고, '정보공개서 제공확인서'는 김대리의 요구에 의해 사실과 다른 내용임에도 불구하고 날인하였다고 주장하고 있다. 정보공개서 확인서에 기재된 날짜는 가족과 함께 여행 중이었기 때문에 김대리를 만나 정보공개서를 수령할 수 없었다고 주장하며, 여행사실에 대한 증거로 여행사진 등을 제출하였다.

가맹본부 주장

가맹본부는 나하나씨와 계약 체결일로부터 25일 전에 정보공개서를 제공하였다고 주장하고 있고, 위 날짜에 신청인에게 정보공개서를 제공한 자세한 경위를 기억이 나지 않는다는 이유로 설명하지 못하였다.

분쟁조정협의회 권고

분쟁조정협의회는 가맹본부에서 작성한 정보공개서 제공확인서 상의 제공날짜가 실제로 수령한 날짜와 다른 점, 가맹사업법 시행령에 따라 "상권보고서"에 기재하여야 할 사항을 누락한 점, 나하나씨가 매출부진 등으로 가맹점을 폐점한 사실 등을 감안하여 가맹본부로 하여금 신청인에게 위로금의 명목으로 금 50,000,000원을 지급하도록 권고하게 된다.

클리닉

가맹점을 운영하는 가장 큰 이유 중의 하나는 수익률일 것이다. 적지 않은 자기자본과 빚까지 내어서 가맹점을 하기 때문에 기대한 수익을 달성하지 못하면 가맹점은 큰 곤경에 빠지게 된다. 때문에 프랜차이즈 가맹점을 선호하는 이유는 가맹본부의 전문성과 역량을 신뢰하고 가맹본부에 의지하여 실패확률을 줄일 수 있기 때문이다. 그런데 가맹본부가 제공하는 다양한 정보가 사실과 크게 다르거나 허위 과장된 정보라면 이를 믿고 가맹계약을 체결한 가맹점은 영업상 큰 손실을 입게 될 것이다. 위 사안에서 보듯이 가맹본부는 부풀린 수익정보와 정보공개서 제공 시기의 허위작성으로 가맹점의 수익성 악화의 원인을 제공하였고 가맹점의 신뢰를 잃었으며 궁극적으로 손해배상까지 물게 되었다.

올해 프랜차이즈 업계의 주요 이슈 중의 하나가 정보공개서 제공 방법의 구체화와 예상매출액 산정서의 의무적 제공이다. 정보공개서를 제공하고 14일 이전에는 가맹계약을 체결할 수 없고 가맹금을 수령하여서는 안된다. 숙고기간이라고 한다. 충분히 가맹본부가 제공한 정보공개서를 숙지하여 가맹계약 체결 여부를 결정할 시간적인 여유를 주기 위함이다. 그런데 이러한 기간은 가맹희망자가 변심하여 가맹계약 체결을 하지 않을 수도 있는 기간이기 때문에 가맹본부는 서둘러 가맹계약의 체결을 종용하게 되고 정보공개서 제공확인서는 임의적으로 가맹본부에서 작성하는 경우가 많았다.

공정위는 이러한 관행 때문에 정보공개서 제도의 기본적인 취지가 무력화된다고 판단하여 정보공개서 제공확인서에 가맹희망자가 직접 자필로 제공받은 장소와 일시, 서명 등을 기록하도록 제도를 변경하게 된 것이다. 더불어 가맹점 100개 이상인 가맹본부를 대상으로 '예상매출액 산정서'를 의무적으로 제공하게 하고 있다.

가맹본부는 정보공개서를 통해 브랜드의 강점과 차별화된 시스템을 알림으로써 가맹점의 신뢰를 얻을 수 있다. 그리고 객관적이고 투명한 예상매출액 산정 기법의 전문화를 통해 가맹점을 개설할 경우 기대 수익 등에 대하여 합리적인 예측을 함으로써 안정적인 가맹점 운영을 지원할 필요가 있다.

가맹점은 전적으로 가맹본부의 말에 의지하는 의존적인 자세에서 벗어나 가맹본부가 제공한 정보를 객관적으로 분석하는 자세가 필요하며 영업개시 이후에는 스스로 자기사업이라는 인식하에 적극적으로 영업에 임하여야 할 것이다.

프랜차이즈 산업에서 상생은 결국 상호 믿음을 바탕으로 한다. 때문에 가맹본부는 가맹점이 신뢰할 수 있도록 정확한 정보를 제공하려는 노력이 필요하다. 가맹점은 제공된 정보가 터무니없이 과장되지 않았다면 정보의 한계를 인정하고 본인의 자발적인 노력을 통한 영업활성화를 위한 노력을 게을리 하지 말아야 한다.

출처: 창업 & 프랜차이즈 CEO study FC 클리닉, 이성훈, 2015년 1월호

Keyword 06 가맹계약서 주요내용

가맹계약서란 가맹본부와 가맹점사업자의 상호 권리와 의무를 규정하는 법률 문서이다. 가맹계약서는 가맹사업의 구체적 내용과 조건을 기재하고 이에 대해 가맹본부 및 가맹점사업자가 각자의 역할에 대해 신의에 따라 성실하게 지키겠다고 약속하는 문서이다.

가맹계약서가 중요한 문서인 만큼 가맹사업법에는 가맹계약서에 반드시 포함하여야 하는 "필수기재사항"으로 법률에 11가지, 시행령에 9가지를 규정하고 있다. 따라서 계약자유의 원칙에도 불구하고 가맹계약서는 반드시 20가지 사항을 포함하여야 한다.

한편, 가맹계약서는 가맹본부가 다수의 가맹점과 계약체결을 위해 일정한 형식에 의해 미리 만들어둔 약관으로 가맹사업법뿐만 아니라 약관법에도 적용을 받는다.

Keyword Key point

- 가맹계약서는 가맹계약 당사자의 상호 권리와 의무를 규정한 법률문서이다.
- 가맹계약서에는 20가지 필수기재사항이 모두 기재되어 있어야 한다.
- 가맹계약서는 약관에 해당되기에 약관법에도 적용받는다.

한눈에 보는 Keyword 근거 법령

법 조항	– 가맹사업법 제11조(가맹계약서의 기재사항 등) – 가맹사업법 시행령 제12조(가맹사업당사자의 권리의무에 관한 사항)
주요내용	– 가맹계약서에는 필수기재사항을 반드시 포함하여 기재하여야 함
세부내용	– 필수기재사항은 법률에 11가지, 시행령에 9가지로 구분되어 정하고 있음
제재사항	– **시정명령**: 시정조치 or 시정권고 – **과징금**: 위반기간 동안 관련 매출액(or 영업수익)의 2% 이내(매출액 산정불가 시 5억원 이내) – **벌칙**: 2년 이하의 징역 or 5천만원 이하의 벌금

Q01. 가맹계약서란 무엇인가요?

A01. 가맹계약서는 가맹본부시스템을 바탕으로 가맹계약 양 당사자가 상호 권리와 의무 관계를 구체적으로 규정한 문서입니다. 가맹계약서 내용은 정보공개서를 작성하는 근간이 되며, 가맹계약을 체결하기 전 가맹본부에서 정보로 제공하는 문서 중 가장 중요한 문서이기도 합니다.

Q02. 가맹계약서의 필수기재사항은 무엇인가요?

A02. 가맹사업법에서 가맹계약서의 필수기재사항으로 정하는 20가지는 다음과 같습니다.

1. 영업표지의 사용권 부여에 관한 사항
2. 가맹점사업자의 영업활동 조건에 관한 사항
3. 가맹점사업자에 대한 교육·훈련, 경영지도에 관한 사항
4. 가맹금 등의 지급에 관한 사항
5. 영업지역의 설정에 관한 사항
6. 계약기간에 관한 사항
7. 영업의 양도에 관한 사항
8. 계약해지의 사유에 관한 사항
9. 가맹희망자 또는 가맹점사업자가 가맹계약을 체결한 날부터 2개월(가맹점사업자가 2개월 이전에 가맹사업을 개시하는 경우에는 가맹사업개시일)까지의 기간 동안 예치가맹금을 예치기관에 예치하여야한다는 사항. 다만, 가맹본부가 가맹점사업자피해보상보험계약 등을 체결한 경우에는 그에 관한 사항
10. 가맹희망자가 정보공개서에 대하여 변호사 또는 가맹거래사의 자문을 받은 경우 이에 관한 사항
11. 가맹본부 또는 가맹본부 임원의 위법행위 또는 가맹사업의 명성이나 신용을 훼손하는 등 사회상규에 반하는 행위로 인하여 가맹점사업자에게 발생한 손해에 대한 배상의무에 관한 사항
12. 그 밖에 가맹사업당사자의 권리·의무에 관한 사항으로서 대통령령이 정하는 사항
    ① 가맹금 등의 반환조건에 관한 사항
    ② 가맹점사업자의 영업설비, 집기 등의 설치와 유지, 보수 및 그 비용부담에 관한 사항
    ③ 가맹계약의 종료 및 해지에 따른 조치 사항
    ④ 가맹본부가 가맹계약의 갱신을 거절할 수 있는 정당한 사유에 관한 사항

⑤ 가맹본부의 영업비밀에 관한 사항
⑥ 가맹계약 위반으로 인한 손해배상에 관한 사항
⑦ 가맹본부와 가맹점사업자와의 분쟁 발생시 해결절차에 관한 사항
⑧ 가맹본부가 다른 사업자에게 가맹사업을 양도하는 경우에는 종전 가맹점사업자와의 계약에 관한 사항
⑨ 가맹본부의 지식재산권 유효기간 만료 시 조치에 관한 사항

Q03. 가맹계약서 필수기재사항이 누락되면 가맹본부 처벌받나요?

A03. 공정거래위원회는 가맹계약서 필수기재사항을 누락한 가맹본부에 대해 시정조치 또는 시정권고 등의 시정명령, 위반기간 동안 관련 매출액 또는 영업수익의 2% 이내의 과징금(매출액 산정 불가 시 5억원 미만), 2년 이하의 징역 또는 5천만원 이하의 벌금에 해당하는 벌칙 등의 제재를 가할 수 있습니다.

Q04. 가맹계약서 필수기재사항 외에도 검토해야 하는 내용이 있나요?

A04. 가맹계약서에는 가맹본부의 시스템과 정책 규정에 의한 다양한 내용들이 포함되어 있습니다. 우선적으로 가맹계약서의 필수기재사항이 모두 기재되어 있는지 검토하여야 하고, 다음으로 전체 조항을 살펴보면서 그 내용이 가맹본부에 일방적으로 유리한 조항인지, 가맹점에게 일방적으로 불리한 내용이 있는지 등을 확인하여야 합니다.

또한, 내용이 불분명하거나 명확하지 않고 너무 포괄적이라면 사후 해석의 여지로 인하여 분쟁의 소지가 될 수 있기 때문에 분쟁을 사전에 예방하기 위해서는 가맹계약 체결 전에 확인하여 수정을 요청하여야 합니다.

가맹계약서의 검토와 관련 몇 가지 예를 들자면, 명확하지 않은 영업지역의 부여와 계약기간 중 가맹본부에 의한 일방적인 영업지역 조정의 내용은 가맹점의 안정적인 영업활동을 불안하게 하는 계약의 내용으로 약관법에도 위반됩니다. 따라서 이러한 내용은 영업지역을 명확하게 확인하고 가맹점과의 합의 없는 영업지역 조정이 안 되도록 사전 조치가 필요한 부분입니다.

가맹본부가 계약기간 중 동종의 영업을 금지하는 경업금지 규정과 관련하여 동일 업종의 범위를 너무 포괄적으로 제한한다든지 또는, 계약종료 후 10년 등 과도한 기간의 경업금지 등의 내용은 계약종료 후 가맹점사업자에게 일방적으로 불리한 부분이기 때문에 이러한 부분에 대한 구체적인 설명 또는 수정이 필요할 것입니다.

광고 또는 홍보·판촉비용의 일방적인 부과 내지 과도한 부담 등은 가맹점 운영에 지장을 초래할 수 있습니다. 그리고 가맹점 영업지역 안에 동의 없이 가맹본부가 직영점이나 다른 가맹점을 일방적으로 개설할 수 있다는 조항은 기존 가맹점사업자에게 불리한 조항으로 보아야 할 것입니다.

가맹사업에 필수적이지 않은 물품에 대해 가맹본부나 지정업체의 거래를 강요하거나 그 공급품목의 적정성 여부를 확인하여야 사후 가맹점운영에 지장이 없을 것입니다. 이렇게 가맹계약서의 필수적 기재사항을 중심으로 항목별로 꼼꼼히 검토한 후 부족한 부분에 대해서는 가맹본부와 협의를 통해 별도의 특약사항으로 구체화하는 것이 바람직합니다.

Q05. 가맹계약서는 약관에 해당하나요?

A05. 약관이란 일방 당사자가 다수의 상대방과 계약을 체결하기 위해 일정한 형식에 의하여 미리 마련한 계약의 내용을 말합니다. 가맹계약도 가맹본부가 다수의 가맹점과 계약을 체결하기 위해 사전에 계약의 내용이 되는 문서를 마련해 두고 있습니다. 그것이 가맹계약서입니다. 따라서 가맹계약서도 약관으로써의 성격을 갖는다고 볼 것이며 「약관의 규제에 관한 법률(이하 약관법)」의 적용을 받습니다. 자세한 내용은 "가맹계약서와 약관의 관계(☞ <참고사항> 참조)" 내용을 참고하시기 바랍니다.

참고사항

가맹계약서와 약관의 관계

가맹계약서는 가맹본부가 다수의 가맹점과 계약체결을 위하여 일정한 형식에 의해 미리 만들어둔 약관으로 가맹사업법뿐만 아니라 약관법에도 적용을 받는다.

가맹계약서도 약관으로서 "약관의 규제에 관한 법률(이하 약관법)"의 적용을 받는다

우리나라는 사적자치의 원칙에 의해 경제활동을 하며 당사자 간에 자유롭게 계약을 체결할 수 있는 계약자유의 원칙이 법에 의해 보장을 받는다. 따라서 분쟁 등이 발생할 때 법에 우선하여 당자자 간에 체결한 계약서가 중요한 판단 근거가 되는 것이다.

하지만 이렇게 계약자유의 원칙에 의한다 할지라도 계약체결은 정보와 전문성에서 현격한 차이가 나는 경우 불평등 계약이나 일방적으로 불리한 계약을 체결할 수 있기 때문에 일정부분 국가가 계약에 관여하게 된다. 즉 계약자유의 원칙을 제한하는 제도가 약관규제 제도이다.

약관이란 일방 당사자가 다수의 상대방과 계약을 체결하기 위하여 일정한 형식에 의하여 미리 마련한 계약의 내용을 말한다. 가맹계약에 있어서도 가맹본부가 다수의 가맹점과 계약을 체결하기 위하여 사전에 계약의 내용이 되는 문서를 마련해 둔다. 따라서 가맹계약서도 약관으로서의 성격을 갖는다고 볼 것이며 약관법의 적용을 받는다.

약관법에 의해 가맹계약서를 사전 준비한 가맹본부는 약관법에서 정한 여러 가지 의무를 갖게 된다. 그 중 가맹희망자가 필수로 숙지해야 하는 내용을 정리해 보면 다음과 같다.

약관의 명시, 설명의무

가맹본부는 약관인 가맹계약서의 내용을 가맹희망자에게 계약체결 전에 구체적으로 설명할 의무가 있다.

개별약정 우선의 원칙

계약체결 시 가맹본부와 가맹점 사이에 별도의 특약을 하였다면 그 내용이 가맹계약 전체 내용에 우선적으로 적용된다.

작성자 불이익의 원칙

계약서 조항 가운데 의미가 불명확한 조항이 있는 때에는 그 불이익은 약관의 작성자인 가맹본부가 감수하여야 하고 동일한 조항에 관하여 서로 다른 해석이 있을 때에는 가맹점사업자에게 유리한 방향으로 해석하여야 한다.

축소해석의 원칙

권리의무를 제한하는 조항은 엄격하게 해석하여야 한다. 특히, 책임을 일방적으로 경감하거나 구체적인 사유 없이 책임을 회피하는 등의 면책조항은 이를 일반적 면책조항으로 보아서는 안 되고, 약관에 명백히 열거한 사유 외에 확장하여 해석해서는 안 되며, 가맹본부의 귀책사유를 일방적으로 면책하는 등의 내용은 엄격히 제한된다.

Q06. 가맹계약서는 정해진 양식이 있나요?

A06. 가맹계약서는 가맹사업법에서 정한 필수기재사항을 기준으로 가맹본부가 자율적으로 작성하여 사용할 수 있습니다. 다만, 공정거래위원회는 가맹본부에게 건전한 가맹사업거래질서를 확립하고 불공정한 내용의 가맹계약이 통용되는 것을 방지하기 위하여 일정한 가맹사업거래에서 표준이 되는 가맹계약서의 작성 및 사용을 권장하고 있습니다.

공정거래위원회가 고시한 표준계약서는 업종 특성에 따라 외식업, 도소매업, 편의점업, 교육·서비스업 등으로 구분되어 있고, 세부 업종별 특성을 반영하기 위해 외식업은 치킨, 피자, 커피, 기타외식 등으로 세분화되어 있습니다. 자세한 내용은 "프랜차이즈(기타외식업) 표준계약서 목차(☞ <참고사항> 참조)"를 참고하시기 바랍니다.

참고사항

프랜차이즈(기타외식업) 표준계약서 목차

제1장 총칙

제1조 [목적]
제2조 [용어의 정의]
제3조 [계약당사자의 지위]
제4조 [신의성실의 원칙]
제5조 [가맹본부의 준수사항]
제6조 [가맹점사업자의 준수사항]
제7조 [불공정거래행위의 금지]

제2장 개점의 준비

제8조 [가맹점의 표시]
제9조 [가맹점운영권의 부여]
제10조 [지식재산권의 확보]
제11조 [계약의 발효일과 계약기간]
제12조 [영업지역의 보호]
제13조 [점포의 설비]
제14조 [가맹점사업자 피해보상보험계약 등의 체결]

제3장 가맹점사업자의 부담

제15조 [최초 가맹금]
제16조 [가맹금의 반환]
제17조 [계속가맹금]
제18조 [계약이행보증금]
제19조 [최저임금 인상 등 비용부담증가로 인한 가맹금의 조정]

제4장 영업활동의 조건

제20조 개점승인
제21조 [교육 및 훈련]
제22조 [경영지도]
제23조 [방문점검]
제24조 [주방기기의 설치 및 유지]
제25조 [POS의 설치]
제26조 [점포의 운영]
제27조 [광고]
제28조 [판촉]
제29조 [원·부재료 등의 조달과 관리]
제30조 [원·부재료 등의 검사와 하자통지의무]
제31조 [원·부재료 등 공급의 중단]
제32조 [영업]
제33조 [복장]
제34조 [영업의 표준화]
제35조 [권장가격]
제36조 [회계장부 등의 작성 및 보고의무]
제37조 [보험]
제38조 [영업양도 및 담보제공]
제39조 [영업의 상속]

제5장 계약의 갱신, 해지, 종료

제40조 [계약의 갱신과 거절]
제41조 [계약의 해지]
제42조 [계약의 종료와 조치]

제6장 기타

제43조 [가맹점사업자의 비밀유지, 경업금지 의무]
제44조 [개량기술의 사용]
제45조 [지연이자]
제46조 [손해배상]
제47조 [통지방법]
제48조 [분쟁의 해결]
제49조 [정보공개서의 자문]
제50조 [정보공개서 등의 수령일]
제51조 [예상매출액 등의 제공사실 확인]

서명, 별첨

Keyword 07 가맹계약서 제공의무

가맹계약서는 가맹사업의 구체적 내용과 조건을 기재하고 이에 대해 가맹본부 및 가맹점사업자가 각자의 역할에 대해 신의에 따라 성실하게 지키겠다고 약속하는 문서이며, 양 당사자가 합의로 체결한 가맹계약서 내용은 법적 구속력을 갖는다.

가맹사업법에서는 가맹본부가 가맹희망자에게 가맹계약을 체결(or 최초 가맹금 수령)하기 14일 전에 "가맹계약서"를 서면으로 제공할 것을 의무화하고 있다. 따라서 가맹희망자는 가맹계약서 전체 내용에 대해 충분한 시간을 갖고 신중히 검토하여야 한다.

Keyword Key point

- 가맹계약서는 가맹계약 체결 14일 전에 서면으로 제공하여야 한다.
- 가맹계약서는 법적 구속력을 갖는 문서이므로 신중히 검토하여야 한다.

한눈에 보는 Keyword 근거 법령

법 조항	– 가맹사업법 제11조(가맹계약서의 기재사항 등)
주요 내용	– 가맹본부는 가맹계약서를 제공한 날로부터 14일이 지나지 않은 경우 가맹금을 수령하거나 가맹계약을 체결하면 안됨
세부 내용	– 가맹본부(가맹지역본부 및 가맹중개인 포함)는 가맹희망자가 계약의 내용을 미리 이해할 수 있도록 필수기재사항이 적힌 가맹계약서를 제공하여야 함
제재 사항	– **시정명령**: 시정조치 or 시정권고 – **과징금**: 위반기간 동안 관련 매출액(or 영업수익)의 2% 이내(매출액 산정불가 시 5억원 이내) – **벌칙**: 2년 이하의 징역 or 5천만원 이하의 벌금

Q01. 가맹계약서는 가맹계약 체결하는 날 제공받는 것 아닌가요?

A01. 아닙니다. 가맹사업법에는 가맹본부에게 가맹희망자가 가맹계약의 내용을 미리 이해할 수 있도록 가맹계약의 체결일(or 가맹금의 최초 수령일) 14일 전에 가맹계약서를 제공하도록 의무를 부여하고 있습니다.

정보공개서에는 가맹계약서 내용과 홈페이지, 홍보자료 등 기타 정보로 제공되는 가맹본부의 중요한 정책이 연계되어 담겨져 있기에 가맹계약 체결 전 정보공개서와 가맹계약서의 내용이 일치하는지의 여부를 반드시 확인하여야 합니다.

또한 가맹사업법에서 규정하는 제반 내용들이 법률 용어로 정리되어 있어 문구가 생소하고 내용을 이해하는 데 어려움이 있을 수 있습니다. 따라서 사전에 충분한 시간을 가지고 검토하여야 하며, 가맹거래사나 변호사에게 자문을 받아 정확히 검토하는 것도 도움이 될 수 있습니다.

Q02. 가맹계약서 가맹거래사 자문 받으면 숙고기간 단축되나요?

A02. 정보공개서는 가맹희망자가 가맹거래사나 변호사 자문을 받으면 14일의 숙고기간이 7일로 단축됩니다. 그러나 가맹계약서는 숙고기간 단축에 대한 규정이 없으므로 가맹희망자가 가맹거래사나 변호사 자문을 받는다 하더라도 14일의 숙고기간은 단축되지 않습니다.

Q03. 가맹계약서 사전 제공 의무를 위반하면 처벌받나요?

A03. 네. 가맹계약서 사전 제공 의무를 위반한 가맹본부에 대해 공정거래위원회는 시정조치 또는 시정권고 등의 시정명령, 위반기간 동안 관련 매출액 or 영업수익의 2% 이내(매출액 산정 불가 시 5억원 미만)의 과징금, 2년 이하의 징역 또는 5천만원 이하의 벌금에 해당하는 벌칙 등의 제재를 가할 수 있습니다.

Q04. 가맹점사업자도 계약 종료 후 가맹계약서 보관해야 하나요?

A04. 가맹점사업자는 의무가 아니라 선택입니다. 다만 가맹본부는 가맹계약서를 가맹사업의 거래가 종료된 날부터 3년간 보관하여야 하는 의무가 있습니다. 가맹계약서를 가맹계약 종료 후 3년 동안 보관하도록 하는 이유는 혹시라도 가맹계약 종료 후 분쟁이 발생하는 경우 이에 대한 명확한 사실 관계를 검토하기 위한 것입니다.

따라서 가맹계약서 보관 의무는 가맹본부의 의무이기는 하지만 가맹점사업자 또한 본인의 중요한 권리사항을 보호하기 위하여 계약종료 후라도 가맹계약서를 잘 보관해 두는 것이 좋습니다.

Q05. 가맹계약 체결 시 유의할 사항은 무엇인가요?

A05. 가맹계약을 체결하기 위하여 최종적으로 점검해야 할 내용들을 주요 체크리스트로 정리해 보면 다음과 같습니다. 가맹점을 창업하기 위한 시작이자 첫 단추인 가맹계약의 체결은 신중의 신중을 거듭하여야 하기 때문에 가맹계약 체결 시 반드시 체크하시기 바랍니다.

가맹계약 체결 시 주의해야 할 점	확인
• 정보공개서 및 가맹계약서의 사전 제공 및 숙고기간 준수 여부 확인	
• 정보공개서와 가맹계약서, 가맹본부의 홍보 자료 등의 일치 여부 확인	
• 정보공개서와 가맹계약서 내용의 충분한 숙지와 변경가능 여부 확인	
• 가맹계약서 필수기재사항 누락여부 확인 및 주요사항 명시 설명 확인	
• 가맹계약서의 내용 가맹사업법 및 불공정거래행위 저촉 여부 확인	
• 예치 대상 가맹금의 확인과 예치 기관의 확인	
• 기타 설비 등의 가맹본부 거래 강제 유무 및 대금입금 방법의 확인	
• 불명확하거나 모호한 계약 내용 여부 확인	
• 최종 계약 당사자의 확인	

위의 체크리스트 내용을 설명하자면, 가맹계약과 관련된 법적 절차의 준수 여부를 확인하는 것이 우선되어야 합니다. 정보공개서와 가맹계약서의 사전제공의무와 숙고기간, 가맹금 예치의무 등은 가맹본부가 지켜야 할 중요한 법적 절차입니다. 따라서 법적 절차를 준수하고 있는지의 여부를 먼저 확인하는 것이 바람직합니다.

그리고 가맹계약서의 내용이 정보공개서와 가맹본부의 기타 홍보자료 등의 내용과 일치하는지의 여부, 필수적 기재사항의 준수여부를 확인해야 합니다.

가맹계약의 내용이 가맹점에 일방적으로 불리한 내용이나 부당한 강요가 있는지의 여부와 불명확하고 애매모호한 문구 등은 꼼꼼히 살펴 가맹계약의 체결여부를 결정하는 것이 사후 피해를 방지하는 데 도움이 된다는 점을 유념해 두는 것이 필요합니다.

가맹계약의 내용 파악과 더불어 가맹본부를 평가하기 위한 다양한 지표를 활용하여 검토하여야 합니다. 가맹본부와 해당 가맹사업에 대한 사업성을 완벽하고 객관적으로 분석하기란 쉽지 않습니다. 게다가 향후 수익과 관련된 부분은 더욱이 판단하기가 어렵습니다. 하지만 다양한 방법의 평가방식을 활용하여 가맹본부에 대한 능력을 점검하고 사업의 타당성을 검토하는 노력을 아끼지 말아야 할 것입니다.

Keyword 08 허위 · 과장정보 제공금지

프랜차이즈 가맹본부들은 홈페이지, 회사소개서, 기타 광고 및 홍보를 통해 가맹점의 예상수익이나 현재 운영 중인 가맹점사업자의 수익 상태에 대하여 홍보하고 있으며 예비 창업자들은 그 내용을 믿고 가맹계약을 체결하는 경우가 많다.

이에 가맹사업법에서는 가맹희망자나 가맹점사업자들이 가맹본부가 제공한 잘못된 정보로 인해 사업에 실패할 수 있는 위험을 조금이라도 줄이기 위해 허위·과장된 정보제공행위를 금지하고 있다. 또한, 장래나 과거의 예상수익에 관한 정보를 제공할 경우 반드시 서면으로 제공하도록 하고 있으며, 그 산출 근거를 사무실에 비치하여 언제든지 열람할 수 있도록 가맹본부에 의무를 부과하고 있다.

가맹본부가 이를 위반하는 경우 공정거래위원회는 시정조치 및 시정권고 등의 시정명령, 위반기간 동안 관련 매출액의 2% 이내 과징금, 5년 이하의 징역 또는 3억원 이하의 벌금 벌칙 등을 받을 수 있으며, 손해배상액의 3배를 배상하여야 하는 징벌적 손해배상책임 등의 제재를 가할 수 있다.

Keyword Key point

- 가맹본부는 정보를 제공함에 있어서 허위 · 과장된 정보를 제공하면 안된다.
- 가맹본부는 장래나 과거의 예상수익에 관한 정보는 반드시 서면으로 제공하여야 한다.
- 예상수익에 관한 산출 근거를 사무실에 비치하여 열람할 수 있도록 하여야 한다.

한눈에 보는 Keyword 근거 법령

법 조항	– 가맹사업법 제9조(허위 · 과장된 정보제공 등의 금지) – 가맹사업법 시행령 제8조(허위 · 과장의 정보제공행위 등의 유형) – 가맹사업법 시행령 제9조(예상수익상황에 대한 정보제공 등)
주요 내용	– 가맹본부는 가맹희망자나 가맹점사업자에게 정보를 제공함에 있어 허위 · 과장의 정보제공행위 or 기만적인 정보제공행위를 하여서는 안됨 – 장래나 과거의 예상수익 정보는 서면으로 하여야 함 – 예상수익 정보의 산출 자료는 사무실에 비치하여 열람 가능하여야 함
세부 내용	– 허위 · 과장의 정보제공행위와 기만적인 정보제공행위 유형은 시행령 규정
제재 사항	– **시정명령**: 시정조치 or 시정권고 – **과징금**: 위반기간 동안 관련 매출액(or 영업수익)의 2% 이내(매출액 산정불가 시 5억원 이내) – **벌칙**: 5년 이하의 징역 or 3억원 이하의 벌금 – **징벌적 손해배상책임**: 발생한 손해액의 3배 이내

Q01. 허위 · 과장된 정보가 무엇인가요?

A01. 허위 · 과장된 정보란 가맹본부가 가맹희망자나 가맹점사업자에게 제공하는 정보가 사실과 다르거나 사실이 부풀려진 경우(허위 · 과장의 정보)를 말하며, 계약의 체결 · 유지에 중대한 영향을 미치는 사실을 은폐하거나 축소하는 경우(기만적인 정보)를 포함합니다.

Q02. 허위·과장의 정보제공 행위가 무엇인가요?

A02. 가맹사업법 시행령에서 정한 허위·과장의 정보제공행위 유형으로는 ① 객관적인 근거 없이 가맹희망자의 예상수익상황을 과장하여 제공하거나 사실과 다르게 가맹본부가 최저수익 등을 보장하는 것처럼 정보를 제공하는 행위, ② 가맹희망자의 점포예정지 상권의 분석 등과 관련하여 사실 여부가 확인되지 아니한 정보를 제공하는 행위, ③ 가맹본부가 취득하지 아니하는 지식재산권을 취득한 것처럼 정보를 제공하는 행위로 구분되며, ④ 제1호부터 제3호까지의 규정에 따른 행위에 준하여 사실과 다르게 또는 사실을 부풀려 정보를 제공하는 행위로서 공정거래위원회가 정하여 고시하는 행위로 구분하고 있습니다.

공정거래위원회에서 '가맹사업거래상 허위·과장 정보 제공 행위 등의 유형 지정 고시' 내용 중 '허위·과장 정보 제공 행위' 유형별 주요 예시로 공개한 내용은 다음과 같습니다.

행위 유형	주요 예시
예상수익을 과장하거나 최저수익 등을 보장하는 것처럼 정보제공 (시행령 §8조①1호)	– 객관적인 근거없이 실제 가맹점 평균매출액을 27% 부풀린 금액을 예상매출액으로 제공한 경우
	– 객관적인 근거없이 다른 가맹점의 성수기 또는 개점 직후 매출액만을 기준으로 예상매출액을 산정하여 제공한 경우
	– 전체 가맹점의 실제 매출액을 기준으로 예상매출액을 산정하였다고 정보를 제공하였으나, 실제로는 임의적인 기준으로 예상매출액을 산정하여 예상매출액이 부풀려진 경우
	– 객관적인 근거없이 "평균 ㅇㅇ원 투자시 최소 "월 ㅇㅇ백만원의 매출, 월 ㅇㅇ백만원의 영업이익" 등의 표현을 사용하여 가맹희망자들에게 매출 및 영업이익이 보장되는 사업인 것처럼 정보를 제공한 경우

행위 유형	주요 예시
사실여부가 확인되지 않은 상권정보제공 (시행령 §8조①2호)	– 실질적인 상권 분석을 하지 않고 소상공인진흥원 홈페이지의 상권분석자료 등만으로 광범위하게 상권 특성을 추정한 후 '복합적 유동인구 발생', '엄청난 유입인구가 발생' 등의 상권정보를 제공한 경우
취득하지 않은 지식재산권을 취득한 것처럼 정보제공 (시행령 §8조①3호)	– 가맹본부가 상표권을 취득한 사실이 없음에도 불구하고, 상표권을 취득한 것처럼 "가맹본부가 사용을 허용하는 지식재산권", "출원 제ㅇㅇ-ㅇㅇ호", "등록 제ㅇㅇ-ㅇㅇ호"등의 표현이 기재된 정보를 제공한 경우
가맹본부에 관한 정보를 허위·과장하여 제공 (시행령 §8①4호, 추가유형)	– 가맹점수가 20~40여개에 불과함에도 개업 후 현재까지 한번이라도 계약이 체결되었던 가맹점 누적수를 대략적으로 추산하여 650개 가맹점이 성업 중이라고 정보를 제공한 경우 – 가맹본부의 자본금이 5천만원, 상시근로자수가 8명이고 공장을 보유하고 있지 않음에도 자본금 2억원, 상시근로자수 17명에 공장을 보유한 것처럼 기재한 정보를 제공한 경우
상품·용역 등에 관한 정보를 허위·과장하여 제공 (시행령 §8①4호, 추가유형)	– 객관적인 근거 없이 자신이 제공하는 학습컨텐츠가 경쟁사 중 가장 경쟁력이 있는 것처럼 정보를 제공한 경우
영업활동 지원 등에 관한 정보를 허위·과장하여 제공 (시행령 §8①4호, 추가유형)	– 온라인 판매지원을 제공하지 않음에도 이를 제공하는 것처럼 정보를 제공한 경우
가맹점사업자 부담에 관한 정보를 허위로 제공 (시행령 §8①4호, 추가유형)	– 사실과 다르거나 객관적인 근거 없이 업계 최저 창업비용이라거나, 경쟁사에 비해 창업비용이 가장 적은 것처럼 정보를 제공한 경우

Q03. 기만적인 정보제공 행위가 무엇인가요?

A03. 가맹사업법 시행령에서 정한 기만적인 정보제공행위 유형으로는 ① 중요사항을 적지 아니한 정보공개서를 가맹희망자에게 제공하는 행위, ② 가맹본부가 가맹점사업자에게 지원하는 금전, 상품 또는 용역 등이 일정 요건이 충족되는 경우에만 지원됨에도 불구하고 해당 요건

을 제시하지 아니하면서 모든 경우에 지원되는 것처럼 정보를 제공하는 행위, ③ 제1호 또는 제2호에 따른 행위에 준하여 계약의 체결유지에 중대한 영향을 미치는 사실을 은폐하거나 축소하는 방법으로 정보를 제공하는 행위로서 공정거래위원회가 정하여 고시하는 행위로 구분하고 있습니다.

공정거래위원회에서 '가맹사업거래상 허위·과장 정보 제공 행위 등의 유형 지정 고시' 내용 중 '기만적인 정보 제공 행위' 유형별 주요 예시로 공개한 내용은 다음과 같습니다.

행위 유형	주요 예시
중요사항을 누락한 정보공개서 제공 (시행령 §8조②1호)	– 공정거래위원회로부터 시정조치를 받은 사실을 누락한 정보공개서를 가맹희망자에게 제공
가맹본부의 지원금 지급 요건이 있음에도 이를 은폐 (시행령 §8조②2호)	– 본사에 이익이 되는 조건을 충족하는 경우에만 창업경영안전자금이 지원됨에도 불구하고 이를 제시하지 않고 가맹점 30호점까지는 제한 없이 창업경영안전자금이 지원되는 것처럼 정보를 제공한 경우
가맹본부에 관한 중요사실을 은폐·축소 (시행령 §8②3호, 추가유형)	– 유아대상 교육원을 운영하는 가맹본부의 교육원 운영방식이 현행 법령 등에 위배되는 것이어서 행정적 제재나 형사처벌을 받을 수 있다는 사정 등을 알리지 않은 경우
상품·용역 등에 관한 중요사실을 은폐·축소 (시행령 §8②3호, 추가유형)	– 가맹점사업자에게 제공한 서비스표가 자신이 등록한 서비스표가 아니고 이에 서비스표 사용과 관련한 법적분쟁이 발생될 것이라는 점을 충분히 예견할 수 있었음에도 이에 대한 정보를 알리지 않은 경우
영업활동 지원 등에 대한 중요사실을 은폐·축소 (시행령 §8②3호, 추가유형)	– 푸드코트 가맹점은 창업경영안전자금이 지원되지 않음에도 불구하고 이를 알리지 않고, 단순히 창업경영안전자금이 지원된다고 정보를 제공한 경우

가맹점사업자 부담에 대한 중요사실을 은폐·축소 (시행령 §8②3호, 추가유형)	– 월 지출비용에 대한 정보를 제시하면서, 인테리어, 집기류 구입비 등 상당한 비용이 추가로 소요된다는 사실을 알리지 않고 자신이 제시한 비용이 가맹사업시 발생하는 비용의 전부인 것처럼 정보를 제공한 경우
예상수익상황·상권에 대한 중요사실을 은폐·축소 (시행령 §8②3호, 추가유형)	– 수익상황이 이례적으로 좋은 특정 가맹점의 매출액을 제공하면서, 이를 알리지 않고 실제 가맹점 매출액이라고만 정보를 제공한 경우

Q04. 가맹본부가 말로 설명한 예상수익 서면 요청해도 되나요?

A04. 가맹사업법에서는 장래의 예상매출액 또는 과거 가맹점사업자의 매출액에 대한 정보를 제공하는 경우에는 반드시 서면으로 제공하도록 규정하고 있으며, 자세한 산출 근거 자료 또한 사무실에 비치하여 언제든지 열람하도록 하고 있습니다.

따라서 창업 예정지의 예상매출액에 대해 말로 제공한 정보는 허위·과장된 정보제공 등의 금지 규정을 위반한 것으로 사실 여부를 서면으로 제공할 것을 요청하고 그 근거서류를 열람하여 정확히 검토한 후 결정하여야 합니다.

Q05. 기존 가맹점 매출정보 가맹본부에 문의하면 알려주나요?

A05. 정보공개서 내용 중 가맹본부의 가맹사업현황 코너를 보면 "가맹점사업자당 연간평균매출액" 현황이 정리되어 있습니다. 이 내용은 해당 브랜드의 전체 가맹점이 1년 동안 올린 매출액을 가맹점 수로 나눈 평균이며, 1년 미만의 가맹점들은 1년으로 환산하여 정리한 내용입니다.

가맹점의 매출액 산정 기준은 가맹본부마다 달리 정하고 있으나 일반적으로 POS 데이터 또는 가맹본부에서 납품한 물품의 공급가 등을 통해 추정하고 있습니다. 이 현황은 전체 가맹점의 평균을 바탕으로 광역지방자치단체(특별시, 광역시, 특별자치시, 도, 특별자치도)로도 구분하여 기재하고 있으며, 그 산출 근거는 가맹본부 사무실에 비치되어 있고 열람을 요청하면 확인할 수 있습니다.

연계 참조 keyword 35, 351page

Q06. 홈페이지에 게재된 수익성분석 믿어도 되나요?

A06. 홈페이지에 게재된 수익성분석 내용을 검토할 때 가장 유의하여야 하는 사항은 "산정 기준의 객관성"입니다. 월매출을 추정함에 있어서 일매출(방문자수×객단가)×영업일수 등의 산식으로 기재되어 있다면 허위·과장된 정보에 해당할 수 있습니다. 이는 객관성이 결여되었기 때문입니다.

수익성분석 내용의 검토는 기재된 내용이 특정 매장의 실제 현황인지, 일매출이나 월매출을 산정한 기준에 타당성이 있는지, 비용분석에 있어서 매장 크기와 관리 기준의 타당성이 있는지 등을 가맹본부에 직접 문의하여 산정기준의 객관성을 확인하여야 합니다.

수익성분석은 1개월 현황으로 객관성을 담보하기 어렵습니다. 업종에 따라 성수기 또는 비수기 및 계절요인에 많은 영향을 받을 수도 있기 때문에 1년간 매출 및 비용 등을 종합적으로 분석할 필요가 있습니다.

연계 참조 keyword 35, 352~356page

Q07. 허위·과장된 정보는 매출 관련 내용만 적용되나요?

A07. 허위·과장된 정보제공 등의 금지 규정은 정보공개서 뿐만 아니라 홈페이지, 회사소개서 등 홍보책자, 전단지, 배너, 박람회 홍보물, 수익이나 매출 관련 정보제공 등 가맹본부가 제공하는 모든 정보에 적용합니다.

Q08. 허위·과장된 정보는 주로 어떤 식으로 표현되나요?

A08. 수많은 매체를 통해 쏟아지는 광고들의 사실여부를 확인하기란 쉽지 않습니다. 하지만 근거 없는 주장이나 실증되지 않은 내용들의 광고를 잘 구분하는 것이 허위·과장 광고의 피해에서 벗어나는 길임에는 분명합니다. 따라서 사전에 허위·과장 광고의 유형이나 사례 등을 숙지하여 가맹본부의 일방적인 홍보를 검증할 필요가 있습니다.

스포츠신문 등에는 다양한 형태의 허위·과장 광고가 지면을 장식하고 있습니다. "하루 매출이 50만원을 넘어서고 있다.", "지난 주 ○요일에는 100만원을 기록했다.", "개점한 지 20여 일 만에 모두 합쳐 1,000만원이 넘는 매출을 올렸다."와 같은 표현을 사용하며 현재 해당 가맹점이 높은 수익을 올리고 있다고 광고하여 전체 가맹점이 모두 잘되는 것처럼 오인하게 합니다.

하지만 구체적인 근거가 없습니다. 또 매출이나 수익에 대한 표현 역시 소비자들로서는 그 진위 여부를 가리기 힘들기 때문에 가맹점을 방문하여 실제 매출이 얼마나 오르는지 반드시 확인하여야 합니다. 이 외에 광고지면에 가맹본부의 연혁이나 전문분야를 과장하는 경우도 있으며 원조라는 문구 등으로 최초임을 강조하는 사례도 그 진위 여부를 확인해야 합니다.

최근 들어서는 제3금융권이나 대부업체들과 손잡고 가맹점을 모집하는 사례도 자주 발생하고 있습니다. "자기 자본 없이도 바로 창업 가능" 등이 그 것입니다. 실제 예비창업자는 신용제공 동의서를 제공하고 도 직접 대출금을 수령하지 못하고 가맹본부가 인테리어 등의 명목이나 설비 리스료 등의 명목으로 대부업체로부터 대출금을 직접 수령하고 가맹점은 나중에 고금리의 원리금 상환 통보서만 받는 사례입니다.

일부 가맹본부는 공동투자자 모집이라는 형태로 매장에 직접 투자를 유치하여 매장은 가맹본부가 운영하고 투자자는 투자금의 몇 %나 월 수익 ○○○원을 보장한다는 광고를 하는 사례도 있습니다. 이는 유사수신행위에 해당할 우려가 있는 경우로 주의해야 할 내용입니다. 보다 자세한 내용은 "허위·과장된 정보제공 사례(☞ <참고사항> 참조)" 내용을 참고하시기 바랍니다.

참고사항

허위 · 과장된 정보제공 사례

| 사례 | 수익, 매출, 마진 등을 과장한 광고 – 객관적 실증자료 없이 매출액을 부풀리거나 고수익, 고마진을 광고한 경우

브랜드	광고내용
○○갈비	가맹점주에게 높은 수익성으로 "성공사업"을 돌려드립니다.
○○감자탕	저렴한 원재료 공급과 높은 마진율
○○촌	2층 40평 B급매장에서 1일 200–300만원 매출
○○스	수수마진 30% 20평형 매장 일주일에 돼지갈비 200kg 팔려나가는 이유

ㅇㅇ숯불갈비	365일 매장 가득 넘쳐나는 고객 일평균 3회전 이상 가맹점주 마진 최대 평균 75%
ㅇㅇㅇㅇ	일년 사계절 변함없이 빈자리를 찾아볼 수 없을 정도 뒷골목 이면도로의 유령처럼 죽어버린 상권에서도 나홀로 호황
ㅇㅇㅇ치킨	일매출 10만원이 업종전환 후 40만원 이상
ㅇㅇㅇㅇ	안정된 고소득 고수입 점주의 마진을 100%로 맞추었습니다.
ㅇㅇ델리	높은 마진율 투자대비 수익성이 월등히 높다.

|사례| 객관적인 근거 없이 성공(수익)을 보장한 광고 – 객관적 실증자료 없이 성공을 보장한 경우

브랜드	광고내용
ㅇㅇㅇ영어	100명만 관리해도 1,000만원의 수익 보장
건강ㅇㅇㅇ	영업이나 사업을 해보지 않으신 사장님들도 월수입 500만원 이상 가능
ㅇㅇㅇ회 전문점	연일 문전성시 정부에서 주도적으로 권장하는 안정적인 사업
ㅇㅇㅇ	불황이라도 미용관련 사업은 불황을 타지 않습니다. 성공창업의 가능성을 6배 올려 줍니다.
ㅇㅇ나라	투자비용이 2개월 안에 회수된다면 믿으시겠습니까?
ㅇㅇ사랑	성공확률 100%에 도전할 만한 충분한 이유가 있음
ㅇㅇㅇ뮤직	실패없는 사업 시장성 높은 장기아이템, 고수익 창출 전화 한 통으로 당신은 부자가 될 수 있습니다.
ㅇㅇㅇㅇ	365일 돈이 와르르 소자본으로 창업가능한 수익성 높은 사업
ㅇㅇㅇ수산	250만원 투자로 월 수입 500만원 벌 수 있는 수익사업

|사례| 근거없이 최고, 최저 등 배타적 표현을 사용한 광고 – 객관적인 실증자료 없이 최고, 최저, 최상 등의 배타적 표현을 사용한 경우

브랜드	광고내용
ㅇㅇㅇ바다	대한민국 최저 창업비용
ㅇㅇㅇ돼지	최고 육질의 고기를 최저의 가격에
ㅇㅇㅇ순대보쌈	외식업계 최고 저렴한 창업비용
ㅇㅇㅇㅇ	국내에 유일한 정통 일본풍 인테리어 맥주집

|사례| 근거없이 초보자 유인의 표현을 사용한 광고 – 객관적 실증자료 없이 전문가가 아니라도 누구나 가능, 무경험자도 안심창업 등의 초보자를 유인하는 표현을 사용한 경우

브랜드	광고내용
ㅇㅇㅇ돼지	비전문가도 경영할 수 있도록 하는 전략적 경영지원 체계 누구나 쉽게 조리가 가능하여 경비절감 및 일관성 있는 맛
ㅇㅇㅇ숯불갈비	초보자도 성공창업이 가능
ㅇㅇㅇ	누구나 안심하고 창업할 수 있는 검증된 브랜드입니다
ㅇㅇㅇㅇㅇㅇ	영업이나 사업을 해보지 않으신 사장님들도 월 수입 500만원 이상 가능

|사례| 사실과 다르게 수상, 인증을 표시한 광고 – 객관적 실증자료 없이 사실과 다르게 수상, 인증 관련 사실을 표시한 경우

브랜드	광고내용	비고
ㅇㅇ갈비	특허출원(제2004–ㅇㅇㅇㅇㅇㅇㅇ호) 발명특허원(제ㅇㅇㅇㅇ호), 실용신안원(제ㅇㅇㅇㅇㅇ호)	특허출원번호 불명, 발명, 실용신안 및 특허 소유자 불명
ㅇㅇㅇㅇ갈비	실용신안출원, 특허출원	구체적 실증 없음
ㅇㅇㅇ보쌈	각종 신문사 히트 1위 상품 지정	수상 근거가 없음

프랜차이즈 클리닉

〈에피소드〉 3. 가맹본부의 가맹점에 대한 매출보장은 어디까지?

상황

가맹점사업자 A씨는 커피전문점 가맹본부인 B사를 상대로 최초 가맹계약 시 약정한 바에 따라 매월 적자 부분 및 1,400,000원의 지급을 요구하고 있다.

A씨는 B사가 이 사건 가맹계약에서 특약사항으로 A씨에게 매월 순수익 1,400,000원을 보장한다고 약정하였으나 이를 이행하지 않는다고 주장하여 이 사건 분쟁이 발생하였다. 가맹점사업자 A씨는 2013년 2월 중순 커피전문점 가맹본부인 B사와 이 사건 가맹점에 대하여 가맹금 5,000,000원, 계약기간을 2년으로 하는 가맹계약을 체결하였다. 한편 본 가맹계약서 별지의 특약사항에서는 아래와 같이 정하고 있다.

이에 가맹점사업자 A씨는 가맹본부인 B사에게 매월 적자에 해당하는 금액과 1,400,000원을 합한 금액을 청구하였으나 B사는 이를 거절하였다.

특 약 사 항
본 계약의 특약사항은 00동 00건물 3층 '△△△점'(신규오픈) 매장의 특약서 조항임 (중략) 5. 매장 운영 후 월순수익금이 140만원 이하일 때 본사에서 최소수익구조를 만들어 주기 위하여 월순수익 140만원의 부족금액을 지원해 주기로 한다.

가맹점 주장

가맹점사업자 A씨는 가맹본부인 B사가 이 사건 가맹계약 체결 시 순수익 1,400,000원을 보장한다고 설명하였고 구체적으로 특약사항을 통해 확인하였다고 주장한다.

가맹본부 주장

가맹본부인 B사는 특약사항의 의미는 가맹본부가 가맹점사업자의 적자금액까지 모두 부담하는 것이 아니라 월 순수익이 1,400,000원이 되지 않는 경우에는

1,400,000원까지 지원한다는 의미라고 주장한다.

분쟁조정협의회 권고

분쟁조정협의회는 이 사건 사실 확인 과정에서 '가맹본부인 B사는 가맹점사업자인 A씨에게 매월 1,400,000원을 지급하고, 2013년 12월 31일까지 매월 적자의 50%를 지원한다.'는 내용으로 조정을 권고하고 양당사자가 받아들여 조정이 성립되었다. 이에 가맹사업법 제23조 제3항 제1호(분쟁당사자가 협의회의 권고 또는 조정안을 수락하거나 스스로 조정하는 등 조정이 성립된 경우)에 따라 조정절차를 종료하게 된다.

클리닉

가맹점사업자는 영업에 대한 노하우와 상권 및 입지분석 등에 있어서 전문성이 부족하여 가맹본부로부터 지원을 받아 안정적인 가맹점 창업을 선택하고자 하는 속성이 있다. 따라서 가맹본부는 가맹점사업자가 적정규모의 투자금을 안정적으로 회수할 수 있는 영업 노하우를 제공할 의무가 있는 것이 프랜차이징의 본질이다.

가맹사업법 또한 가맹본부가 허위나 과장된 예상매출액 정보제공을 가맹점을 유치하여 가맹점사업자가 피해를 보는 것을 예방하고자 가맹점의 출점 예정점포에 대한 예상매출액 산정서를 의무적으로 제공(가맹점이 100개 이상인 가맹본부가 해당됨)하도록 규정하고 있다.

본 사건의 경우 가맹본부는 가맹점을 유치하고자 가맹점의 출점 예정지역의 예상매출액을 확신하고 이에 따른 최소 수익이 140만원일 것으로 예측하여 이를 특약사항에 명시함으로써 가맹점사업자에게 신뢰를 준 것이라고 볼 수 있다. 가맹점사업자는 가맹본부가 제공한 특약사항을 믿고 가맹계약을 체결 후 영업을 개시하였으나 예상되는 수익은 고사하고 적자를 면하지 못하여 이를 보장 받고자 가맹본부에게 특약사항에 명시된 최소 수익을 요구한 것으로 이는 가맹점사업자의 가맹계약 상의 당연한 권리라 볼 것이다.

계약은 당사자 간의 권리와 의무를 명시한 법적인 문서다. 따라서 가맹본부와 가맹점사업자는 가맹계약 체결 시 중요한 사항에 대하여 심사숙고하고 계약 체결 여부를 결정하여야 한다. 가맹본부는 가맹계약 체결에 앞서 예상매출액의 적정성과 목표수익 달성 여부를 객관적이고 합리적으로 예측하여야 할 의무가 있다. 이는 계약체결 전 가맹본부의 상권분석의무에 해당한다. 따라서 이러한 예측이 실제 매출과 많은 차이가 나거나, 가맹본부가 제공하기로 한 최소수익 보장을 명문화하였다면 이에 대한 계약상의 책임을 면하기 어렵게 된다. 특히, 최소수익보장이 적자를 본 금액은 제외한다는 가맹본부의 주장은 설득력이 떨어지며, 단지 계약체결 시 가맹점을 유치하기 위한 과도한 약속을 한 부분에 대한 책임회피에 가깝다고 볼 것이다. 따라서 가맹본부는 자신이 보장한(문서화한) 내용에 대하여 계약상의 책임을 다하여야 한다.

한편, 가맹점사업자는 계약체결 전 가맹본부가 제시한 내용에 대하여 가맹본부의 예측이 합리적인지, 그리고 가맹본부가 제공하기로 한 최저수익보장의 구체적인 내용의 적정성 여부와 가맹본부의 이행 능력 등을 면밀하게 검토하여 계약 체결 이후 발생할 수 있는 피해를 사전에 예방하여야 할 의무가 있으며, 개점 이후에는 스스로 가맹점의 영업활성화를 위하여 최선을 다할 충실의무가 있음을 명심하여야 할 것이다.

출처: 창업 & 프랜차이즈 CEO study FC 클리닉, 이성훈, 2015년 10월호

Keyword 09

예상매출액 산정서 제공의무

가맹점 창업을 준비하는 가맹희망자는 가맹본부의 아이템으로 개점하려는 점포예정지에서 어느 정도의 매출을 예상할 수 있는지에 대해 직접 사업 타당성을 검토한 후 가맹계약을 체결하여야 한다.

그러나 가맹본부의 아이템에 대한 전문성이 부족한 가맹희망자가 매출을 합리적으로 예상하는 데 한계가 있을 것을 염려하여 가맹사업법에서는 가맹본부가 가맹희망자에게 가맹계약을 체결할 때까지 예상매출액의 범위 및 그 산출 근거가 기재된 "예상매출액 산정서"라는 문서를 작성하여 서면으로 제공할 것을 의무화(일부 가맹본부 제외)하고 있다.

참고로, 예상매출액이란 말 그대로 매출액을 예측하는 것일 뿐이지 꼭 그 매출액이 보장된다는 의미는 아니다. 매출은 상권이나 매장 크기, 아이템의 특성, 소비자의 소비특성, 점주 및 종업원의 서비스 등 다양한 요소에 의해 영향을 받기 때문에 그 누구도 매출을 보장하기는 어렵다. 때문에 적어도 현재 가맹점의 매출액이나 매출에 따른 수익구조의 타당성, 매출을 예측한 산정 기준의 타당성 등을 기준으로 심사숙고하여 검토하여야 한다.

Keyword Key point

- 예상매출액 산정서는 중소기업이 아니거나 가맹점이 100개 이상인 업체만 제공한다.
- 예상매출액 산정서 산출 근거의 객관성 및 합리성 등 그 타당성을 검토하여야 한다.
- 예상매출액의 범위는 최저액과 최고액의 차이가 1.7배를 초과하면 안 된다.

한눈에 보는 Keyword 근거 법령

법 조항	– 가맹사업법 제9조(허위·과장된 정보제공 등의 금지) – 가맹사업법 시행령 제9조(예상수익상황에 대한 정보제공 등)
주요 내용	– 가맹본부는 가맹계약을 체결할 때 가맹희망자에게 예상매출액의 범위 및 그 산출 근거를 서면으로 제공하여야 함 – 예상매출액의 범위 및 그 산출 근거가 기재된 문서를 예상매출액 산정서라 함
세부 내용	– 예상매출액 산정서 제공 의무는 중소기업이 아니거나 가맹점이 100개 이상인 가맹본부만 해당 – 예상매출액의 범위는 최저액과 최고액의 차이가 1.7배를 초과하면 안됨
제재 사항	– **시정명령**: 시정조치 or 시정권고 – **과태료**: 예상매출액 산정서 미제공 시 1,000만원 이하 – **과징금**: 위반기간 동안 관련 매출액(or 영업수익)의 2% 이내(매출액 산정불가 시 5억원 이내) – **벌칙**: 5년 이하의 징역 or 3억원 이하의 벌금 – **징벌적 손해배상책임**: 발생한 손해액의 3배 이내

Q01. 예상매출액 산정서가 무엇인가요?

A01. 예상매출액 산정서란 가맹희망자의 점포 예정지에서 영업개시일부터 1년간 발생할 것으로 예상되는 매출액의 최저액과 최고액으로 획정된 범위 및 그 산출근거가 작성되어 있는 문서를 말합니다. 참고로, 예상매출액 산정서에 기재된 매출액의 최고액은 그 매출액의 최저액의 1.7배를 초과해서는 아니 됩니다.

Q02. 예상매출액 산정서의 산출 근거는 무엇인가요?

A02. 가맹본부는 가맹희망자나 가맹점사업자에게 ① 가맹희망자의 예상 매출액 · 수익 · 매출총이익 · 순이익 등 장래의 예상수익상황에 관한 정보 ② 가맹점사업자의 매출액 · 수익 · 매출총이익 · 순이익 등 과거의 수익상황이나 장래의 예상수익상황에 관한 정보 등을 제공하는 경우에는 서면으로 하여야 합니다.

서면으로 제공하는 예상수익상황에 관한 정보의 산출근거는 가맹본부의 사무소에 비치하여야 하며, 영업시간 중에 언제든지 가맹희망자나 가맹점사업자의 요구가 있는 경우 그 자료를 열람할 수 있도록 하여야 합니다. 예상수익상황에 관한 정보의 산출근거로 비치 열람 의무가 있는 자료는 다음과 같습니다.

1. 현재수익 또는 예상수익의 산출에 사용된 사실적인 근거와 예측에 관한 자료
2. 현재수익 또는 예상수익의 산출근거가 되는 다음 각 목의 자료
   ① 산출근거가 되는 가맹사업의 점포(직영점과 가맹점을 포함한다)의 수
   ② 해당 가맹사업의 전체 점포 수 대비 가목에 따른 점포의 수
   ③ 가목에 따른 각 점포와 점포예정지와의 거리
3. 최근의 일정기간 동안에 가맹본부나 가맹중개인이 표시 또는 설명하는 현재수익 또는 예상수익과 같은 수준의 수익을 올리는 가맹점사업자의 수와 그 비율(이 경우 최근의 일정기간에 대하여 시작하는 날짜와 끝나는 날짜를 표시하여야 한다)

Q03. 예상매출액 산정서는 모든 가맹본부가 제공하나요?

A03. 예상매출액 산정서 제공 의무는 중소기업자가 아닌 가맹본부(ex. 대기업 「중소기업기본법」 제2조 제1항 또는 제3항에 따른 자) 또는 직전 사업연도 말 기준으로 동일한 영업표지를 사용하는 가맹점사업자가 100개 이상인 가맹본부만 있습니다. 참고로, 제공 의무가 없는 가맹본부도 제공할 수 있습니다.

Q04. 예상매출액 산정서는 언제 받을 수 있나요?

A04. 예상매출액 산정서는 가맹본부가 가맹계약을 체결할 때 제공하여야 한다고 규정하고 있습니다. 그러나 가맹희망자는 예상매출액 산정서를 통해 점포예정지의 예상매출에 대한 사업 타당성 검토를 끝낸 후 가맹계약 체결 여부를 결정하는 것이 바람직하기 때문에 가맹계약 체결 전에 요청하여 충분한 시간을 갖고 검토하시기 바랍니다.

Q05. 예상매출액 산정서를 제공하지 않으면 가맹본부 처벌받나요?

A05. 공정거래위원회는 예상매출액 산정서 제공 의무가 있음에도 불구하고 이를 이행하지 아니한 가맹본부에게 1,000만원 이하의 과태료를 부과할 수 있습니다.

Q06. 예상매출액 산정서는 정해진 양식이 있나요?

A06. 공정거래위원회에서는 예상매출액 산정서의 표준양식에 관한 규정을 제정·개정하여 그 사용을 권장하고 있습니다. 즉, 예상매출액 산정서 표준양식 사용은 의무가 아니라 가맹본부의 선택입니다. 그러나 점포예정지의 예상매출을 임의로 추정하는 것이 어려운 일이기 때문에 많은 가맹본부가 공정거래위원회의 표준고시를 활용하고 있습니다.

Q07. 예상매출액 산정서의 매출액은 현재 시점의 추정매출인가요?

A07. 예상매출액 산정서 매출액의 범위는 가맹희망자의 점포예정지에서 1년간 발생할 것으로 예상되는 매출액의 최저액과 최고액으로 획정된 범위(최고액은 최저액의 1.7배 이내)를 기재하게 되어 있습니다. 그러나 그 산출근거는 현재 시점의 추정 매출이 아니라 직전 사업연도 말 기준 영업 중인 가맹점의 실제 매출액을 근거로 하고 있습니다.

예상매출액 산정서는 직전 사업연도 말 기준 영업 중인 가맹점의 실제 매출액을 활용하여 '가맹본부의 예측 방식'과 '인근 가맹점 매출액을 활용한 방식' 중 선택하여 작성할 수 있습니다. 다만, 인근 가맹점 매출액을 활용한 방식은 가맹희망자의 점포예정지가 속한 해당 광역자치단체(특별시 · 광역시 · 특별자치시 · 도 · 특별자치도) 내에 가맹점이 5개 이상 있는 경우에 한하여 활용할 수 있습니다.

가맹본부 예측 방식은 직전 사업연도 말 기준 영업 중인 가맹점 중 점포예정지와 점포 또는 상권 특성이 가장 유사한 가맹점의 실제 매출액을 합하여 산출 가맹점 수로 나누어 산출된 '평균매출액'을 활용하여 1.7배 범위의 최고액과 최저액을 산출하여 작성합니다.

인근 가맹점 매출액을 활용한 방식은 점포예정지에서 가장 인접한 가맹점 5개를 선정하고 직전 사업연도 말 기준 1년 이상 영업(6개월~1년 미만 영업기간은 365/영업일수로 환산)한 가맹점의 실제매출액을 각 매장의 크기로 나누어 산출한 '매출환산액'이 가장 작은 가맹점과 가장 큰 가맹점을 제외한 나머지 3개 가맹점의 매출액 중 가장 높은 값을 최고액으로, 가장 낮은 값을 최저액으로 작성합니다.

Q08. 산정서의 예상매출과 실제매출이 다르면 가맹본부 처벌받나요?

A08. 실제 매출이 예상매출액 산정서 범위를 초과할 경우 공정거래위원회는 허위·과장된 정보제공 위반으로 시정조치, 위반기간 동안 관련매출액의 2% 이내(영업수익이 없는 경우 5억원 이하)의 과징금, 5년 이하의 징역 또는 3억원 이하의 벌금, 가맹점사업자에게 발생한 손해의 3배 배상책임 등의 처벌을 내릴 수 있습니다.

그러나 예상매출액 산정서에 기재된 점포예정지의 매출액 범위와 산출근거를 공정거래위원회에서 권장하는 표준고시 양식에 따라 충실히 작성하였다면 실제 가맹점을 개점하여 운영하면서 올린 현재 매출액이 예상매출액 산정서의 최고액과 최저액 범위 내에 속하지 않는다 해도 법 위반에 해당되지 않을 수 있습니다.

반대로 가맹본부가 예상매출액 산정서 표준고시 양식을 임의로 수정하여 사용하는 경우 내용이 부실하거나 가맹본부가 공정거래위원회의 표준양식을 사용하지 않고 직접 작성하여 제공한다면 실제 매출액은 가맹본부가 예측하여 제시한 예상매출액 최고액과 최저액의 범위 1.7배를 초과하면 법 위반에 해당할 수 있습니다.

참고로, 가맹본부 예측 방식은 점포예정지 특성과 기존 가맹점의 점포 및 상권 특성의 유사성으로 가맹점을 선정하여 평균매출액을 활용하여야 합니다. 여기서 '유사성' 기준에 대한 해석이 상이할 수 있기 때문에 가맹본부가 얼마나 객관적이고 합리적인 기준을 적용하였는가가 허위·과장의 판단근거가 될 것입니다.

〈에피소드〉 4. 정보공개서 제공과 예상매출액의 범위

상황

가맹점사업자 A씨는 정보공개서를 제공받지 못한 채 가맹본부인 B사와 계약기간을 2년으로 하는 가맹계약을 체결하여 가맹점을 운영하였는데 실제로 가맹점을 운영해 본 결과 가맹본부가 제시한 예상매출액보다 실제 매출액이 현저하게 낮고 매월 적자가 발생하였다. 누적되는 적자로 인하여 가맹계약을 유지할 수 없는 지경에 이른 A씨는 가맹본부인 B사를 상대로 정보공개서 미제공 및 허위 · 과장정보 제공 등을 이유로 가맹계약을 해지하고 123,571,493원의 손해배상을 청구하는 취지의 조정을 신청하였다.

가맹점 주장

가맹점사업자인 A씨는 가맹본부인 B사가 계약체결 전에 정보공개서를 제공하지 않았고 신청인이 계약체결 후 정보공개서 제공을 요청하자 이메일로 제공하였으며, 가맹계약서도 계약체결 당일 교부받았다고 주장한다.

A씨는 가맹본부가 제공한 월 매출 558~780만원의 수입을 보장한다는 정보를 믿고 가맹계약을 체결하였으나, 실제 영업을 해 본 결과 월 평균 541만원의 적자를 면하지 못하고 있으므로 계약을 해지하고 가맹본부가 이에 대한 손해를 배상해야 한다고 주장한다.

가맹본부 주장

가맹본부인 B사는 가맹점사업자인 A씨에게 정보공개서를 계약체결 이후 뒤늦게 이메일로 제공하였으나, 정보공개서를 제공한 날부터 신청인이 본사로 잔금을 보낸 시점까지 16일이라는 시간적 여유가 있었으므로 가맹본부가 정보공개서 사전제공의무 위반의 정도는 비교적 경미하다고 주장한다.

또한 가맹본부는 가맹희망자들에게 월 수익을 보장한 사실이 없으며, 신청인이 영업을 개시하여 불과 2개월 정도 지난 시점에서 월 평균 5,410,240원의 적자가 발생하였다는 주장은 이해할 수 없으며, 적자의 원인은 매장 운영자의 개인 능력, 매장의 위치, 상권 등 다양한 변수에 따라 변동할 수 있는데 이를 전적으로 가맹본부의 귀책사유로 돌린다는 것은 부당하다고 주장한다.

분쟁조정협의회 권고

양 당사자는 가맹계약을 해지하고 가맹본부 B사는 2,000만원을 가맹점사업자인 A씨에게 지급하는 내용으로 합의하여 조정이 성립되었다.

클리닉

위의 사건은 전형적인 가맹본부의 정보공개서 제공의무 위반과 허위 · 과장 정보 제공에 따른 가맹점사업자가 피해를 본 사례에 해당한다고 볼 수 있다.

비록 가맹본부가 정보공개서를 이메일로 보낸 사실이 있다고 할지라도 제공 시점이 가맹계약 체결 전 또는 최초 가맹금 수령 14일 전에 제공하여야 함에도 불구하고 계약체결 이후 정보공개서를 제공한 것은 가맹사업법 위반에 해당한다. 정보공개서 제공은 강행규정으로써 반드시 계약체결 또는 가맹금 수령 14일 전(가맹거래사나 변호사의 자문이 있을 경우 7일)에 제공하는 것을 원칙으로 하고 있다. 이유는 가맹희망자가 정보공개서 검토를 충분히 하여 계약체결 여부를 결정할 수 있는 시간을 줌으로써 신중한 결정을 할 수 있도록 하기 위함이다. 따라서 계약체결 이후 정보공개서를 제공하였다면, 정보공개서를 검토한 후 계약체결 여부를 결정할 수 있는 실익이 전혀 없게 되기 때문에 정보공개서의 제공 시점은 중요한 사항이다.

가맹점사업자는 가맹점을 통해 얻을 수 있는 수익에 관심을 갖는다. 즉, 가맹계약을 체결하는 데 가장 큰 영향을 미치는 것이 장래에 발생될 수익성에 대한 정보이다. 가맹본부는 적자의 원인이 매장 운영자의 개인 능력, 매장의 위치, 상권 등 다양한 변수에 따라 변동할 수 있는데 이를 전적으로 가맹본부의 귀책사유로 돌린다는 것은 부당하다고 주장하고 있다. 하지만 프랜차이즈시스템은 가맹본부의 전문성을 바탕으로 매장의 상권과 입지를 분석하여 과학적이고 객관적인 예상매출액을 산정하는 시스템을 요구한다. 다양한 내외부적 변수에 의해서 예상매출액을 정확하게 예측한다는 것이 어려울지라도 근접한 수준에 접근해야 함은 물론이다. 프랜차이즈시스템은 표준화된 점포모델에 의해 운영한다는 점에서 매장의 위치와 상권 등의 변수를 감안하여 점포가 결정되어야 하는데, 상권분석에 대한 고려가 없었다면, 가맹계약을 체결하는 데 가맹본부의 상권조사의무를 위반한 것에 해당할 수 있다.

또한 가맹사업법은 가맹본부가 가맹점사업자에게 예상매출액 산정서를 제공할 때 예상매출액의 범위를 최소와 최대의 범위가 1.7배의 범위 안에 있을 것을 요구하고 있다. 따라서 가맹본부가 월 수익 550여 만원에 이를 것을 예상하였다면 적어도 적자는 발생되지 않았어야 한다는 점에서 가맹본부가 정확한 상권분석과 예상매출산정을 하지 않은 채 가맹점사업자에게 과장된 정보를 제공하였다는 것이 인정된다.

상기 사건은 가맹본부가 정보공개서를 제공하고 예상매출액에 대한 과학적이고 객관적인 전문성을 확보하는 데 노력해야 한다는 점을 말해주고 있는 사례라고 볼 것이다.

출처: 창업 & 프랜차이즈 CEO study FC 클리닉, 이성훈, 2016년 11월호

Keyword 10 가맹금 정의

가맹희망자는 가맹본부와 계약을 체결하고 가맹점을 개점하기 위하여 다양한 금전을 가맹본부에 지급한다. 개인이 독립점을 창업하는 경우에 비해서 프랜차이즈 가맹점을 창업할 경우에는 가맹비나 교육비, 보증금 등 가맹본부에 지급하는 금액이 추가된다. 또한, 가맹점 운영 중에도 로열티나 추가 교육 · 훈련비, 광고 · 판촉비, 물류공급에 따른 차액가맹금 등의 금액을 지속적으로 가맹본부에 지급하여야 한다.

이처럼 명칭이나 지급형태가 어떻든 간에 가맹점사업자가 가맹본부로부터 영업표지 사용, 경영 · 영업활동 등에 대한 지원 · 교육의 대가로 가맹본부에 지급하는 금전 등을 통칭하여 가맹금으로 정의한다. 다만, 가맹본부에 귀속되지 않는 대가는 제외된다.

Keyword Key point

- 가맹금은 가맹본부에 지급하는 모든 대가를 통칭한다.
- 가맹금은 가맹비, 로열티, 보증금, 교육 · 훈련비, 광고 · 판촉비 등의 다양한 종류가 있다.
- 지속적으로 공급하는 원·부재료의 마진에 해당하는 차액가맹금도 가맹금에 속한다.

Q01. 가맹금과 가맹비는 같은 용어인가요?

A01. 가맹금이란 명칭이나 지급형태가 어떻든 간에 아래 5가지에 해당하는 대가를 말하며, 각종 수수료 등 가맹본부에 귀속되지 않는 것은 제외합니다. 따라서 가맹금과 가맹비는 다른 용어이며, 가맹비는 가맹금 종류 중 하나에 해당하는 대가의 용어입니다.

1. 가입비 · 입회비 · 가맹비 · 교육비 또는 계약금 등 가맹점사업자가 영업표지의 사용허락 등 가맹점운영권이나 영업활동에 대한 지원 · 교육 등을 받기 위하여 가맹본부에 지급하는 대가
2. 가맹점사업자가 가맹본부로부터 공급받는 상품의 대금 등에 관한 채무액이나 손해배상액의 지급을 담보하기 위하여 가맹본부에 지급하는 대가
3. 가맹점사업자가 가맹점운영권을 부여받을 당시에 가맹사업을 착수하기 위하여 가맹본부로부터 공급받는 정착물 · 설비 · 상품의 가격 또는 부동산의 임차료 명목으로 가맹본부에 지급하는 대가
4. 가맹점사업자가 가맹본부와의 계약에 의하여 허락받은 영업표지의 사용과 영업활동 등에 관한 지원 · 교육, 그 밖의 사항에 대하여 가맹본부에 정기적으로 또는 비정기적으로 지급하는 대가로서 다음 ①과 ②에 해당하는 것
   ① 가맹점사업자가 상표 사용료, 리스료, 광고 분담금, 지도훈련비, 간판류 임차료 · 영업지역 보장금 등의 명목으로 정액 또는 매출액 · 영업이익 등의 일정 비율로 가맹본부에 정기적으로 또는 비정기적으로 지급하는 대가
   ② 가맹점사업자가 가맹본부로부터 공급받는 상품 · 원재료 · 부재료 · 정착물 · 설비 및 원자재의 가격 또는 부동산의 임차료에 대하여 가맹본부에 정기적으로 또는 비정기적으로 지급하는 대가

중 적정한 도매가격을 넘는 대가. 다만 가맹본부가 취득한 자신의 상품 등에 관한 「특허법」에 따른 권리에 대한 대가는 제외한다.

5. 그 밖에 가맹희망자나 가맹점사업자가 가맹점운영권을 취득하거나 유지하기 위하여 가맹본부에 지급하는 모든 대가

Q02. 가맹비를 지급하면서 얻는 대가는 무엇인가요?

A02. 가맹점이 아닌 독립점 창업은 혼자서 상품개발과 브랜드 관리, 광고·판촉, 마케팅, 원·부자재 매입 등 모든 부분을 수행하여야 하며, 이에 따른 비용도 만만치 않게 들어갑니다. 그러나 가맹점 창업은 가맹본부가 이러한 기능을 모두 수행하고 그 대가로 가맹비 및 로열티 등을 요구하는 것으로 가맹점사업자가 그 가치에 대한 대가를 지급하는 것은 당연한 것입니다. 즉, 총괄적인 가맹본부의 지적재산권에 대한 보상일 수도 있습니다.

문제는 가맹비나 로열티 등을 받는 가맹본부가 얼마나 브랜드 가치를 위해 노력하고 가맹점관리 및 교육훈련 등 가맹본부로서 지켜야 할 준수사항을 충실히 이행하느냐의 문제일 것입니다. 따라서 가맹계약을 체결하기 전에 가맹비 등의 규모가 가맹본부가 제공하는 노하우 및 관리능력과 상응하는지 잘 검토할 필요가 있습니다.

Q03. 로열티와 상표사용료는 같은 용어인가요?

A03. 로열티는 브랜드 사용과 가맹점 영업활동 및 관리 등에 대한 지원의 대가로 정기적으로 가맹본부에 지급하는 금액을 말하고, 상표사용료는 단순히 브랜드만을 사용하는 대가를 말합니다. 따라서 로열티 범위에 상표사용료가 포함되는 것으로 해석할 수 있습니다.

또한, 다른 관점에서 가맹점사업자가 브랜드를 지속적으로 사용하는 목적에는 가맹본부의 지속적인 지원이 포함되어 있다고 생각하기 때문에 상표사용료의 명칭으로 부담하는 경우에도 로열티 범주의 관리에 대한 대가로 지급하는 것으로 볼 수 있습니다.

로열티는 가맹본부에 따라 일정액을 납입하는 경우도 있고 가맹점 매출에 따라 일정비율로 납입하는 경우도 있습니다. 또 납입방법으로는 월 단위로 정기적으로 납입하는 경우도 있고, 일시불로 계약 초기에 납입하는 경우도 있습니다.

로열티 제도는 가맹본부가 지속적으로 브랜드를 유지하기 위해 필요한 프랜차이즈 사업의 핵심이라 할 수 있습니다. 문제는 로열티를 받기위해 가맹본부가 가맹점에 제공하는 지원의 규모와 지속적 관리의 품질이지 로열티를 수령하는 것 자체가 문제라 볼 수는 없습니다.

Q04. 로열티를 지급하면서 얻는 대가는 무엇인가요?

A04. 가맹비 및 로열티는 통합하여 검토하자면 가맹본부가 영업표지 등 가맹사업운영권 사용허락, 개점 지원 및 가맹점 운영을 위한 가맹본부 노하우 사용에 대한 대가로 볼 수 있습니다. 일부 가맹본부는 가맹비만 수령하고 있고, 일부 가맹본부는 가맹비와 로열티를 구분하여 개점 전과 후로 나누어 받는 가맹본부도 있습니다.

가맹비만 수령하는 가맹본부는 로열티를 가맹비에 포함하여 수령하는 것으로 해석할 수 있습니다. 때문에 계약이 중도에 해지되거나 하는 경우 일부 가맹비의 반환을 요청할 수 있습니다.

그러나, 가맹비와 로열티를 구분하여 수령하는 가맹본부는 가맹비에 대해서는 가맹사업운영권 및 개점 지원을 위해 소요되는 대가로 개점과 동시에 소멸한다고 보고, 개점 이후 가맹점 관리 대가로 로열티를 수령한다고 해석하고 있습니다.

참고로, 로열티는 가맹본부 브랜드 인지도와 관리 수준을 의미하기도 합니다. 따라서 로열티를 부담하는 경우 가맹본부의 지속적인 지원 범위와 내용 및 관리력을 검토하고 그에 상응하는 대가를 지불하는 것인지 여부를 검토하는 것이 중요합니다.

Q05. 가맹비, 로열티 등 가맹금 면제해주면 좋은 가맹본부인가요?

A05. 무조건 가맹비나 로열티 등을 받지 않는 가맹본부가 좋은 가맹본부인 것만은 아닙니다. 가맹비나 로열티를 받는 이유는 가맹본부의 역할에 따른 당연한 보상임에도 받지 않는다는 것은 반대로 가맹본부가 본부로서의 역할을 하지 않는다는 것일 수도 있습니다.

가맹본부가 가맹비나 로열티, 교육비 등을 받지 않고 가맹점을 모집하는 경우라도 전혀 초기 가맹금을 받지 않는다고 볼 수는 없습니다. 가맹금은 직접적으로 지급하는 최초가맹금 외에 인테리어, 설비 등 시설물과 관련된 가맹금과 지속적인 물류공급에 따른 가맹금도 있기 때문입니다.

가맹사업법은 이러한 물류공급에서 적정한 도매가격을 초과하는 이윤을 차액가맹금으로 보고 있습니다. 즉 로열티가 물류공급 수익에 포함되어 있다고 보는 것입니다.

가맹점 또한 일반 유통업자와 가맹본부의 물류공급을 단순 원가 비교만을 통해 문제점을 지적하기보다는 가맹본부의 종합적인 역할과 이에 따른 보상 측면에서 물류공급을 인식해야 할 것입니다.

가맹본부는 기존의 물류수익 구조에서 점차적으로 로열티 수익모델로 선진화해야 할 것이며 이를 위해 가맹점에 대한 관리와 영업지원 능력을 더욱 강화할 필요가 있습니다.

로열티가 있는 가맹본부는 그만큼 사업모델과 브랜드에 대한 자신감이 있고 가맹점을 지원, 관리할 수 있는 능력이 있다는 것을 나타내기도 합니다. 때문에 가맹본부 선택 시 로열티의 유무와 더불어 로열티의 적정성과 가맹본부의 브랜드력 및 관리력을 함께 검토하는 것도 좋은 방안 중 하나입니다.

다른 관점에서, 점포를 임대하기 위한 상권·입지 조사를 하다 보면 권리금이 있는 경우가 많이 있습니다. 경우에 따라서 창업비용을 절감하기 위해 권리금이 없는 곳을 찾기 마련이지만 권리금이 없는 점포는 그만큼 영업이 어려운 곳일 수 있기 때문에 적정한 권리금이 형성된 점포를 구하는 것이 좋습니다.

마찬가지로 적정한 가맹비나 로열티를 받고 적극적인 지원을 하는 가맹본부가 안정적인 가맹점 운영을 위해서 바람직하다고 볼 수 있습니다.

Q06. 최초가맹금이 무엇인가요?

A06. 최초가맹금이란 정보공개서 표준양식 및 프랜차이즈 표준계약서에서 표현하는 가맹금으로 가입비, 입회비, 가맹비, 최초 교육·훈련비, 상권조사비, 장소선정지원비, 매뉴얼제공비, 오픈지원비, 개점지원비, 홍보판촉비 등 가맹점사업자가 영업표지의 사용허락 등 가맹점운영권이나 영업활동에 대한 지원·교육 등을 받기 위하여 가맹본부에 지급하는 대가를 말합니다.

최초가맹금 내역은 모두 가맹계약서에 규정되어 있는 내용을 근거로 기재해야 하기 때문에 가맹계약서 내용과 일치하는지 여부를 추가로 확인하시기 바랍니다.

연계 참조 keyword 35, 363~364page

Q07. 계속가맹금이 무엇인가요?

A07. 계속가맹금은 프랜차이즈 표준계약서에서만 표현하고 있습니다. 계속가맹금이란 가맹점사업자가 가맹본부와의 계약에 의하여 허락받은 영업표지의 사용과 영업활동 등에 관한 지원·교육, 그 밖의 사항에 대하여 가맹본부에 정기적으로 또는 비정기적으로 지급하는 대가를 말합니다.

정보공개서에서는 영업 중의 부담내역에 정리되어 있으며, 계속가맹금의 종류로는 상표 사용료(로열티), 리스료, 광고·판촉 분담금, 수시 교육·훈련비, 간판류 임차료, 영업표지 변경 등에 따른 간판 변경 비용, 영업지역 보장금, 시설, 각종 기기의 교체보수 비용, 점포환경개선 비용, 회계처리 비용, POS 사용료, 지연이자, 원부재료 마진 등이 있습니다.

상표사용료 또는 로열티는 가맹점을 운영하면서 지속적으로 사용하는 대가와 가맹점을 관리해주는 대가로 부담하는 것이고, 리스료는 가맹본부가 가맹사업에 필요한 고가의 중요설비를 임대형식으로 공급하는 경우 지급합니다.

광고 및 판촉 분담금은 가맹본부가 전국적으로 진행하는 행사에 대해 가맹점사업자가 비용을 분담할 때를 기준으로 하고, 교육·훈련비는 개점 후 정기 또는 수시로 가맹본부가 진행하는 교육에 대하여 가맹점사업자에게 비용을 부담시키는 경우를 기준으로 정리합니다.

광고·판촉·분담금, 교육·훈련비, 점포환경개선 비용 등은 정보공개서 문서 내에 중복되어 있기 때문에 문서 간 내용의 일치 여부를 함께 검토하여야 합니다.

계속가맹금 내역은 모두 가맹계약서에 규정되어 있는 내용을 근거로 기재해야 하기 때문에 가맹계약서 내용과 일치하는지 여부를 추가로 확인하시기 바랍니다.

연계 참조 keyword 35. 371page, 388~389page, 392~394page, 398~401page

연계 참조 keyword 20. 204~207page

Q08. 계약종료 시 돌려받는 보증금은 왜 부담해야 하나요?

A08. 보증금은 물품대금의 채무를 담보하기 위한 경우와 계약 미이행에 따른 손해배상액의 지급을 담보하기 위한 계약이행 성격을 갖고 있습니다. 보증금은 계약기간 동안 전체 금액이 유지되어야 하며, 수시로 정산되는 금액이 아닙니다.

보증금은 계약의 기간만료 또는 해지로 종료하는 경우 채무 및 손해배상금 등을 정산하여 최종적으로 돌려받게 됩니다. 따라서 계약종료 시 채무가 없거나 가맹본부와 손해를 다툴 여지가 없는 경우에는 보증금 전액을 돌려받을 수 있습니다.

연계 참조 keyword 35, 365~366page

Q09. 차액가맹금이 무엇인가요?

A09. 차액가맹금이란 가맹본부가 해당 가맹사업을 운영하는 과정에서 가맹점사업자에게 가맹본부 또는 가맹본부가 지정한 자와 거래할 것을 강제 또는 권장하여 공급받는 품목에 대하여 가맹본부에 지급하는 대가 중 적정한 도매가격을 넘는 대가를 말합니다.

연계 참조 keyword 35, 372page

Q10. 경제적 이익이 무엇인가요?

A10. 가맹본부가 가맹점사업자에게 가맹본부 또는 가맹본부가 지정한 자와 거래할 것을 강제 또는 권장한 품목과 관련하여 가맹본부가 직전 사업연도에 납품업체, 용역업체 등으로부터 금전, 물품, 용역, 그 밖의 경제적으로 얻는 이익을 말하며, 판매장려금, 리베이트(rebate) 등 금전으로 받는 경우도 있고, 상품이나 용역 등으로 받는 경우도 있습니다.

연계 참조 keyword 35, 378~379page

〈에피소드〉 5. 인테리어 비용은 가맹본부의 수익?

상황

가맹점사업자 A씨는 가맹본부를 상대로 인테리어 공사 일체를 25,000,000원에 해 줄 것을 위임하였음에도 불구하고 가맹본부가 공사대금 전액을 사용하지 않고 일부를 부당이득하였다는 이유로 16,000,000원의 반환을 요구하는 분쟁조정을 신청하였다. 양 당사자는 2012. 5. 10. 기술전수비 5,000,000원, 계약기간을 3년으로 하는 '△△김밥 ○○○점'에 관한 가맹계약을 체결하였으며, 가맹본부는 계약 체결 시 정보공개서를 사전에 제공하지 아니하였고, 기술전수비 5,000,000원을 직접 본인의 계좌로 지급받았다.

가맹점사업자 A씨는 가맹계약 체결 시 인테리어 업체 선정 및 시공 일체를 가맹본부에게 위임하였으며, 가맹본부가 제시한 견적서에 따라 25,000,000원을 인테리어 공사대금 등의 명목으로 지급하였다. A씨는 가맹본부에게 2012. 6. 28. 내용증명을 보내 정보공개서 미제공 등을 이유로 검찰에 고발할 예정이라는 사실을 통지하고, 계약해지 및 인테리어 비용일체의 반환을 요청하였다. 가맹본부는 A씨에게 2012. 7. 4. 내용증명을 보내 계약해지 사실을 통지하고 경업금지를 요청하였으며, 가맹금 중 일부인 3,666,000원을 반환하였다.

가맹점 주장

가맹점사업자 A씨는 가맹계약 체결당시 가맹본부가 정보공개서를 제공하지 아니하였으므로 가맹사업법을 위반하였다고 주장한다. 또한 A씨는 인테리어 공사대금 명목으로 가맹본부가 25,000,000원을 A씨로부터 지급받았으나 이를 전부 인테리어 공사에 사용하지 않고 부당이득을 취했다고 주장한다.

가맹본부 주장

가맹본부는 부가가치세확정신고서에 의할 때 최근 2기의 매출과세표준 금액이 50,000,000원 미만이어서 정보공개서 등록 · 제공의무가 면제되는 사업자라고 주장한다. 한편, 가맹본부는 실제로 25,000,000원을 인테리어 업자 등에게 지불하고 가맹점의 매장 인테리어에 투입하였으며, 관련 증거자료로서 인테리어 업자 등으로부터 받은 세금계산서 일체를 제출하였다고 주장한다.

분쟁조정협의회 권고

이 사건의 사실 확인 과정에서 2012. 9. 4. 담당조사관의 권고로 가맹본부는 가맹점사업자 A씨가 계속하여 '△△김밥 ○○○점'을 운영할 수 있도록 허용하고 가맹점사업자 A씨는 금전지급 청구를 하지 않기로 합의하여 조정이 성립되었으므로 가맹사업법 제23조 제3항 제1호에 따라 조정절차를 종료하였다.

클리닉

정보공개서는 가맹희망자가 가맹본부의 정보를 확인하고 심사숙고하여 가맹계약 체결여부를 결정하기 위한 중요한 자료이다. 하지만 정보공개서를 등록하고 제공하도록 한 가맹사업법에는 적용배제 조항을 통해 가맹점사업자가 가맹금의 최초 지급일부터 6개월까지의 기간 동안 가맹본부에게 지급한 가맹금의 총액이 100만원 이내인 경우와 가맹본부의 연간 매출액이 5천만원(직영점 매출액 포함 2억원) 미만인 경우 그리고 가맹점사업자의 수가 5개 미만인 경우에는 정보공개서 등록 및 제공의무가 면제되고 있다. 이는 초기 사업자이거나 영세한 가맹본부의 부담을 덜어주기 위한 조치이다. 그러나 안정적인 가맹점 창업을 위해서는 가맹본부가 제공하는 투명하고 신뢰할 만한 정보를 필요로 하기 때문에 비록 영세한 가맹본부라고 하더라도 정보공개서를 제공함으로써 가맹점과 신뢰기반을 조성할 필요가 있다. 오히려 가맹본부가 매출액과 가맹점 수가 적다는 것을 이유로 정보공개서를 등록하지 않는 다면 이는 가맹본부 스스로 가맹사업을 할 수 있는 기본적인 인프라가 갖추어져 있지 않다는 것을 홍보하는 것과 같다고 볼 수 있다. 따라서 가맹희망자는 가맹계약 체결 전에 정보공개서를 필수적으로 받아서 사업성을 꼼꼼하게 검토해야 할 것이며, 영세성을 이유로 정보공개서를 제공하지 않는 가맹본부는 준비가 되어 있지 않은 가맹본부로 판단하여 가맹계약을 체결하지 않는 것이 사후 피해를 예방하는 최선의 방법이다.

가맹본부는 가맹점사업자로부터 다양한 형태의 금전을 받는다. 가맹비와 로열티는 가맹본부가 제공하는 브랜드와 노하우에 대한 제공 대가로서 가장 핵심적인 프랜차이즈 사업의 수익모델이라고 볼 수 있다. 더불어 교육비, 인테리어 및 간판 설치비, 기타 집기류, 원부재료의 공급 대가, 광고 · 홍보비 등을 수령하게 되는데 이 모든 것을 가맹금으로 본다. 여기서 인테리어 비용은 가맹점사업자가 부담하는 비용 중 가장 큰 비중을 차지하기 때문에 가맹본부는 인테리어 공사에 소요되는 구체적인 항목과 비용의 내역을 구체적이고 투명하게 문서화하여 가맹점사업자에게 제공하여야 할 것이다.

프랜차이즈 계약에서 인테리어 설비와 관련된 상호 불신으로 인해 갈등과 분쟁이 자주 발생하고 있다. 가맹금 중 인테리어 설비와 관련된 비용은 가맹본부의 주요 수익모델이라는 인식에서 벗어날 필요가 있다. 가맹본부는 브랜드와 노하우 및 지원과 통제의 대가로서 가맹금과 로열티를 주요 수입원으로 한다. 인테리어 비용은 가맹점을 개설하기 위한 비용이기 때문에 가맹본부가 제공하는 인테리어 설계에 맞추어 합리적인 가격으로 실제 집행되어야 하는 비용이다. 가맹본부가 시장 가격보다 높은 가격으로 인테리어 비용을 가맹점사업자에게 청구하고 실제 인테리어는 들어간 비용에 못미치는 수준의 조악한 시공을 하여 가맹점사업자로부터 불신과 갈등을 불러일으키는 경우가 많다. 가맹본부는 인테리어 비용을 통해 수익을 창출하고자 하는 유혹에서 벗어나 투명한 집행을 하여야 하고 가맹비와 로열티를 통한 합리적인 수익을 창출하고자 하는 노력을 하여야 한다. 가맹점사업자는 가맹계약 체결 전 인테리어 시공과 관련된 항목과 비용을 잘 검토하여 사후 피해를 사전에 방지하는 노력을 하여야 할 것이다.

출처: 창업 & 프랜차이즈 CEO study FC 클리닉, 이성훈, 2015년 6월호

Keyword 11

가맹금 예치의무

가맹금 예치제도는 가맹점사업자가 영업을 시작하기 전에 가맹본부가 가맹금만 수취하고 사라지거나 개점지원을 하지 않는 등의 문제를 사전에 예방하고 가맹점사업자의 정상적인 개점을 지원하기 위해 제정되었다.

가맹본부는 가맹희망자나 가맹점사업자로 하여금 가맹계약 체결 시 예치가맹금을 금융기관에 예치하도록 하여야 하고, 정상적으로 가맹점사업자가 영업을 개시하였거나 가맹계약 체결일로부터 2개월이 경과한 경우에 한해 예치가맹금을 예치기관으로부터 수령할 수 있다.

Keyword Key point

- 가맹금 예치제도는 가맹점사업자에게 유리한 제도로 꼭 활용할 필요가 있다.
- 예치가맹금은 예치기관에 예치하여야 보호받을 수 있다.
- 예치가맹금은 가맹비, 교육비, 개점행사비, 보증금 등이며 가맹금 일부에 해당한다.
- 가맹본부가 가맹점사업자피해보상보험증권을 지급하는 경우에는 직접 지급해도 된다.
- 개점 후 지급, 계약갱신, 가맹점을 양수하는 경우 가맹본부에 직접 지급해도 된다.

한눈에 보는 Keyword 근거 법령

법 조항	– 가맹사업법 제6조의5(가맹금 예치 등) – 가맹사업법 제15조의2(가맹점사업자피해보상보험계약 등)
가맹금 예치 의무	– 가맹본부는 가맹점사업자로 하여금 예치대상 가맹금에 대하여 예치기관에 예치하도록 하여야 함 – 가맹본부가 가맹점사업자피해보상보험계약을 체결한 경우에는 가맹점사업자로부터 예치대상 가맹금을 직접 수령할 수 있음 – 가맹점이 영업을 개시하거나 가맹계약 체결일로부터 2개월이 경과하면 가맹본부가 수령함
예치 가맹금	– 가맹점운영권이나 영업활동에 대한 지원·교육 등을 받기 위한 대가 – 물품대금 등의 채무액이나 손해배상을 담보하기 위하여 지급하는 대가
제재 사항	– **시정명령**: 시정조치 or 시정권고 – **과징금**: 위반기간 동안 관련 매출액(or 영업수익)의 2% 이내(매출액 산정불가 시 5억원 이내) – **벌칙**: 2년 이하의 징역 or 5천만원 이하의 벌금

Q01. 예치가맹금이 무엇인가요?

A01. 예치가맹금은 가맹본부가 수취하는 가맹금 중에서 가맹점운영권이나 영업활동에 대한 지원·교육 등을 받기 위한 대가 및 물품대금 등의 채무액이나 손해배상을 담보하기 위하여 지급하는 대가로 일반적으로 가맹비, 교육비, 개점행사비, 보증금 등에 한정됩니다.

참고로, 가맹본부가 계약체결 전이나 정보공개서 제공 전 또는 숙고기간 전에 계약금이나 상권·입지 조사비용, 기타 명목으로 요구하는 금전도 모두 포괄적인 가맹비에 해당하기 때문에 예치가맹금에 해당됩니다.

연계 참조 keyword 35, 366page

Q02. 가맹비는 가맹본부에 직접 주면 안되나요?

A02. 가맹비는 가맹점운영권이나 영업활동에 대한 지원·교육 등을 받기 위한 대가로 예치가맹금에 해당되며, 이의 금액은 가맹본부에 직접 주면 안 되고, 가맹본부에서 은행장과 공동명의로 개설된 예치계좌로 지급하여야 합니다. 다시 말해, 정보공개서 제공 후 14일 전에는 어떠한 명목의 금전도 가맹본부에 직접 지급하지 않아야 하며, 가맹계약 체결 후 개점 전까지 지급하는 가맹비는 반드시 예치해야 합니다.

그러나 가맹본부가 서울보증보험을 통해 가맹점피해보상보험에 가입하여 가맹점사업자에게 보험 증권을 제공하는 경우에는 가맹본부에 직접 지급해도 됩니다. 만약 문제가 생길 경우 보험사에 피해보상을 요구할 수 있기 때문이다.

Q03. 은행과 보험 중 어떤 예치방법이 가맹점사업자에게 유리한가요?

A03. 가맹금 예치제도는 가맹점사업자를 보호하기 위한 규정이고, 예치방법에 있어서 은행 제도만 운영하는 것이 아니라 보험 제도를 병행하는 규정은 가맹본부의 운영을 지원하기 위한 제도입니다. 따라서 양 당사자의 입장에 따라 장단점이 발생합니다.

가맹점사업자가 예치은행을 이용하는 경우, 직접 은행을 방문하거나 은행 전산망을 통해 예치해야 하는 번거로움이 있지만 예치가맹금이 개점 전 또는 2개월 동안 은행장과 공동명의로 되어 있어 출금이 안되기 때문에 가맹점사업자는 가맹금을 은행에 예치하는 것이 유리합니다.

가맹점사업자피해보상보험 제도는 가맹본부가 가맹금을 신속히 수령하여 자금 압박 등의 문제를 해결할 수 있다는 장점이 있지만 적지 않은 수수료가 들어가기 때문에 가맹본부 차원에서도 부담이 있습니다.

Q04. 가맹점사업자피해보상보험 증권발급수수료 누가 부담하나요?

A04. 가맹점사업자피해보상보험 증권발급수수료는 수익자부담 원칙에 따라 가맹본부가 부담하여야 하는 비용이기 때문에 가맹점사업자는 지급하지 않아도 됩니다. 참고로, 가맹점사업자가 부담하는 경우 전체 예치가맹금의 금액이 인상되는 것이고, 증권발급수수료도 추가로 부담하여야 합니다.

Q05. 가맹비를 개점 후에 지급하는데 예치해야 하나요?

A05. 가맹금 예치제도는 가맹계약 체결 후 개점 전 지급하는 가맹금을 보호하자는 취지이므로 예치가맹금에 해당하는 가맹비를 개점 이후에 지급하는 경우에는 예치계좌로 입금하지 않고 직접 지급해도 됩니다. 참고로, 예치계좌로 입금한다 하더라도 가맹본부는 가맹점사업자의 개점을 확인하는 서류와 함께 예치가맹금 지급을 신청할 수 있습니다.

Q06. 가맹점 양수하고 교육비 지급하는데 예치해야 하나요?

A06. 가맹점을 양도양수 하는 경우 양수인이 양도인의 잔여계약기간으로 포괄 양도양수 하는 경우에는 가맹점이 운영되고 있는 상태에서 소유권의 이전만 변동되는 것이기 때문에 가맹금 예치의무가 없습니다.

다만, 양수인의 요청으로 완전한 계약기간으로 신규 가맹계약을 체결하면서 교육비나 보증금의 가맹금을 지급하는 경우에는 신규 가맹계약에 따른 예치가맹금으로 적용되기에 예치하여야 합니다.

참고로, 양수인과 완전한 계약기간으로 신규 가맹계약을 체결하는 경우에는 정보공개서, 인근가맹점 현황문서, 가맹계약서, 예상매출액 산정서 등의 사전 제공 의무와 숙고기간 의무도 함께 이행하여야 합니다.

Q07. 가맹계약 갱신 시 추가교육비도 예치해야 하나요?

A07. 가맹계약기간이 만료되어 갱신할 때 추가로 교육비를 부담하는 경우, 추가교육비는 개점을 전제로 수령하는 금액이 아니기 때문에 예치가맹금이 아닙니다. 따라서 예치하지 않아도 됩니다.

Q08. 가맹금을 은행에 예치하려면 어떻게 해야 하나요?

A08. 가맹금 예치기관은 가맹본부가 가맹사업을 시작하면서 사전에 계좌를 개설하였고, 정보공개서에 운영하는 예치기관이 기재되어 있습니다. 한 곳을 활용하는 가맹본부도 있고 여러 곳을 병행하여 운영하는 가맹본부도 있습니다. 또한, 은행과 보험을 병행하여 운영하기도 합니다.

참고로, 오프라인으로 예치은행을 방문하는 경우 가맹금예치신청서(☞ <참고사항> 참조)를 작성한 후 예치가맹금과 함께 제출하면 되고, 예치가 완료되면 예치은행 발급해주는 가맹금 예치증서를 확인하시기 바랍니다.

참고사항

가맹금예치신청서	가맹금예치증서

가맹금예치신청서

신청인	상호(가맹점명)	
	성명(대표자)	
	주소(사무소)	전화번호
가맹본부	상호(영업표지)	
	성명(대표자)	
	주소(사무소)	전화번호
예치가맹금	₩ (금 원 정)	
신청인의 계좌		
가맹본부의 계좌		

「가맹사업거래의 공정화에 관한 법률」 제6조의5제1항 본문 및 같은 법 시행령 제5조의7제2항에 따라 위와 같이 예치가맹금을 예치해 줄 것을 신청합니다.

년 월 일

신청인 (서명 또는 인)

예치기관의 장 (지점장) 귀하

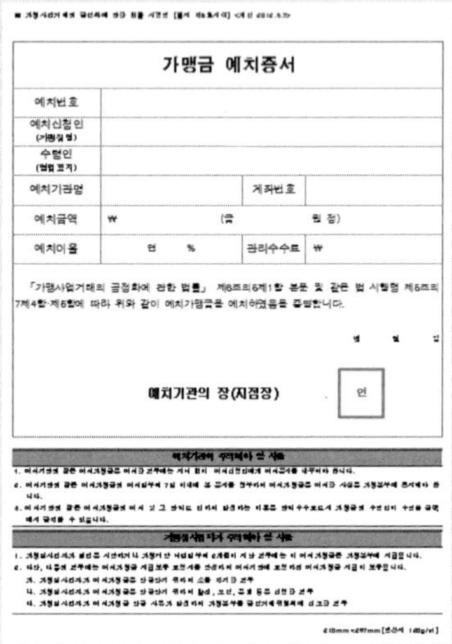

가맹금 예치증서

예치번호			
예치신청인 (가맹점명)			
수령인 (영업표지)			
예치기관명		계좌번호	
예치금액	₩ (금 원 정)		
예치이율	연 %	관리수수료	₩

「가맹사업거래의 공정화에 관한 법률」 제6조의5제1항 본문 및 같은 법 시행령 제5조의7제4항·제5항에 따라 위와 같이 예치가맹금을 예치하였음을 증명합니다.

년 월 일

예치기관의 장(지점장) 인

Q09. 예치가맹금 지급 후 보험증권을 받았는데 법 위반 아닌가요?

A09. 가맹본부가 보증보험증권을 제공하지 않고 가맹금을 수령하는 행위는 가맹금 예치의무 위반입니다. 예치가맹금을 수령한 후 하루라도 늦게 보험증권을 발급하는 행위는 예치제의 취지상 사후 보증으로 위반이 됩니다. 따라서 보험증권 수령 후 예치가맹금을 지급하여야 합니다.

Keyword 12 가맹금 반환의무

가맹본부가 계약체결 전 정보공개서를 제공하지 않았거나, 허위·과장된 정보를 제공하였거나, 일방적으로 가맹사업을 중단하는 등 가맹본부의 귀책사유가 있는 경우, 가맹희망자나 가맹점사업자는 가맹본부에 지급한 가맹금에 대해 반환을 요청할 수 있다.

가맹금 반환은 계약체결 전 또는 4개월 이내에 서면으로 반환을 요청하여야 하고, 요청받은 가맹본부는 1개월 이내에 가맹금을 지급하여야 한다. 다만, 반환대상 가맹금은 가맹계약의 체결경위, 금전 등 지급대가의 성격, 가맹계약 기간 및 계약이행 기간, 당사자의 귀책정도 등을 고려하여 정해진다.

가맹본부가 정당한 사유 없이 가맹사업을 중단하는 경우 가맹금 반환을 요청할 수 있지만, 이미 가맹본부가 사라진 후인 경우가 있다. 이런 경우에는 실제로 가맹금을 돌려받기 어려우므로 가맹본부 선정 시 다양한 시각의 정보를 수집하여 신중히 결정하여야 한다.

Keyword Key point

- 정보공개서 미제공, 허위 · 과장된 정보를 제공 등 가맹본부의 귀책사유가 있는 경우 가맹희망자 또는 가맹점사업자는 가맹금 반환을 요청할 수 있다.
- 가맹금 반환요구는 가맹희망자는 가맹계약 체결 전에 하여야 하고, 가맹점사업자는 가맹계약 체결일로부터 4개월 이내에 서면으로 하여야 한다.
- 가맹금 반환요청을 받은 가맹본부는 1개월 이내에 반환하여야 한다.

한눈에 보는 Keyword 근거 법령

법 조항	– 가맹사업법 제10조(가맹금의 반환)
가맹금 반환 의무	– 가맹사업법에서 정하는 가맹금 반환사유에 해당하는 가맹본부는 가맹희망자나 가맹점사업자가 서면으로 요구하는 날부터 1개월 이내에 가맹금을 반환하여야 함 – 가맹희망자는 가맹계약 체결 전, 가맹점사업자는 가맹계약 체결일로부터 4개월 이내에 요청하여야 함 – 반환하는 가맹금을 정함에 있어서는 가맹계약의 체결경위, 금전 등 지급대가의 성격, 가맹계약기간 및 계약이행 기간, 당사자의 귀책정도 등을 고려하여야 함
반환 사유	– 계약체결 전 정보공개서를 제공하지 않았거나, 허위 · 과장된 정보를 제공하였거나, 일방적으로 가맹사업을 중단하는 등 가맹본부의 귀책사유가 있는 경우
제재 사항	– **시정명령**: 시정조치 or 시정권고 – **과징금**: 위반기간 동안 관련 매출액(or 영업수익)의 2% 이내(매출액 산정불가 시 5억원 이내)

Q01. 정보공개서 못 받고 해지하면 가맹금 돌려받을 수 있나요?

A01. 가맹희망자는 가맹본부가 정보공개서를 제공하지 않았거나 숙고기간 14일을 지키지 않았다면 계약체결 전 또는 계약체결일로부터 4개월 이내에 가맹금의 반환을 요구할 수 있습니다.

Q02. 허위과장 정보제공으로 해지하면 가맹금 돌려받을 수 있나요?

A02. 가맹본부가 제공한 정보공개서, 예상매출액 산정서, 기존 가맹점사업자의 과거 매출액 등의 자료가 허위·과장되었거나 중요사항이 누락된 사실이 계약체결에 중대한 영향을 주었다면 계약체결 전 또는 계약체결일로부터 4개월 이내에 가맹금 반환을 요구할 수 있습니다.

Q03. 가맹본부가 가맹사업 중단하면 가맹금 돌려받을 수 있나요?

A03. 가맹본부가 해당 가맹사업을 더 이상 유지하지 않고 가맹사업을 일방적으로 중단하였다면 가맹사업의 중단일로부터 4개월 이내에 가맹금의 반환을 요구할 수 있습니다. 가맹사업의 중단일은 가맹사업법 시행령 제11조(가맹사업의 중단일) 규정에 따르며 다음과 같습니다.

1. 가맹본부가 가맹점사업자에게 가맹사업의 중단일을 통지하는 경우에는 그 통지가 가맹점사업자에게 도달된 날
2. 가맹본부가 가맹점사업자에게 미리 통지함이 없이 가맹사업을 영위하는데 중대한 영향을 미치는 부동산·용역·설비·상품 등의 거래를 10일 이상 중단하고 가맹점사업자가 서면으로 거래재개일을 정하여 거래재개를 요청하였음에도 불구하고 가맹본부가 이에 응하지 아니한 경우에는 위 서면으로 정한 거래재개일

참고로, 경우에 따라서는 가맹본부가 지속적으로 제공하여야 하는 가맹점 지원업무의 일방적 중단으로 인한 손해배상의 청구도 가능합니다. 그럼에도 가맹본부가 정당한 사유 없이 가맹사업을 중단하면서 사라지는 경우가 있는데 이런 경우에는 실제로 가맹금 반환이나 손해배상 청구가 어려울 수 있으므로 가맹본부 선정 시 다양한 시각의 정보를 수집하여 신중히 결정하시기 바랍니다.

Q04. 가맹본부와 계약이 해지되면 가맹비 돌려받을 수 있나요?

A04. 가맹비 반환은 우선적으로 계약해지의 귀책사유가 누구에게 있는지에 따라 결정될 것으로 보입니다. 합의로 해지할 때 적정한 가맹비 반환금을 정할 경우 가맹본부가 가맹비를 수령하는 대가로 제공하는 지원 내역이 구체적으로 구분되어 있는지에 따라 결정될 것입니다.

가맹본부가 사전에 정보공개서와 가맹계약서에 가맹비 대가 내역이 구체적으로 구분되어 있다면 그 기준에 따라 정산하면 될 것이고, 가맹비 내역이 구분되어 있지 않다면 가맹본부와 가맹점사업자 서로 반환 금액을 산정하여 제시 후 합의하여야 할 것입니다. 따라서 가맹계약 체결 시 정보공개서와 가맹계약서에 가맹비의 내역을 명확히 해두는 것이 좋습니다.

가맹비와 교육비는 그 구분을 분명히 해 둘 필요가 있습니다. 별도의 교육비를 산정하지 않고 교육을 제공하는 가맹본부의 경우, 교육비를 받지 않는 것처럼 보이지만 사실은 가맹비 속에 교육비가 포함되어 있다고 해석해야 할 것입니다.

개점 전 교육을 가맹희망자가 이수하였다면 가맹비 중 교육비를 차감한 금액을 돌려받을 수 있으며 기타 가맹본부가 가맹점 창업을 위해 지원한 실비를 제외한 금액을 돌려받을 수 있습니다. 그럼에도 불구하고, 가맹금 반환 규정과 별개로 실제로 발생한 손해가 있다면 손해배상 청구가 가능합니다.

Q05. 가맹본부와 합의로 해지하면 가맹금 돌려받을 수 있나요?

A05. 가맹계약 기간 중 상호 합의하에 가맹계약을 해지한 때에 가맹점사업자는 최초 가맹금에 대해 잔여 계약기간 만큼 정산하여 반환받을 수 있습니다. 또한 물품대금 잔금이나 계약종료에 따른 이행여부를 상쇄한 후 계약이행보증금을 반환받을 수 있습니다.

참고로, 반환하는 가맹금을 정함에 있어서는 가맹계약의 체결경위, 금전 등 지급대가의 성격, 가맹계약기간 및 계약이행 기간, 당사자의 귀책정도 등을 고려하여야 하므로 반환 비율 등을 사전에 합의하여 산정하고 합의된 반환금은 정당하게 반환받을 수 있습니다.

Q06. 가맹점을 양도하면 가맹비 일부 돌려받을 수 있나요?

A06. 가맹사업을 포괄 양도양수 하는 경우, 가맹계약 체결 시 양도인이 부담한 가맹비는 양수인이 포괄 승계한 것으로 보기 때문에 가맹본부는 양도인에게 가맹비를 돌려줘야 할 의무는 없습니다.

또한 가맹비를 수령하는 이유가 개점을 지원하는 대가이고 개점 후 로열티를 수령하는 가맹본부의 경우, 가맹비는 개점과 동시에 소멸하였기에 반환할 금원이 없을 것으로 보입니다.

다만, 로열티를 수령하지 않는 가맹본부의 경우, 가맹본부가 양도인의 잔여기간에 해당하는 가맹비에 대해 양수인에게 추가로 받았다면 중복된 계약기간에 따른 부당이득에 대한 반환이 이루어져야 할 것으로 보입니다.

Q07. 해지 시 은행에 예치한 가맹금은 어떻게 돌려받을 수 있나요?

A07. 가맹본부의 가맹금 반환사유가 발생하였다면 가맹점사업자는 해당 예치기관에 예치가맹금에 대해 가맹본부에 지급하는 것을 보류하는 요청서(☞ <참고사항> 참조)를 제출하거나 가맹본부의 동의서를 받아 반환해 줄 것을 서면으로 요청하면 됩니다.

참고사항

예치가맹금 지급보류 요청서	예치가맹금 반환 요청서

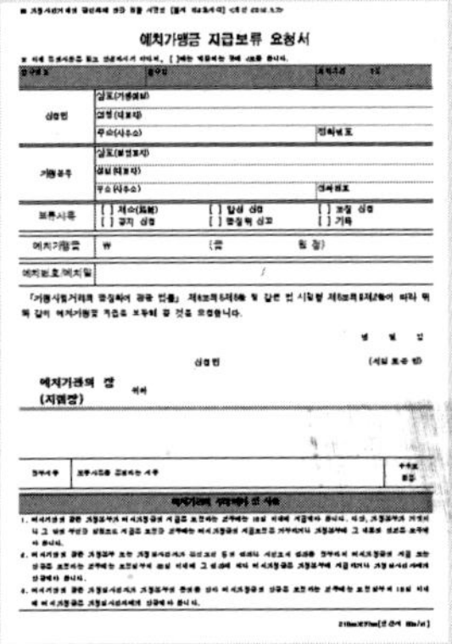
예치가맹금 지급보류 요청서

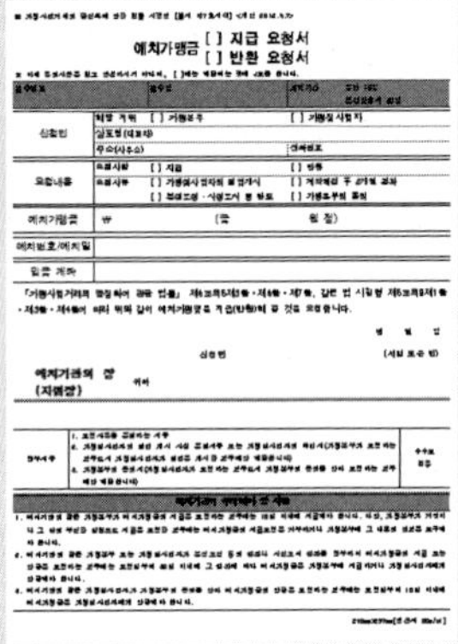
예치가맹금 [ ] 지급 요청서 [ ] 반환 요청서

Q08. 해지 시 보험에 예치한 가맹금은 어떻게 돌려받을 수 있나요?

A08. 가맹본부가 가맹점사업자피해보상보험에 가입하여 증권을 받고 가맹금을 직접 지급한 경우라면 우선적으로는 가맹본부에 가맹금반환을 요청하여야 합니다. 그러나 가맹본부가 정당한 사유 없이 가맹금을 반환하지 않는 경우 해당 보험회사에 반환을 요청할 수 있습니다.

〈에피소드〉 6. 계약이행보증금은 얼마나 돌려주어야 하나?

상황

가맹점사업자 A씨는 2012. 2. 29. 가맹본부 B사와 계약기간을 2년으로 하는 이 사건 매장에 관한 가맹계약을 체결하고 가맹점을 운영하였다. A씨는 가맹계약 기간 중 매출이 저조함을 이유로 2012. 6. 이 사건 매장을 폐점하고 B사에게 가맹계약 해지를 통보하였다. 한편, A씨는 B사에 대하여 계약기간 중 물품대금채무 949,000원을 이행하지 않았다. B사는 A씨가 물품대금채무를 이행하지 않고 정당한 이유없이 일방적으로 가맹계약을 해지하였음을 이유로 가맹계약 제2조 제3항을 근거로 A씨에게 계약이행보증금 5,000,000원을 반환하지 않겠다고 통지하였다. 이에 A씨는 B사를 상대로 계약이행보증금 5,000,000원을 반환할 것을 청구하는 이 사건 분쟁조정을 신청하였다.

가맹점 주장

가맹점사업자 A씨는 가맹계약 체결시 가맹본부인 B사로부터 정보공개서를 제공받은 사실이 없다고 주장한다. A씨는 B사의 홈페이지에 게시된 가맹본부의 매출액 및 순수익과 달리 신청인의 매출액 및 순수익이 저조하였으므로 가맹계약 체결과정에서 B사의 허위 · 과장 정보제공 행위가 있었다고 주장한다. A씨는 매출부진 때문에 계약을 해지하였음에도 불구하고 B사가 계약이행 보증금 전액을 반환하지 않는 것은 부당하다고 주장하고 있다.

가맹본부 주장

가맹본부인 B사는 직영점을 개설하여 1년 이상 운영하고 있는 사업자로서 2011년 매출액이 174백만원이어서 정보공개서 제공의무가 면제된다고 주장한다. 그리고 홈페이지에 게시된 가맹본부의 매출액 및 순수익은 가맹희망자에게 점포 개설에 참고할 수 있도록 2011. 8. 기준 가맹본부의 매출현황을 게시한 것에 불과하며, 가맹점사업자 A씨 매장의 예상 매출액 및 순수익에 관하여 허위 · 과장 정보를 제공한 사실은 없다고 주장한다. B사는 계약기간을 2년으로 하는 가맹계약을 체결하였음에도 불구하고 A씨가 4개월 만에 정당하지 않은 사유를 들어 계약을 일방적으로 해지하였으므로 가맹계약 제2조 제3항에 따라 계약이행보증금 전액은 B사에게 귀속된다고 주장한다.

분쟁조정협의회 권고

가맹사업법 제3조 제2호는 가맹본부의 연간 매출액이 일정규모 미만일 경우 정보공개서 제공의무를 면제하도록 규정하고 있고 같은 법 시행령 제5조 제2항에서는 그 기준액을 5천만원(가맹본부가 직영점을 개설하여 1년 이상 운영할 경우 직영점매출액을 포함하여 2억원)으로 규정하고 있는바, 직영점을 개설하여 운영하고 있는 B사의 경우 직전 사업연도인 2011년의 부가가치세과세표준증명서의 매출액이 174백만원으로서 적용배제 대상에 해당하므로, 정보공개서를 제공하지 않은 것이 가맹사업법 위반행위에 해당하지는 않는다고 판단된다.

가맹사업법 제9조 제1항은 가맹본부가 가맹희망자에게 허위 · 과장 정보를 제공하는 행위를 금지하고 있는바, 홈페이지를 통하여 불특정 다수에게 정보를 제공하는 것은 개별계약 체결과정에서 가맹희망자에게 정보를 제공한 행위로 보기는 어렵다.

가맹점사업자의 계약불이행시 조건 불문하고 계약이행보증금 전액이 가맹본부에게 귀속되도록 정한 이 사건 가맹계약 제2조 제3항은 대법원 및 공정거래위원회의 보증금에 관한 판단에 비추어 볼 때 불공정한 약관조항으로서 그 효력이 없다고 볼 것이며, 이 사건 계약이행보증금은 계약종료 시 신청인에게 반환되어야 할 금전에 해당한다.

양 당사자가 2012. 2. 29. 체결한 가맹계약의 계약기간은 2년이었음에도 불구하고, A씨는 정당한 계약해지 사유없이 단순히 매출이 부진하다는 이유만으로 일방적으로 계약을 해지하고 폐점하여 B사에게 계약기간 동안 물품을 계속적으로 공급하여 얻을 수 있는 이익 상당액의 손해를 입힌 사정이 있으므로 반환대상인 계약이행보증금에서 이를 공제할 필요가 있다. 다만, B사가 출석요구에 응하지 않고 A씨의 계약중도해지로 인해 입은 손해에 대한 구체적인 입증자료도 제출하지 않고 있어 B사의 손해액을 확정하기 어려우므로 계약이행보증금에서 미수채권을 공제한 4,051,000원 중 일방적으로 계약을 중도해지 한 신청인의 과실비율을 약 50%로 보고 이를 공제한 2,000,000원을 신청인에게 반환하도록 권고함이 타당하다.

클리닉

계약이행보증금은 가맹점사업자가 가맹본부로부터 공급받는 상품의 대금 등에 관한 채무액이나 손해배상액의 지급을 담보하기 위하여 가맹본부에 지급하는 대가이다. 즉 계약의 원활한 진행을 담보하고 물류 공급 대가의 안정성을 확보하기 위하여 책정되는 금액인 것이다. 가맹본부는 계약기간 동안 계약의 이행과 관련된 손해배상과 계약기간 동안 지속적으로 얻게 될 기대 수익을 담보하기 위하여 계약이행보증금을 수령하고, 계약이 종료될 때 이를 정산하게 된다.

본 사건의 경우 미수채권을 공제한 나머지 계약이행보증금의 반환의무와 관련된 것으로 계약이행보증금의 성격 상 계약 불이행으로 인해 발생한 가맹본부의 손해와 매출액 하락에 따른 일방적인 가맹점사업자의 계약해지 통보의 적정성 간의 다툼이라고 볼 것이다. 가맹점사업자 또한 특별한 사정이 없는 한 계약기간을 준수하여야 할 계약 상 의무가 있다. 따라서 가맹본부의 명확한 잘못이나 계약 불이행이 특정되지 않는 한 계약기간을 준수하여야 함에도 불구하고 매출하락의 책임을 전적으로 가맹본부에 전가하고 이를 이유로 계약해지를 일방적으로 통보한 행위는 가맹점사업자의 계약관계 존속의무를 져버린 것으로 볼 수 있다. 가맹점사업자의 일방적인 계약해지를 인정한다면 가맹계약의 안정성을 해치게 되며, 가맹본부의 일방적인 손해를 발생시킬 수 있게 된다. 한편, 가맹본부는 가맹점 개설로 인한 기대수익을 발생시키기 위하여 지속적인 지원과 교육 및 조언을 통해 가맹점의 영업이 활성화 될 수 있도록 노력을 다하여야 할 것이다. 매출하락의 원인을 따지기 전에 가맹점 매출이 부진한 것 자체만으로도 가맹본부의 역할을 다하지 못하였다는 도의적 책임 또한 존재한다고 볼 수 있다.

본 사건의 경우 가맹점 매출하락으로 인해 가맹점사업자와 가맹본부 간의 신뢰가 깨진 상황에서 계약서를 근거로 계약이행보증금을 반환하지 않겠다는 가맹본부의 일방적인 주장이 약관법 상 무효의 주장이라고 볼 것이며, 가맹점사업자 또한 일방적 계약해지에 따른 귀책사유를 인정한 사례라고 볼 것이다. 계약이행보증금의 반환은 상호 계약관계의 안정성을 보장하기 위한 금액이다. 가맹점사업자와 가맹본부가 가맹계약에 기반하여 상호 신뢰를 가지고 각자의 의무에 최선을 다해야 할 것이다.

출처: 창업 & 프랜차이즈 CEO study FC 클리닉, 이성훈, 2015년 7월호

13. 가맹계약 갱신 및 종료
14. 가맹계약 해지
15. 가맹점 권리변동
16. 가맹본부 개점지원
17. 가맹본부 관리지원
18. 가맹본부 통제범위

Main
Keyword

II

계약(Contract)

: 가맹계약 체결 전 가맹계약 내용 검토 시 유의사항

가맹본부의 가맹점 관리시스템을 보면 동반성장 의지가 보인다. 가맹본부가 추구하는 가맹점 관리시스템은 가맹계약서에 반영되어 있다. 상생하는 가맹본부를 찾아 오랫동안 멀리 함께가기 위해서는 가맹계약 체결 시 구체적인 내용을 검토하고 가맹계약 기간 동안 불이익을 받을 수 있는 중요한 내용은 정확히 숙지한 후 "계약"을 체결하여야 한다.

프랜차이즈는 가맹본부의 노하우를 가맹점사업자가 가맹계약 기간 동안 빌려서 사용하고 가맹계약 기간이 종료되면 원상으로 복구해야 하는 구조를 갖고 있다. 때문에 가맹계약 체결 시 중요하게 검토되어야 하는 내용 중 하나가 가맹계약기간이다.

가맹계약기간 때문에 발생할 수 있는 문제는 크게 가맹계약 갱신, 가맹계약 해지, 가맹계약 종료, 가맹점운영권 양도양수 등이다. 투자한 금액을 아직 회수하지 못했는데 가맹계약이 종료되면 그에 따른 손실은 고스란히 가맹점사업자의 몫이기 때문에 가맹계약기간과 관련 있는 내용은 가맹계약 체결 시 반드시 검토하여야 한다.

가맹본부는 가맹계약 체결 후 계약기간 동안 가맹점을 지원·교육·통제한다. 즉 필수공급물품 지원, 광고·판촉 지원, 개점교육, 수시교육, 경영지도, 슈퍼바이징 등을 통해 가맹본부의 노하우가 가맹점을 통해 고객에게 잘 전달될 수 있도록 지속적인 관리가 필요하다.

이처럼 가맹본부는 가맹점사업자에게 계약기간 동안 지속적인 지원활동을 하고, 가맹점사업자는 이의 대가로 가맹본부에 로열티, 물품대금, 교육·훈련비, 광고·판촉 분담금 등의 가맹금을 지급한다.

가맹본부는 가맹점을 관리하고 물품을 공급하여 이익을 창출하고, 가맹점은 매출 이익 중 가맹본부에 지급해야 하는 금액을 줄일수록 이익이 극대화되는 충돌이 발생한다.

또한, 가맹점사업자가 지급하는 가맹금 대비 가맹본부의 지원 정도가 부족하다고 생각하고, 가맹본부는 충분하다고 생각하는 갈등도 발생한다.

가맹사업은 공정하게 균형을 이뤄야 동반성장하며 상생할 수 있다. 가맹본부가 가맹점을 지원·교육·통제함에 있어서 불공정거래를 줄이고 함께 상생경영을 할 마인드를 갖추고 있는지는 가맹본부의 관리시스템에서 살펴볼 수 있기 때문에 "계약" 키워드 내용은 매우 중요하다.

본 장에서는 가맹본부가 가맹계약기간 동안 가맹점을 지원·교육·통제하는 조건에는 어떤 내용이 있는지 살펴봄으로써 동반성장하고자 하는 가맹본부를 선별할 수 있는 시야를 넓혀주고자 한다.

Keyword 13

가맹계약 갱신 및 종료

가맹계약을 체결하기 전에 가장 먼저 검토할 내용이 가맹계약기간이다. 가맹계약기간은 투자금을 회수할 수 있는 기간이다. 안정적인 투자금 회수를 위한 적정한 가맹계약기간이 보장되는 지를 검토하는 것이 무엇보다 중요하다.

가맹사업법에는 가맹점사업자의 안정적인 투자금 회수를 위해 10년을 초과하지 않는 범위 내에서 계약갱신요구권을 행사할 수 있도록 규정하고 있다. 또한 가맹본부는 가맹점사업자가 가맹계약기간 만료 전 180일부터 90일까지 사이에 가맹계약의 갱신을 요구하는 경우 정당한 사유 없이 이를 거절하지 못하도록 하고 있다.

가맹본부가 정당한 사유가 있어 갱신을 거절하거나 조건을 변경하여 계약을 체결하고자 하는 경우에도 가맹계약기간 만료 전 180일에서 90일 사이에 서면으로 통지하도록 하면서 계약기간 만료 전 상호 통지가 없는 경우에는 기존 조건과 동일하게 자동연장되게 하여 가맹계약이 가맹점사업자에게 불리하게 종료되는 것을 방지하고 있다.

Keyword Key point

- 가맹점사업자는 안정적인 투자금 회수를 위한 계약갱신요구권 10년이 보장되어 있다.
- 가맹점사업자 귀책사유로 인한 가맹본부의 정당한 사유가 있는 경우에는 갱신이 거절될 수 있다.
- 가맹점사업자가 갱신을 요구하는 경우 만료 전 180일에서 90일 사이에 해야 한다.
- 가맹본부가 조건을 변경하거나 갱신을 거절할 때에도 만료 전 180일에서 90일 사이에 해야 한다.
- 가맹계약기간 만료 후 상호 통지가 없는 경우 기존 조건으로 자동연장된 것으로 본다.

한눈에 보는 Keyword 근거 법령

법 조항	– 가맹사업법 제13조(가맹계약의 갱신 등) – 가맹사업법 시행령 제14조(가맹계약의 갱신거절사유 등)
계약갱신 요구권	– 가맹본부는 가맹점사업자가 가맹계약기간 만료 전 180일에서 90일 사이에 가맹계약의 갱신을 요구하는 경우 정당한 사유없이 거절할 수 없음 – 가맹본부가 갱신요구를 거절하는 경우 그 요구를 받은 날로부터 15일 이내에 서면으로 거절 사유를 통지하여야 하고, 이의 통지가 없는 경우 기존 조건과 같은 조건으로 자동연장된 것으로 봄 – 가맹점사업자의 계약갱신요구권은 최초계약기간을 포함하여 10년 – 가맹본부가 갱신을 거절하거나 조건을 변경하는 경우 가맹계약기간 만료 전 180일에서 90일 사이에 서면으로 통지하여야 함
갱신거절 정당한 사유	– 가맹계약상의 가맹금 등의 지급의무를 지키지 아니한 경우 – 다른 가맹점사업자에게 통상적으로 적용되는 계약조건이나 영업방침을 수락하지 아니한 경우 – 가맹사업의 유지를 위하여 필요하다고 인정되는 것으로서 가맹본부의 중요한 영업방침을 가맹점사업자가 지키지 아니한 경우
제재 사항	– **가맹계약 갱신 규정 위반 시**: 불공정거래행위에 따른 제재 – **시정명령**: 시정조치 or 시정권고 – **과징금**: 위반기간 동안 관련 매출액(or 영업수익)의 2% 이내(매출액 산정불가 시 5억원 이내)

Q01. 가맹계약기간은 어떤 기준으로 검토해야 하나요?

A01. 가맹본부의 가맹계약기간은 업종 및 브랜드 특성에 따라 상이하며, 가맹계약기간은 총 투자금액의 규모, 투자금액의 안정적인 회수기간, 업종의 특성 등을 감안하여 신중하게 결정하여야 합니다.

가맹점 창업은 많은 자본을 투자하게 됩니다. 자기자본 뿐만 아니라 은행의 대출이나 정부 정책자금 등을 활용하여 사업을 시작하기도 합니다. 가맹점을 개점하기 위하여 인테리어나 설비 등 투자하는 매몰비용은 투자한 사업만을 위한 것이기 때문에 해당 사업 외에는 다른 용도로 사용할 수 없는 기회비용적 성격을 가지고 있습니다.

따라서 계약기간이 길면 길수록 가맹점사업자 입장에서는 안정적인 초기 투자금의 회수기간을 보장받게 됨으로써 유리한 측면이 있기 때문에 해당 가맹사업을 위해 투자한 자금의 회수를 위한 안정적인 계약기간이 필수적으로 요구됩니다.

Q02. 적정한 가맹계약기간은 어떻게 정해지나요?

A02. 가맹본부는 최초 가맹계약을 체결할 때 짧게는 1년에서 수년까지 가맹계약 기간을 정하게 됩니다. 이 때 가장 기본적으로 고려되는 사항이 투자된 자금의 회수기간입니다. 즉 투자금이 많을수록 안정적인 투자금 회수기간을 위해 가맹계약 기간이 길어야 할 것입니다.

일반적으로 투자금액의 회수기간이 평균 3년이 걸린다고 예상매출 분석을 했다면 적정한 가맹계약기간은 3년이 적당합니다. 그렇지 않고 1년으로 한다면 가맹점 운영에 불안한 요소로 작용할 수 있기 때문에 사전에 충분한 숙지가 필요합니다.

Q03. 최초 계약기간과 갱신 계약기간은 동일하게 부여되나요?

A03. 최초 계약기간을 가맹본부가 자율적으로 정할 수 있는 것처럼 갱신 계약기간도 자율적으로 정할 수 있습니다. 최초 계약과 갱신 계약기간을 동일하게 부여하기도 하지만 최초 계약기간은 5년 또는 3년이더라도 갱신 계약기간을 1년으로 정하고 해마다 갱신하는 가맹본부도 있습니다.

갱신 계약기간을 짧게 부여하는 경우 갱신 계약조건의 변경이 자주 발생할 소지가 많기 때문에 사전에 신중한 검토가 필요합니다.

Q04. 최초 계약기간이 만료되면 자동 종료되나요?

A04. 가맹본부나 가맹점사업자 양 당사자가 최초 계약기간 만료 시까지 계약종료에 대하여 아무런 의사표시를 하지 아니한 경우, 가맹계약은 묵시적으로 자동 갱신됩니다. 만약 가맹점사업자가 더 이상 가맹본부와 계약관계를 존속하고 싶지 않은 경우 가맹계약기간 만료일 90일 전에 별도의 의사표시를 하시기 바랍니다.

Q05. 계약기간 만료일에 종료 통지를 받으면 즉시 종료되나요?

A05. 가맹본부가 가맹계약기간 만료 전 180일부터 90일까지 사이에 가맹점사업자에게 조건의 변경이나 갱신을 거절하는 종료 통지를 서면으로 하지 아니한 경우에는 계약 만료 전의 가맹계약과 같은 조건으로 다시 가맹계약을 체결한 것으로 봅니다.

가맹본부는 정당한 사유가 없으면 가맹점사업자에게 종료 통지를 할 수 없습니다. 가맹계약을 종료하거나 즉, 갱신을 거절하거나 조건을 변경하고자 하는 경우 가맹계약기간 만료일로부터 180일에서 90일 사이에 가맹본부의 의사를 서면으로 통지하여야 하는 의무가 있습니다. 이러한 절차를 지키지 않는 계약종료는 불공정거래행위에 해당합니다.

따라서 가맹본부가 일방적으로 종료 통지를 하더라도 당연히 계약이 종료되는 것은 아니며, 갱신거절의 사유가 부당하거나 합리적인 사유가 아니라면 계약은 종료되지 않습니다. 가맹본부가 가맹점을 통제하기 위한 수단으로 악용하거나 특정한 가맹점을 배제하기 위한 수단으로 계약을 종료하는 경우 또는 도저히 받아들이기 힘든 조건을 제시하고 이를 이유로 계약을 종료하는 경우는 부당한 계약종료로 불공정거래행위에 해당합니다.

Q06. 계약기간 10년 넘으면 가맹점의 갱신요구권이 없어지나요?

A06. 가맹점사업자는 최초 계약기간을 포함하여 10년간 가맹계약의 갱신을 요구하면서 투자금을 회수할 수 있는 기회를 법적으로 보호받고 있습니다. 가맹계약의 갱신요구권은 가맹점사업자가 갱신할 때마다 가맹계약기간 만료 전 180일부터 90일 사이에 서면으로 가맹본부에 신청하여야 하고, 갱신요구에 대해 가맹본부가 15일 이내에 이의를 제기하지 않으면 가맹계약은 기존 계약내용과 동일한 조건으로 갱신됩니다.

가맹점사업자의 갱신요구권은 가맹계약 기간이 10년이 지나면 없어집니다. 다만, 가맹점사업자의 갱신을 요구할 수 있는 권리만 없어질 뿐이지 가맹계약이 10년이 지나면 종료되는 것은 아닙니다.

가맹사업법을 해석함에 있어서 의견이 분분한 내용입니다만 가맹점사업자의 갱신요구권이 사라진다고 해서 가맹본부가 10년 이후에는 종료할 수 있는 권리가 있다고도 볼 수 없기 때문에 10년 이후에도 가맹점사업자의 귀책사유가 없는 한 가맹계약의 갱신은 지속될 수 있다고 볼 수 있습니다.

Q07. 가맹본부가 갱신을 거절할 수 있는 정당한 사유는 무엇인가요?

A07. 가맹점사업자는 가맹본부의 브랜드에 대한 동일성을 유지하여야 합니다. 전국 가맹사업 동일성 유지를 위하여 가맹본부가 제시하는 중요한 영업방침을 지키지 않는 경우까지 가맹계약의 갱신요구가 허용되지는 않습니다. 따라서 가맹사업법에서 정하는 가맹본부의 "가맹계약 갱신을 거절할 수 있는 정당한 사유(☞ <참고사항> 참조)"에 주의하여야 합니다.

Q08. 갱신 시 가맹계약서에 없는 비용을 요구하면 지급해야 하나요?

A08. 가맹본부가 가맹계약 갱신을 위한 조건으로 점포의 이전이나 영업지역권의 재조정, 인테리어와 설비 등의 교체를 요구하는 경우가 있습니다. 요구사항이 가맹점사업자에게 무리한 부담을 강요하는 경우가 적지 않기 때문에 이러한 사안에 대해서는 가맹본부와 충분한 협의를 통해 합리적인 대안을 마련하는 것이 좋습니다.

그럼에도 불구하고 재계약의 조건이 도저히 받아들이기 힘든 내용이라면 재계약의 조건이 불공정거래행위의 여부에 해당하는지 검토해 보고 분쟁조정협의회 등 제3기관의 조정을 의뢰하는 것도 방법이 될 수 있습니다.

참고사항

가맹계약 갱신을 거절할 수 있는 정당한 사유

1. 가맹점사업자가 가맹계약상의 가맹금 등의 지급의무를 지키지 아니한 경우
2. 다른 가맹점사업자에게 통상적으로 적용되는 계약조건이나 영업방침을 가맹점사업자가 수락하지 아니한 경우
3. 가맹사업의 유지를 위하여 필요하다고 인정되는 것으로서 다음 각 목의 어느 하나에 해당하는 가맹본부의 중요한 영업방침을 가맹점사업자가 지키지 아니한 경우
   ① 가맹점의 운영에 필요한 점포·설비의 확보나 법령상 필요한 자격·면허·허가의 취득에 관한 사항
   ② 판매하는 상품·용역의 품질을 유지하기 위하여 필요한 제조공법 또는 서비스기법 준수에 관한 사항
   ③ 그 밖에 가맹점사업자가 가맹사업을 정상적으로 유지하기 위하여 필요하다고 인정되는 것으로서 대통령령*으로 정하는 사항
   가. 가맹본부의 가맹사업 경영에 필수적인 지식재산권 보호에 관한 사항
   나. 가맹본부가 가맹점사업자에게 정기적으로 실시하는 교육·훈련의 준수에 관한 사항. 다만, 가맹점사업자가 부담하는 교육·훈련 비용이 같은 업종의 다른 가맹본부가 통상적으로 요구하는 비용보다 뚜렷하게 높은 경우는 제외

Q09. 가맹계약기간을 지키지 못하면 어떻게 되나요?

A09. 부득이한 사유라 하더라도 가맹계약기간을 준수하여야 하는 것은 신의성실 원칙에 따라 가맹본부와 가맹점사업자가 준수해야 하는 의무입니다. 그럼에도 불구하고 계약기간을 준수하지 못하는 경우 귀책사유가 있는 당사자가 상대의 입은 손해를 배상하고 계약을 종료할 수 있습니다.

프랜차이즈 클리닉

〈에피소드〉 7. 가맹계약 체결의 자유와 의무

상황

예비창업자인 A씨는 햄버거 프랜차이즈 가맹본부인 B사가 가맹계약 체결을 거절한 것이 부당함을 이유로 이 사건 가맹계약의 체결을 요구하는 조정을 신청하였다. B사는 2013년 5월 중순경 A씨에게 코레일유통 주식회사가 운영하는 지하철 1호선 000역점 내 매장 입찰권 획득을 위한 입점의향서 양식을 제공하였으며, A씨는 이를 작성한 후 코레일유통 주식회사에 제출하여 같은 해 7월경 매장 운영 권리를 승인받았다.

A씨는 2013년 7월 B사로부터 정보공개서를 제공받은 후, 같은 해 8월 B사에게 본 매장 가맹신청서를 제출하였으나, B사는 같은 달 9일 상권 미비를 이유로 가맹계약 체결을 거절하였다.

한편, A씨는 2013년 8월 코레일유통 주식회사와 매장 개설을 위한 영업이행담보금 42,000,000원 설정 등을 내용으로 하는 '협의사항에 대한 확약서'를 작성하였으며, 같은 달 6일 서울보증보험 주식회사로부터 '이행보증보험증권'을 발급받았다.

가맹점 주장

A씨는 B사가 이 사건 매장 개설과 관련하여 입점의향서 및 정보공개서를 제공하는 등 이 사건 가맹계약 체결을 사실상 확약하였고 이에 따라 코레일유통 주식회사와의 계약이행을 위해 보증보험도 가입하는 등 매장 개설을 위한 실질적인 절차가 진행되었음에도 불구하고, 이후 B사가 부당하게 가맹계약 체결을 거절하였다고 주장한다.

또한, A씨는 이 사건 가맹계약 체결 거절사유로 언급한 상권미비와 관련하여, 이 사건 매장 상권 내에 총 88,520명의 주거인구가 존재하며 일평균 22,000명의 유동인구가 발생하는 등 풍부한 상권을 바탕으로 이 사건 매장의 흑자 운영이 가능하다고 주장한다.

가맹본부 주장

B사는 입점의향서 및 정보공개서를 신청인에게 제공하였다고 해서 A씨와 이 사건 가맹계약을 체결해야 할 법적 의무가 발생하는 것이 아니며, 이러한 사실을 A씨에게 고지하였다고 주장한다.

또한, B사는 이 사건 매장 상권 내에 거주 인구가 14,765명에 불과할 뿐만 아니라 000역 이용승객이 일평균 10,379명(2013년 1월부터 같은 해 6월까지 기간)에 그친다는 점, 그리고 해당 상권의 다른 브랜드 가맹점들의 매출액이 저조하다는 점을 고려하였을 때, 이 사건 매장 운영 시 적자가 예상된다고 주장하였다.

분쟁조정협의회 권고

이 사건 조정절차 진행 중 신청인은 2013년 10월경 이 사건 분쟁에 대해 소송으로 다툴 예정이며 더 이상 조정을 계속할 의사가 없다고 밝히며, 본 분쟁사건을 공정거래위원회로 이송하여 달라고 요구하였기에 가맹사업법 제23조 제2항 제1호에 따라 조정절차를 종료하였다.

클리닉

프랜차이즈 계약도 계약자유의 원칙에 입각해 양 당사자 간에는 자유롭게 계약을 체결할 수 있다. 이러한 계약자유의 원칙에는 거래상대방을 선택할 수 있는 자유를 포함한다. 가맹계약을 체결하기 전에 거래상대방인 예비창업자의 특성이 해당 브랜드의 매장 운영에 적합한지의 유무를 따져 보고 이에 적합하지 않다면 가맹본부는 계약체결을 하지 아니할 수 있다는 것이다. 따라서 상담 중에 있다고 하여 무조건 가맹계약을 체결할 의무가 가맹본부에 주어지는 것은 아니다.

한편, 가맹본부는 가맹계약 체결 전에 정보공개서를 제공할 의무와 상권조사 등을 통해 예상매출액 등의 정보를 제공할 의무가 있다. 이는 예비창업자를 허위 또는 과장 광고 등으로부터 보호하고 잘못된 가맹계약으로 발생될 피해를 사전에 예방하고자 하는 취지이다.

가맹본부는 가맹본부와 해당 브랜드의 정확하고 투명한 정보를 제공함은 물론, 가맹점 개설 예정 점포의 상권과 입지 특성, 경쟁점 현황, 시장 정보 등을 종합한 예상매출액산정서를 객관적이고 과학적인 방법으로 조사하여 예비창업자에게 제공하여야 한다. 예비창업자는 가맹본부가 제공한 정보공개서와 예상매출액 산정서 등의 자료를 바탕으로 가맹계약의 체결 또는 매장의 운영 등에 대한 의사결정을 하게 된다.

본 사건의 경우 지하철역사라는 특수한 상권의 입지를 매개로 예비창업자와 가맹본부가 의견의 차이를 보인 사건으로, 가맹본부는 해당 상권의 특성을 조사한 바 매출이 저조할 것으로 판단하고 있고, 예비창업자는 충분한 매출이 있을 것이다 라고 보는 견해 차이가 존재하고 있다. 이를 바탕으로 가맹본부는 해당 점포를 가맹점으로 하는 가맹계약의 체결을 거부한 것이며 예비창업자는 해당 점포의 가맹계약의 체결을 요구하는 상황에 이른 것이다.

가맹본부가 가맹계약 체결 전 정보공개서 제공과 예상매출액 등의 자료를 제공하였다고 해서 무조건 가맹계약을 체결하여야 하는 것은 아니며, 경우에 따라서 가맹계약을 체결하지 않을 자유가 있다. 특히, 잘못된 입지의 매장을 매개로 가맹계약을 체결하여 이후 매출이 저조할 것이 명백히 우려된다고 한다면 가맹계약의 체결이 향후 또 다른 분쟁으로 이어질 수 있기 때문에 가맹계약의 체결에 신중할 수밖에 없다.

예비창업자는 자신의 판단으로 가맹계약을 체결하고 영업을 영위할 권리가 있으나, 일방적인 자신의 주장만을 내세워 가맹본부에게 가맹계약의 체결을 강제할 수는 없다. 더구나 가맹본부가 제공한 자료가 가맹점 운영에 적합한 상권의 점포가 아니라고 한다면 더욱 신중하게 심사숙고할 필요가 있다.

가맹계약의 체결은 일방 당사자의 주장이 아닌 양 당사자 간의 충분한 정보 교환과 협의, 의견의 일치를 필요로 한다. 따라서 본 건의 경우 매출과 관련된 서로 다른 주장이 충돌하고 있기 때문에 가맹계약의 체결은 어려운 상황이라고 볼 수 있다.

더불어 예비창업자와 코레일유통과의 매장 입찰과 관련한 정보를 가맹본부가 제공하였고 나중에 해당 매장의 매출액 등이 저조할 것이 우려되었다면, 가맹본부는 해당 매장에 대한 신중한 조사와 검토를 사전에 실시하여 예비창업자에게 입찰에 참여하지 않도록 하는 것이 바람직하였다고 볼 것이다.

출처: 창업 & 프랜차이즈 CEO study FC 클리닉, 이성훈, 2016년 4월호

Keyword 14

가맹계약 해지

가맹본부는 가맹점사업자가 계약사항을 1회 위반한 사유로 가맹계약을 해지할 수 없다. 가맹본부가 가맹점사업자와의 가맹계약을 해지하려면 2개월 이상의 유예기간을 두고 계약의 위반 사실을 구체적으로 밝히고 이를 시정하지 아니하면 그 계약을 해지한다는 사실을 2회 이상 서면으로 통지하고 이를 시정하지 않으면 해지할 수 있다.

이 절차를 지키지 않은 계약해지는 해지사유의 정당성을 떠나 무조건 무효가 된다. 그럼에도 불구하고 가맹사업법에는 가맹사업거래를 지속하기 어려운 경우로 가맹본부가 가맹점사업자와 가맹계약을 즉시 해지할 수 있는 9가지 사유가 규정되어 있음에 주의하여야 한다.

Keyword Key point

- 가맹사업법에서 정한 해지 절차를 지키지 않은 가맹계약 해지는 무효이다.
- 가맹계약을 즉시 해지할 수 있는 9가지 사유가 가맹사업법에 보장되어 있다.

한눈에 보는 Keyword 근거 법령

법 조항	– 가맹사업법 제14조(가맹계약해지의 제한) – 가맹사업법 시행령 제15조(가맹계약의 해지사유)
주요 내용	– 가맹본부는 2개월 이상의 유예기간을 두고 2회 이상 서면 통지하여야 함 – 절차를 지키지 않은 가맹계약의 해지는 무효임
세부 내용	– 가맹사업거래를 지속하기 어려운 즉시 해지 사유 9가지가 있음
제재 사항	– **가맹계약 해지 규정 위반 시**: 불공정거래행위에 따른 제재 – **시정명령**: 시정조치 or 시정권고 – **과징금**: 위반기간 동안 관련 매출액(or 영업수익)의 2% 이내(매출액 산정불가 시 5억원 이내)

Q01. 중요한 영업방침을 위반했다는 공문을 받으면 즉시 해지되나요?

A01. 가맹점사업자가 가맹본부의 중요한 영업방침을 위반하거나, 로열티 또는 물품대금 등 가맹금을 미납하거나, 기타 가맹계약 조건을 위반하는 경우 가맹본부는 가맹계약 해지를 검토할 수 있습니다.

이 경우 가맹본부는 가맹사업법에서 정한 절차적 규정을 준수하여야 하며, 절차를 지키지 않은 가맹계약 해지는 그 사유의 정당성을 떠나 무조건 무효가 되기 때문에 1회의 공문으로 가맹계약은 해지될 수 없습니다.

가맹사업법에는 가맹본부가 가맹계약을 해지하려는 경우에는 가맹점사업자에게 2개월 이상의 유예기간을 두고 계약의 위반 사실을 구체적으로 밝히고 이를 시정하지 아니하면 그 계약을 해지한다는 사실을 서면으로 2회 이상 통지하여야 한다고 규정되어 있습니다.

가맹계약 해지는 양 당사자 모두 큰 손실이 발생하는 사안인 만큼, 가맹본부는 위반 내용의 경중과 빈도, 고의성 여부 등을 고려하여 가맹점사업자가 시정할 기회를 충분히 주어야 하고, 가맹점사업자는 시정내용의 정당성을 검토하여 조속히 시정하여야 합니다.

Q02. 가맹본부가 가맹계약을 즉시 해지할 수 있나요?

A02. 가맹사업법이 가맹점사업자를 보호하자는 취지의 법이지만 가맹점사업자가 고의 또는 악의적으로 가맹본부 및 고객에게 위해를 끼친다면 즉시 가맹점 운영을 저지하는 것이 바람직할 수 있습니다. 따라서 가맹본부는 부득이한 경우 가맹계약을 즉시 해지할 수 있습니다.

가맹본부가 즉시 해지할 수 있는 사유에 대해서는 가맹사업법에 명시되어 있으며, 9가지로 한정하고 있습니다. 참고로, 가맹본부가 임의의 규정을 즉시 해지사유로 기재하고 상호 약정하는 경우일지라도 임의의 규정으로 즉시 해지하는 것은 무효입니다.

Q03. 가맹사업법에서 정한 가맹계약 즉시 해지사유는 무엇인가요?

A03. 가맹본부가 가맹사업의 거래를 지속하기 어려운 경우로 가맹사업법 시행령 제15조(가맹계약의 해지사유)에서 정한 내용은 다음과 같습니다.

1. 가맹점사업자에게 파산 신청이 있거나 강제집행절차 또는 회생절차가 개시된 경우
2. 가맹점사업자가 발행한 어음·수표가 부도 등으로 지불정지된 경우
3. 천재지변, 중대한 일신상의 사유 등으로 가맹점사업자가 더 이상 가맹사업을 경영할 수 없게 된 경우

4. 가맹점사업자가 가맹점 운영과 관련되는 법령을 위반하여 다음 각 목의 어느 하나에 해당하는 행정처분을 받거나 법원 판결을 받음으로써 가맹본부의 명성이나 신용을 뚜렷이 훼손하여 가맹사업에 중대한 장애를 초래한 경우
   ① 위법사실을 시정하라는 내용의 행정처분
   ② 위법사실을 처분사유로 하는 과징금 · 과태료 등 부과처분
   ③ 위법사실을 처분사유로 하는 영업정지 명령
5. 가맹점사업자가 가맹점 운영과 관련되는 법령을 위반하여 자격 · 면허 · 허가 취소 또는 영업정지 명령(15일 이내의 영업정지 명령을 받은 경우는 제외한다) 등 그 시정이 불가능한 성격의 행정처분을 받은 경우. 다만, 법령에 근거하여 행정처분을 갈음하는 과징금 등의 부과 처분을 받은 경우는 제외한다.
6. 가맹점사업자가 법 제14조 제1항 본문에 따른 가맹본부의 시정요구에 따라 위반사항을 시정한 날부터 1년(계약갱신이나 재계약된 경우에는 종전 계약기간에 속한 기간을 합산한다) 이내에 다시 같은 사항을 위반하는 경우. 다만, 가맹본부가 시정을 요구하는 서면에 다시 같은 사항을 1년 이내에 위반하는 경우에는 법 제14조 제1항의 절차를 거치지 아니하고 가맹계약이 해지될 수 있다는 사실을 누락한 경우는 제외한다
7. 가맹점사업자가 가맹점 운영과 관련된 행위로 형사처벌을 받은 경우
8. 가맹점사업자가 뚜렷이 공중의 건강이나 안전에 급박한 위해를 일으킬 염려가 있는 방법이나 형태로 가맹점을 운영하고 있으나, 행정청의 시정조치를 기다리기 어려운 경우
9. 가맹점사업자가 정당한 사유 없이 연속하여 7일 이상 영업을 중단한 경우

Q04. 청소년보호법 위반으로 영업정지 30일 받으면 해지되나요?

A04. 주류를 판매하는 가맹점은 미성년자임을 미처 확인하지 못하고 술을 판매하여 영업정지를 받을 수 있다는 점도 대비하여야 합니다. 최근에는 청소년들이 술을 마시고 돈을 내지 않기 위해 일부러 신고하는 경우도 있어서 주류를 판매하는 가맹점의 어려움이 증가하고 있습니다.

영업정지는 가맹계약이 해지될 수도 있는 사안이기 때문에 더욱 주의를 기울여야 합니다. 가맹본부는 가맹점사업자가 가맹점 운영과 관련되는 법령을 위반하여 자격 · 면허 · 허가 취소 또는 영업정지 명령 등 그 시정이 불가능한 성격의 행정처분을 받은 경우 가맹계약을 즉시 해지할 수 있습니다.

그러나 가맹점사업자가 15일 이내의 영업정지 명령을 받았거나, 법령에 근거하여 행정처분을 갈음하는 과징금 등의 부과 처분을 받은 경우에는 가맹본부가 즉시 해지할 수 없다는 예외 규정도 있으니 참고하시기 바랍니다.

Q05. 로열티 연체 납부하고 1년 내 또 연체하면 즉시 해지되나요?

A05. 가맹본부는 가맹점사업자가 가맹본부의 시정요구에 따라 위반사항을 시정한 날부터 1년 이내에 다시 같은 사항을 위반하는 경우 즉시 해지할 수 있습니다. 그러나 즉시 해지하기 위해서는 연체되었을 때 서면으로 요구를 받았어야 하고, 서면 내용에 "다시 같은 사항을 1년 이내에 위반하는 경우에는 해지절차를 거치지 않고 가맹계약이 해지될 수 있다"는 내용이 기재되어 있어야만 가능합니다.

따라서 단순히 연체납부 후 또 연체납부 한다는 사실만으로는 즉시해지가 어려울 것으로 보이고, 가맹본부에서 서면으로 시정명령을 받았는지, 시정명령 내용에 구체적으로 반복 위반에 대한 경고 내용이 있었는지 여부를 검토해 보아야 할 것입니다.

Q06. 가맹점사업자가 계약을 중도에 해지하면 위약금 내야 하나요?

A06. 가맹점사업자가 가맹본부에 가맹계약 해지를 요구하는 경우, 위약금 또는 위약벌을 요구하는 경우가 있습니다. 이는 가맹점사업자가 가맹계약기간을 지키지 않아 가맹본부에 발생할 것으로 예상되는 손해배상금으로 해석하여야 할 것입니다.

이 내용은 가맹계약 체결을 위해 검토하여야 하는 정보공개서 및 가맹계약서에 기재되어 있어야 하고, 이 내용을 검토한 후 가맹계약을 체결하였다면 그에 따른 위약금 또는 위약벌은 부담하여야 합니다. 다만, 위약금 또는 위약벌 금액의 산정기준의 타당성을 추가로 검토한 후 지급할 필요가 있습니다.

일부 가맹본부는 건강 악화로 인해 병원에 입원하거나 해외로 이민을 가는 등 가맹점사업자의 부득이한 경우에는 위약금을 면제하면서 가맹계약 해지를 승인해 주기도 합니다. 이는 가맹사업법에서 정해진 내용이 아니라 가맹본부마다 자율적으로 정하는 규정이기 때문에 가맹계약 체결 전 가맹계약 해지와 관련된 내용을 잘 검토해 볼 필요가 있습니다.

그러나 최근 가맹사업법 개정으로 가맹점사업자가 영업을 개시한 날이 속하는 달의 다음 달부터 1년간의 평균 매출액이 가맹본부가 법

제9조 제3항 및 제5항에 따라 제공한 예상매출액의 최저액에 미달하여 가맹점사업자가 계약을 중도에 해지하는 경우에 가맹본부가 계약해지에 따른 기대이익 상실을 이유로 위약금을 부과하는 행위는 부당한 영업위약금 부과행위의 불공정거래행위로 보고 있습니다.

다만, 가맹점사업자의 가맹계약 위반, 가맹본부가 제시한 경영방침 미 준수 또는 이에 준하는 사유로 인하여 평균 매출액이 예상매출액의 최저액에 미달한 경우는 제외하고 있으니 참고하시기 바랍니다.

Q07. 가맹본부가 계약을 중도에 해지하면 위약금 요구할 수 있나요?

A07. 가맹계약 해지 요구는 양 당사자 누구나 할 수 있습니다. 또한 해지로 인해 손해를 입은 당사자는 가맹계약서에 명문화되어 있지 않더라도 손해배상을 요구할 수 있습니다. 이 때문에 가맹계약 해지로 인한 손해배상을 청구하기 위해서는 해지의 원인 즉, 귀책사유가 어디에 있는지 명확히 하는 것이 중요합니다.

가맹본부는 가맹점사업자가 계약을 위반하는 경우 서면으로 구체적인 시정내용을 통지하고 있습니다. 그러나 가맹점사업자는 가맹본부가 계약을 위반하는 경우 구두로 안내하는 경우가 많습니다. 따라서 가맹점사업자도 가맹본부에 요구사항이 있는 경우 서면으로 요구하거나 대화내용을 녹음하여 입증서류를 확보해 둘 필요가 있습니다.

가맹계약 해지는 가맹본부와 가맹점사업자가 상호 합의하여 원만하게 종료하는 것이 가장 좋은 방법입니다. 그러기 위해서는 해지의 원인을 정확히 기재하고 손해배상 및 종료 후 상호 이행하여야 하는 각자의 입장을 정리하여 해지합의서를 작성하는 것이 바람직합니다.

프랜차이즈 클리닉

〈에피소드〉 8. 가맹계약 해지와 가맹점 양수도 승인 여부

상황

가맹점사업자 A씨는 가맹본부인 B사에게 가맹점 양수도 계약을 승인할 것을 요구하였으나 가맹본부가 A씨에게 계약 위반을 이유로 계약해지를 통지하고 양수도 승인 요청에 응하지 아니하여 분쟁이 발생하였다.

가맹본부인 B사는 2012. 5. 8. 가맹점사업자 A씨가 가맹계약 제11조(로열티 지급의무) 및 제16조(보고의무), 제25조(물품공급 및 운영관리), 제32조(경업금지의무)를 위반하여 가맹점 매출액을 축소보고하고, 가맹본부가 공급하는 셀프리더를 사용하지 않았으며, "△△교육"에 입사하여 근무하고 있음을 이유로 가맹계약의 해지를 서면으로 통지하였다.

가맹점 주장

가맹점사업자 A씨는 2 가맹본부가 가맹계약의 해지를 일방적으로 통지하였으며, A씨는 이러한 부당한 계약 해지에 대하여 이의를 제기하였으나 가맹본부는 또다시 일방적으로 계약의 해지를 통지하였다고 주장한다. A씨는 가맹본부의 가맹점 매출 추정액은 사실과 다르며, A씨가 가맹점의 매출을 허위보고하거나 영업상 비밀을 제3자에게 누출하여 가맹계약을 위반한 사실이 없음에도 확인되지 않은 허위의 사실을 이유로 가맹계약 해지를 통지하였다고 주장한다.

그리고 가맹점을 운영하는 데 있어 결격사유가 없고 학원을 운영한 경험도 있는 자가 가맹점을 양수하고자 함에도 가맹본부가 특별한 이유 없이 양수도 승인 요청에 응하지 아니하고 있다고 주장한다.

가맹본부 주장

가맹본부는 서면으로 가맹점사업자 A씨에게 계약 위반사실을 통지하여 A씨로 하여금 그러한 사실을 시정하도록 요구하고자 하였을 뿐이었기에 위 통지 이후 실제 가맹점에 대하여 가맹계약 해지에 따른 조치를 이행한 바 없다고 주장한다.

가맹본부는 가맹점의 회원을 대상으로 설문하고, 등원 횟수 관리 프로그램을 통해서 2012년 3월 매출액을 추정하여 보건대 1) A씨는 가맹점 개점 후 계속하여 가맹점 매출을 허위로 보고하여 왔다고 보여지므로 2) A씨는 가맹점 양도 전에 이를 우선 정산하여야 할 것이며, 이러한 계약 위반에 따라 가맹계약상 해지사유가 발생하였기에 가맹계약 해지 통지는 정당하다고 주장한다.

또한 A씨가 "△△교육"에 입사한 후 '○○○'의 영업노하우 등을 이용하여 "△△교육"에서 '○○○'와 경쟁관계에 있는 가맹사업을 추진할 것으로 보여지기에 ○○○의 향후의 영업상 비밀 누설 가능성 및 그로 인한 경영상 위험부담 등을 고려할 때 가맹점 양수도를 승인하기 어렵다고 주장한다.

분쟁조정협의회 권고

가맹본부는 가맹점사업자에게 사전에 서면으로 계약위반 사실을 통지하고, 그 시정을 요구함이 없이 즉시 가맹계약이 해지됨을 통보한 것으로 이는 가맹계약서에서 즉시 계약해지 사유로 정하지 않은 사정을 이유로 계약의 해지를 통지한 것으로 계약 위반일 뿐 아니라 가맹사업법에서 정한 계약 해지 절차도 위반한 것이므로 가맹사업법 제14조에 따라 위 가맹계약의 해지는 효력이 없다고 볼 것이다.

그리고 가맹점사업자에게 가맹계약 제11조 및 제16조 위반을 통지하는 "경고장"을 발송하였는데 이 서면에서는 허위 보고한 매출을 재보고하여 누락된 로열티를 추가 지급할 것을 요구하고 있을 뿐 위반행위의 시정을 요구하고 그러하지 아니하면 계약이 해지될 수 있다는 사실을 적시하지 않았기에 그 효력이 없다.

가맹본부는 가맹점사업자가 향후 경쟁 사업을 영위할 가능성이 있는 회사에 입사하여 가맹본부의 영업상 비밀의 보호를 전제하기 어렵다는 우려를 이유로 양도 승인 요청에 응하지 아니하고 있는데 이러한 사정이 양도 요청을 거절할 만한 특별한 사유에 해당한다고 보기는 어렵다고 할 것이다.

가맹본부의 계약 해지 통지는 그 효력이 없어 가맹계약은 유효하다고 볼 것이며, 비록 가맹점사업자가 가맹점을 폐점하였다 하더라도 가맹점의 제반 시설 등이 그대로 보존되어 양수희망자는 현 상태 그대로 가맹점을 양수할 것을 원하고 있기에 가맹점 영업의 양수도는 가능하다고 할 것이고 이를 위하여 가맹본부는 가맹점의 양수도를 승인하여야 함이 타당하다.

클리닉

위 사안의 경우 가맹본부의 계약 해지가 정당한지 여부로 계약 해지 사유가 발생하였다면 가맹본부가 가맹계약 및 가맹사업법상의 해지 절차를 준수하였는지가 문제의 쟁점이다.

비록 가맹본부가 가맹점사업자에게 계약위반을 시정할 것을 수차에 걸쳐 경고장의 형태로 발송한 사실은 있으나 이를 이유로 가맹계약을 해지한다는 사실을 적시하지 않았다면 이를 가맹사업법에서 요구하고 있는 해지절차로 볼 수 없기 때문이다. 가맹사업법에서는 가맹본부가 가맹계약을 해지하려 할 경우 가맹점사업자에게 2개월 이상의 유예기간을 두고 계약의 위반 사실을 구체적으로 밝히고 이를 시정하지 아니하면 그 계약을 해지한다는 사실을 서면으로 2회 이상 통지하도록 하고 있다. 따라서 구체적으로 그 계약을 해지한다는 사실을 통지하지 아니하였다면 해지절차를 지킨 것으로 보기 어렵다.

한편, 가맹점사업자가 가맹본부의 동의를 얻어 가맹계약을 제3자에게 양도하려는 경우, 가맹본부는 가맹계약의 양수도에 동의하여야 하는지, 어떠한 경우 이를 거절할 수 있는지가 문제된다. 가맹점은 가맹점사업자의 독립된 재산으로 자신의 재산을 처분할 권리가 있다. 하지만 프랜차이즈 사업의 경우 브랜드 동일성과 가맹본부의 정책을 이해하고 가맹점 사업을 원활하게 수행할 수 있는 기준에 적합한 사람에게 가맹점을 양도할 수 있도록 하는 양수도의 제한 규정을 통해 가맹본부가 브랜드 통제를 할 수 있게 하고 있다. 가맹본부의 동의가 없는 가맹점사업자의 일방적인 양수도는 프랜차이즈 사업의 동일성을 해칠 우려와 가맹점에 대한 적절한 지원과 통제를 약화시킬 우려가 있기 때문이다.

그럼에도 불구하고 양수도에 대한 통제는 가맹점을 길들이기 위한 악의적인 수단으로 사용되어서는 안되며, 합리적인 양수도라면 가맹본부는 이를 승인할 필요가 있다. 위 사안의 경우 가맹본부가 가맹점사업자의 경쟁사 입사를 이유로 양수도를 거부한 것으로 이는 양수도와 직접적 관련이 없는 사안으로 양수도를 제한한 것이기 때문에 양수도를 거부하여서는 안된다.

출처: 창업 & 프랜차이즈 CEO study FC 클리닉, 이성훈, 2016년 10월호

Keyword 15 가맹점 권리변동

가맹점을 운영하다보면 이사를 가거나 건강이 악화되는 등 부득이한 사유로 가맹점을 직접 운영하기 어려워질 때가 있다. 이럴 경우 가맹점사업자는 일방적으로 매장운영을 종료하거나 양도하면 안 되고, 가맹본부와 사전에 협의하여 결정하여야 한다.

만약 가맹점을 직접 운영하기 어렵다면 대리경영이나 위탁경영을 통해 간접경영을 할 수도 있고, 양수인에게 가맹점운영에 대한 권리를 양도하는 방법도 있다. 또한, 가맹본부가 환매제도를 운영하는 경우 가맹점 권리를 가맹본부에 넘길 수도 있으며, 가맹점사업자가 사망하는 경우에는 상속인이 가맹사업운영권을 이전받을 수도 있다. 이처럼 가맹점 운영 권리를 변동하기 위해서는 사전에 가맹본부와 협의하여야 한다.

가맹본부 또한 가맹사업을 중단하거나 가맹사업운영권을 다른 가맹본부에 양도하고자 하는 경우, 가맹점사업자와 협의하여야 한다. 가맹점사업자는 이로 인해 발생되는 손해에 대해 배상을 요구할 수 있으며, 다른 가맹본부로 양도되는 관계를 승인 또는 거절할 수 있다.

Keyword Key point

- 양도양수 및 상속 등 가맹점권리가 변동되는 경우 가맹본부와 협의하여야 한다.
- 대리경영 및 위탁경영 등 간접경영을 하는 경우 가맹본부와 협의하여야 한다.
- 가맹본부도 다른 가맹본부에 양도하는 경우, 가맹점사업자와 협의하여야 한다.

Q01. 점장을 두고 운영하는 형태가 대리경영인가요?

A01. 대리경영이란 가맹점사업자가 매장을 직접 운영하기 어려운 경우 또는 어려운 업무에 대해 범위를 정하고 대리인에게 지정한 범위 내의 업무에 대해 권리와 의무를 위임하는 형태의 경영을 말하고, 점장 운영은 가맹점사업자가 직접 운영하며 점포를 총괄하여 관리하는 업무를 이행하는 피고용인을 고용하는 형태의 경영을 말합니다.

일반적으로 점장은 가맹점사업자가 직접 운영하면서 매장을 총괄하여 관리하는 책임자의 역할을 부여할 뿐이지 가맹점사업자의 업무를 대리하는 경영은 아니기 때문에 대리인과 점장은 업무의 권한과 책임에 있어서는 큰 차이가 있습니다.

대리경영을 하는 경우 가맹점사업자는 대리인의 업무에 대해 권한 범위를 명확하게 부여하여야 하고, 책임소재를 명확히 해 둘 필요가 있기 때문에 대리인과 계약을 체결하는 것이 좋습니다. 또한, 가맹본부의 교육 및 매장 운영을 총괄하는 점포관리자의 책임도 다하여야 하기 때문에 가맹본부에 사전 승인을 받아야 합니다.

Q02. 가맹점 운영을 위탁업체에 맡겨도 되나요?

A02. 가맹점은 가맹점사업자 명의로 되어 있고, 실제 운영은 제3의 업체가 맡아서 하며 수익을 배분하는 형태의 경영을 하는 가맹점이 있습니다. 이런 경우를 위탁경영이라 합니다. 가맹본부는 위탁경영 가능여부에 대해 정보공개서 및 가맹계약서에 기재하고 있으며, 가맹본부가 위탁경영을 인정하는 경우 가맹본부의 승인 하에 가능합니다.

위탁경영도 대리경영과 마찬가지로 위탁업체의 업무에 대해 권한과 책임을 명확하게 하기 위해 계약을 체결하여야 합니다. 특히 위탁경영은 수익이 나는 경우의 배분과 손실이 나는 경우의 배분 문제를 명확히 하지 않아 분쟁이 발생할 수 있으니 계약 내용에 이를 명확히 기재해 둘 필요가 있습니다.

Q03. 사업자등록증 대표자를 바꾸면 가맹본부에 알려야 하나요?

A03. 개인사업자가 사업자등록증의 대표자를 변경하는 것은 가맹본부와 가맹계약을 체결한 주체인 당사자가 변경되는 것으로 가맹본부에 사전 승인을 받아야 합니다.

대부분 가맹본부는 가맹점 운영의 주체가 변경되지 않는 상태에서 명의자만 변경되는 경우 계약기간의 변경이 없고, 점포관리자의 교육 등이 필요하지 않기 때문에 별도의 조건 없이 승인을 해주고 있습니다.

그러나, 가맹점 운영의 주체가 변경되면서 명의자도 변경된다면 점포관리자의 교육을 이수하여야 하는 조건을 부여하고, 그에 따른 비용을 청구할 수 있습니다.

Q04. 가맹점을 다른 사람에게 양도하려면 가맹본부에 알려야 하나요?

A04. 가맹점을 다른 사람에게 양도하는 것은 점포 및 시설의 권리만 양도하는 것이지 가맹본부와의 계약 관계를 양도하는 것은 아닙니다. 따라서 반드시 가맹본부에 사전 승인을 받은 후 양도하여야 합니다.

가맹본부의 승인 없이 가맹점을 양도하는 경우 가맹점사업자의 일방적인 가맹계약 해지로 볼 수 있으며, 경우에 따라서는 가맹본부에 손해를 배상해야 할 수도 있습니다. 또한, 양수인은 가맹점으로 인정을 받을 수 없으며, 간판 포함 실내외 가맹본부의 영업표지를 철거해야 할 수도 있습니다.

가맹본부의 승인 없이 양도하는 경우, 양도인-양수인-가맹본부 모두에게 손해가 있을 수 있으므로 양도양수 전에 3자 간의 계약 관계를 반드시 명확히 해 두기 바랍니다.

Q05. 상속인이 가맹점을 운영해도 되나요?

A05. 가맹점운영권도 상속받을 수 있습니다. 즉, 상속인이 가맹점을 운영할 수 있습니다. 다만, 상속자는 상속개시일로부터 3개월 이내에 상속사실을 가맹본부에 통지하여야 하고, 점포관리자가 받아야 하는 교육을 이수하여야 하며, 이에 대한 비용은 상속인이 부담하여야 합니다.

상속인이 미성년자이거나 피성년후견인 및 피한정후견인인 경우에는 가맹점운영권을 상속받을 수 없으며, 상속인이 상속자격이 안 되는 경우 가맹계약은 종료됩니다.

Q06. 가맹점운영권에 대해 가맹본부에 인수를 요구할 수 있나요?

A06. 가맹본부가 가맹점을 사들이는 형태를 환매제도라고 합니다. 환매제도는 가맹본부의 선택사항으로 정보공개서에 운영 여부에 대해 기재하도록 하고 있습니다. 환매제도를 운영하는 가맹본부에게는 인수할 것을 정당하게 요구할 수 있으나, 제도를 운영하지 않는 가맹본부에게 요구하는 것은 어렵습니다.

Q07. 양도 후 인근에 동일업종 매장 운영하면 못하게 할 수 있나요?

A07. 가맹본부는 양도인과 합의해지로 종료하였기에 가맹계약 종료 후 동종의 영업을 하는 경업행위를 금지시키기 어렵습니다. 그러나 양수인은 권리금을 주고 양도인의 영업권 등을 구입한 당사자이므로 상법 제41조(☞ <참고사항> 참조)에 따라 양도인의 영업을 금지시킬 수 있습니다.

가맹사업뿐만 아니라 일반 매장을 양도양수하는 경우에도 권리금 계약서 등에 양도인 및 제3자로 하여금 양도 후 동일지역에서 동일업종을 하지 않겠다는 경업금지 내용을 기재하여 양도인의 의사를 명확히 해 둘 필요가 있습니다.

참고사항

상법 제41조(영업양도인의 경업금지) 규정

① 영업을 양도한 경우에 다른 약정이 없으면 양도인은 10년간 동일한 특별시 · 광역시 · 시 · 군과 인접 특별시 · 광역시 · 시 · 군에서 동종영업을 하지 못한다.
② 양도인이 동종영업을 하지 아니할 것을 약정한 때에는 동일한 특별시 · 광역시 · 시 · 군과 인접 특별시 · 광역시 · 시 · 군에 한하여 20년을 초과하지 아니한 범위 내에서 그 효력이 있다.

〈에피소드〉 9. 가맹본부의 동의 없이 가맹점을 양도양수할 수 있다?

상황

나대로씨는 가맹본부와 "○○편의점 △△△점"을 5년간 운영하기로 하는 가맹계약을 체결하고, 가맹점을 운영해오다 6개월 후 박새로씨와 '사업포괄양도양수계약서'를 작성하고 가맹점을 양도하였다. 그런데 위 계약은 가맹본부가 동의하지 않은 상태에서 이루어졌고, 나대로씨와 박새로씨는 공증을 받고 양수인 박새로가 가맹점을 실질적으로 운영해오고 있다.

가맹본부는 두 차례에 걸쳐 나대로씨와 박새로씨에게 가맹점에 대한 사업포괄양도양수계약을 체결하였으므로 이에 따라 이 사건 가맹점주 명의를 현재 실질적으로 점포를 운영하고 있는 양수인으로 변경해 줄 것을 요청하는 내용의 서면을 발송하였다.

가맹점 주장

나대로씨는 가맹점을 양도할 당시 가맹본부가 양수인에게 가맹비 4백만원을 요구하였고 이를 지급하지 않으면 가맹점 양도에 동의할 수 없다고 하여 부득이하게 가맹본부 동의 없이 양수인과 계약을 체결하게 된 것이라고 주장한다. 이에 따라 실질적으로 가맹점 운영을 하지 않고 있음에도 불구하고 사업자등록은 자신의 명의로 되어 있기 때문에 건강보험료, 국민연금 등을 납부하게 되어 부당하므로 가맹점에 대한 명의변경이 이루어져야 한다고 주장한다.

가맹본부 주장

가맹본부는 나대로씨가 가맹본부에게 가맹점의 양도양수에 대한 동의를 정식으로 요청한 사실이 없으며, 현재 점포를 운영하고 있는 박새로씨와 임의로 사업포괄양도양수계약서를 작성하고 내용증명을 통해 이를 가맹본부에게 통보한 것은 중대한 가맹계약 위반사항에 해당한다고 주장한다. 가맹본부는 가맹점을 실제로 운영하고 있는 박새로씨가 지속적으로 일매출 송금 의무를 해태하는 등의 문제가 발생하자 본인에게 불이익이 생길 것을 염려하여 뒤늦게 명의변경을 요구하는 것이어서 나대로씨의 주장을 받아들일 수 없다고 주장한다.

분쟁조정협의회 권고

가맹사업법 제6조 제9호에 따르면 가맹점사업자가 가맹본부의 동의를 얻지 아니한 경우에 가맹점운영권을 양도하는 것을 금지하고 있다. 가맹본부의 동의는 가맹점 운영권 양도 계약이 이루어지기 전에 얻어야 하는 것이며, 가맹점사업자가 임의로 가맹점 운영권을 양도한 이후 가맹본부에 대하여 요청한 사후승인을 하지 아니한 점을 가맹사업법 위반행위로 보기 어렵다. 나대로씨는 가맹계약 상의 권리와 의무를 제3자에게 양도하고자 할 경우 사전에 가맹본부의 동의를 구하도록 규정하고 있는 가맹계약서 제64조 및 위 가맹사업법 제6조 제9호를 위반하였으며, 이 사건 조사 과정에서 나대로씨와 가맹본부, 실제 운영자인 박새로씨 간 가맹점 명의자 변경으로 조정을 진행하였으나, 양수인인 박새로씨가 명의변경을 거부하여 합의가 이루어지지 않은 바 있다. 위와 같은 사유로 이 사건 분쟁은 가맹본부의 가맹점 운영권 양도에 대한 사후 승인의무를 인정할 수 없으며, 또한 사후 승인만으로 명의변경이 이루어지기 어려우므로, 분쟁의 성격상 조정을 하는 것이 적당하지 아니하여 조정의 실익이 없는 것으로 판단된다.

클리닉

프랜차이즈시스템은 브랜드의 동일성 유지와 지속적인 가맹점 운영을 위한 가맹본부의 교육과 지원 및 통제가 핵심적인 내용을 이루고 있다. 따라서 가맹점의 양도양수에 따른 운영자의 변경은 양수인의 자질과 운영 능력에 대한 사전 점검과 새로운 교육 및 통제를 필요로 하기 때문에 가맹본부의 사전 동의 절차는 반드시 필요하다고 보고 있는 것이다.

가맹본부는 가맹점사업자가 가맹본부의 프랜차이즈시스템에 동의하는지 여부, 신규 가맹계약 절차를 준수하는지 여부, 프랜차이즈시스템에 적합한지 여부 등을 판단하여 동의 여부를 결정하여야 한다. 이는 프랜차이즈시스템의 특성상 가맹점사업자가 해당 브랜드의 운영에 적합한지를 사전에 파악함으로써 향후 발생될 수 있는 가맹점 운영상의 문제점을 최소화하고 브랜드 가치를 유지하기 위한 필수적인 절차로 볼 수 있다.

본 사건의 경우 나대로씨가 가맹점 양도양수를 함에 있어서 가맹본부의 승인을 얻지 않고 임의적으로 양도양수를 진행한 사안으로 중대한 가맹계약의 위반이라고 볼 것이다. 가맹점사업자 또한 가맹계약의 주체로서 가맹계약 상의 의무를 다하여야할 책임이 있다.

현재 가맹계약 상의 주체는 나대로씨이다. 때문에 가맹점 운영 중에 발생하는 문제에 대한 법률상의 책임이 나대로씨에게 있다. 따라서 박새로씨가 명의 변경을 거부한 상태에서 물품대금의 지연 등에 따른 책임은 궁극적으로 나대로씨가 져야 하며, 건강보험료, 국민연금 등의 납부 의무가 발생한다. 이렇듯 가맹점 운영의 주체를 정하는 것은 거래상대방을 특정하여 권리와 의무의 대상을 명확히 하는 데 중요한 절차이다. 지금이라도 나대로씨와 박새로씨는 '사업포괄양도양수계약서'를 근거로 명의 이전을 하여야 하며, 가맹본부는 나대로씨가 비록 가맹계약서와 가맹사업법을 위반한 사실이 있으나 가맹점 운영의 안정화를 위하여 가맹점의 양도양수를 사후 승인하는 것이 필요하다. 또한 박새로씨는 사실상 본인이 가맹점을 실질적으로 운영하고 있기 때문에 명의를 본인 명의로 완전하게 이전하고, 가맹본부가 요구하는 양도양수 절차를 준수하여 가맹비를 납부하고 가맹본부의 지휘와 통제에 따라야 할 의무가 있다.

가맹계약은 가맹본부뿐만 아니라 가맹점사업자도 계약 당사자로서 계약서에 규정한 권리와 의무를 다하여야 한다. 특히, 사업의 주체가 바뀌는 양도양수의 경우는 중요한 사항으로서 반드시 규정된 절차를 준수하여 원활하게 프랜차이즈시스템이 유지될 수 있도록 하여야 한다. 물론 재산을 처분할 권리는 가맹점을 소유하고 있는 가맹점사업자에게 있다. 하지만 프랜차이즈시스템의 특성상 브랜드의 사용권을 수반하는 가맹점 운영권의 양도양수는 브랜드를 소유하고 있는 가맹본부의 동의를 구하는 것이 필요하며, 이는 가맹점사업자의 필수적인 의무라고 본다.

출처: 창업 & 프랜차이즈 CEO study FC 클리닉, 이성훈, 2015년 3월호

Keyword 16 가맹본부 개점지원

가맹점사업자가 독립 창업 대신 가맹점 창업을 선택하는 가장 큰 이유는 개점 업무를 가맹본부가 지원해 주기 때문에 편리하게 창업을 할 수 있기 때문이다.

가맹본부는 개점 시 가맹점사업자가 점포를 개발할 때 상권 및 입지에 대해 조언해 주기도 하고, 인테리어 컨셉을 시공매뉴얼로 제공하여 도면설계 및 감리 등의 관리감독을 하기도 한다. 또한, 판매상품에 따른 필수공급물품 관리 및 사용 방법을 포함하여 매장 운영에 대한 전반적인 교육을 지원하고, 개점 시 이벤트를 제공하거나 판매 촉진을 위한 판촉물을 지원하기도 하고, 인력을 파견하여 개점업무를 지원하기도 한다.

반면, 가맹점사업자는 가맹본부 지원에 대한 대가로 가맹비, 교육비 등의 가맹금을 부담해야 한다는 단점도 있다. 또한, 가맹본부에 부담한 가맹금만큼의 개점지원을 제대로 받지 못해 피해가 발생하는 경우도 있기 때문에 가맹계약 체결 전 필수로 검토하여야 한다.

따라서 가맹점 창업이라 하더라도 무조건 가맹본부에 맡기지 말고 가맹점사업자가 구체적인 개점지원 내역 및 진행상황을 직접 점검할 필요가 있다.

Keyword Key point

- 가맹본부의 개점지원 업무 대가로 가맹점사업자는 가맹비를 부담하는 것이다.
- 가맹본부는 각종 매뉴얼 제공, 개점 교육, 개점 시 판촉 활동 등으로 개점지원을 한다.
- 가맹본부의 개점지원 내역을 정확히 파악하여 정상적으로 진행되는지 직접 점검하자.

Q01. 자신의 건물에 가맹점 창업 시 주의할 사항은 무엇인가요?

A01. 간혹 건물을 가지고 있는 가맹희망자가 가맹점 창업을 하려고 가맹본부와 상담하는 과정에서 아이템과 건물 입지의 불일치로 인해 마찰을 빚는 경우가 있습니다. 때로는 건물주라서 임차료의 부담이 없다 하더라도 아이템 성격에 맞는 입지를 정하는 것이 매출과 비용을 검토했을 때 더 좋은 결과를 가져올 수도 있으니 충분한 시간을 가지고 객관적으로 검토하시기 바랍니다.

가맹점의 입지는 점포 소매업의 경우 성공의 80%를 입지가 좌우할 정도로 중요합니다. 프랜차이즈 사업의 특성이 소비자를 직접적인 대상으로 하고 소규모 상권을 중심으로 이루어지기 때문에 상권과 입지가 어떤 사업보다도 중요합니다.

상권이나 입지를 선정하는 것은 고도의 전문성을 요구합니다. 자칫 아이템의 성격과 맞지 않는 잘못된 입지 선정은 사업 실패로 이어질 확률이 높기 때문입니다. 가맹본부가 이러한 상권 및 입지 선정을 위한 점포 개발에 대하여 전문적으로 검토하고 구체적인 선정기준을 가맹점사업자에게 제시한다면 비전문가인 가맹점사업자가 선정할 경우보다 시행착오를 상당 부분 줄여줄 수 있을 것입니다.

그럼에도 불구하고 가맹본부가 제시한 입지 상권이든 본인이 잘 알고 있는 지역의 입지 상권을 대상으로 하든 점포의 선정은 최종적으로 본인의 선택이 가장 중요합니다. 결국 본인의 책임 하에 결정되며 사후에도 그 결정에 의해 사업성패가 가늠된다고 볼 수 있습니다.

따라서 점포선정을 위한 입지 상권을 분석할 경우 주관에 치우치거나 주위에 현혹되지 않고 객관적인 시각에 의해 개량화된 방법으로 분석하는 것이 중요합니다.

다음 참고들은 기존 전문가들이 제안하고 있는 상권 및 입지 선정을 위한 기준(☞ <참고사항> 참조)입니다. 이러한 여러 가지 기준들을 본인의 특성과 장점을 살릴 수 있는 방향으로 잘 활용한다면 초기 입지로 인한 시행착오를 줄이는 데 많은 도움이 될 것입니다.

참고사항

상권 및 입지 분석 Tip

넬슨(R. L. Nelson)의 "입지 선정을 위한 8가지 원칙"

상권의 잠재력	현재 관할 상권 내에서 취급하려는 상품에 대한 수익성 확보 가능성에 대한 검토
접근가능성	관할 상권 내에 있는 고객을 자기 점포에 어느 정도 흡인할 수 있는가에 대한 가능성을 검토하기 위한 방법
성장가능성	인구증가와 소득수준의 향상으로 시장규모나 선택한 사업장, 유통상권의 매출액이 성장할 가능성에 대한 검토
중간저지성	기존 점포나 상권 지역이 고객과의 중간에 위치함으로써 경쟁점포나 기존의 상권지역으로 접근하는 고객을 중간에서 차단할 수 있는 가능성을 검토
누적적 흡인력	• 영업의 형태가 비슷하거나 동일한 점포가 집중적으로 몰려 있어 고객의 흡인력을 극대화할 수 있는 가능성 및 사무실, 학교, 문화시설 등과 인접함으로써 고객을 흡인하기에 유리한 조건에 속해 있는가에 대한 검토 • 창업 아이템에 따라서 중간저지성의 입지를 선택할 것인지 누적적 흡인력의 입지를 선택할 것인지를 판단해서 결정해야 함
양립성	상호보완 관계에 있는 점포가 서로 인접해 있음으로 인해서 고객의 흡인력을 높일 수 있는 가능성에 대한 검토
경쟁회피성	• 경쟁점의 입지, 규모, 형태 등을 감안하여 사업장이 기존 점포와의 경쟁에서 우위를 확보할 수 있는 가능성 및 향후 신규 경쟁점이 입점함으로써 창업할 사업장에 미칠 영향력의 정도를 파악하기 위한 방법 • 경쟁을 회피하기 위하여 가능한 한 경쟁점과의 경쟁에 있어서 우위를 점할 수 있는 규모의 사업장을 선택해야 하며, 입지를 경쟁점이 이용하는 것을 사전에 막을 수 있도록 해야 하고, 경쟁 입지가 중간저지적인 입지가 되지 않을 수 있는 입지를 선택해야 함
경제성	입지의 가격 및 비용 등으로 인한 수익성과 생산성의 정도에 관한 검토

점수 / 점포	상권의 잠재력	접근 가능성	성장 가능성	중간 저지성	누적적 흡입력	양립성	경쟁 회피성	경제성	점수 합계
A 후보지									
B 후보지									
C 후보지									

덴컨(Duncan)의 "입지 선정 기준"

예상매출액	예상가능매출액이 장단기에 걸쳐 기대할 수 있는지 여부
상품타입과 구매습관	편의품, 선매품, 전문품 등 취급상품별로 적합한 입지의 선정
소비자의 교통	보행자의 교통량 및 질을 상세하게 검토할 것
경쟁소매점 및 타 소매점과의 관계	업종별로 적합한 입지 선정을 할 것, 가령 동업종과 접근된 입지가 좋은 것, 바람직하지 않은 것의 구분
접근성	소비자가 내점하기 쉬운 조건을 갖고 있는 입지일 것, 교통시설, 거리, 주차장, 도로의 폭 등
장소의 성격	주변 환경조건, 가령 매연, 악취, 소음, 주점, 도로의 사정 등
장소의 이용성	건물타입이나 구조, 임대조건, 건설비용, 각종 통제상황 등

좋은 입지와 나쁜 입지 선정 기준

좋은 입지	• 모이는 유동인구가 많은 곳 • 접근하기 편한 곳 • 대형 사무실보다는 5층 이하 사무실이 많은 곳 • 편의시설보다 퇴근길 방향에 있는 곳 • 주차장이 있는 곳 • 버스정류장이나 지하철역을 끼고 있는 곳: 단, 흐르는 곳은 안 됨 • 코너 점포 • 비어 있는 점포가 없는 곳 • 중소형 아파트단지 상가 • 낮은 지대의 중심지 • 권리금이 있는 곳

	• 주변에 노점상이 많은 곳 • 2,000 ~ 3,000세대 이상의 대규모 아파트나 주택단지 • 인구이동이 심한 지역인 경우 전입이 전출보다 높은 지역 또는 고정인구 2만명 이상, 고정세대 5,000세대 이상인 지역 • 학교 주변상권의 경우 정문으로부터 300~500m 이내, 후문 100m 이내인 지역 • 지하철역으로부터 200~300m 이내인 지역이나 버스정류장으로부터 100~200m 이내인 지역 • 버스정류장에 버스노선이 5대 이상인 지역 • 버스종점 반경 300~500m인 지역 • 버스정류장, 지하철역으로부터 들어오는 입구 모퉁이 • 편도 2차선 3거리 이상 가로의 100~200m 이내인 지역 • 동일상권 300m 이내에 동업종이 적은 지역 • 기타 업종에 상응하는 시간대별 유동인구 및 주거인구가 충분한 지역
나쁜 입지	• 상권이 필요 이상 확대되는 곳 • 6차선 이상의 도로가 상권을 양분하는 곳 • 유동인구가 그냥 지나가는 곳(소위 "흐르는 자리") • 주변점포가 기술 또는 저가상품 위주인 곳 • 업종이나 주인이 자주 바뀌는 곳 • 주변점포의 간판이 낡거나 변색된 점포가 있는 곳 • 점포 전면이 좁거나 간판설치가 어려운 곳 • 주변도로가 지저분한 곳 • 편도인 도로변이나 맞은편에 점포가 없는 곳 • 빈 점포가 많은 곳 • 언덕 위나 상가의 연속성이 끊긴 곳 • 주변에 공터가 있는 곳 • 막다른 골목 끝인 곳 • 300~500m에 대형 유통시설이 있는 곳 • 권리금이 없는 곳 • 주변에 큰 규모의 동일업종이 있는 곳 • 건물주가 장사하는 곳 • 보도 폭이 좁은 곳

Q02. 개점에 소요되는 비용 산정 시 주의할 사항은 무엇인가요?

A02. 가맹희망자가 가맹점을 개점하기 위해 기본적으로 소요되는 점포의 임대비용이나 권리금 및 중개수수료, 각종 인허가 비용은 중개업체, 점포의 위치 및 규모, 내부 설비의 종류, 영업 시작까지 걸리는 시간 등이 상이함에 따라 가맹본부가 구체적인 기준을 정하기 어려울 수 있습니다.

또한, 인테리어 시공 시 별도공사 및 기기·집기 구입품목 등 기타 가맹점사업자와 협의한 내용은 추가로 부담해야 하는 비용으로 가맹본부가 모든 가맹점에 개점 시 공통적으로 소요되는 비용이 아닌 경우는 기재되지 않았다고 보아야 할 것입니다.

따라서 실제 창업비용을 준비할 때 가맹본부가 정보공개서에서 안내하는 부담 내역 외에 점포 임대비용, 권리금 등 추가로 부담하는 금액이 상당할 수 있음을 인지하고 구체적으로 개설비용을 검토하시기 바랍니다.

Q03. 개점을 위한 설비는 가맹본부가 직접 시공해 주나요?

A03. 가맹사업은 가맹사업 동일성 유지를 위해 브랜드 외관의 통일성과 상품 및 서비스의 동일성을 핵심적인 수단으로 하고 있습니다. 따라서 인테리어나 설비 등은 가맹본부가 매뉴얼을 제공하고 가맹점은 매뉴얼을 준수하며 시공하여야 합니다.

이 과정에서 가맹본부는 지정업체를 선정하여 직접 설계·시공하는 경우도 있고, 가맹본부가 설계만 해주는 경우도 있고, 가맹점사업자가 선정한 설비업체를 통해 설계·시공 및 진행·완료 현황을 종합 검수·감리 또는 관리·감독 하는 경우도 있습니다.

가맹본부가 인테리어 등을 가맹본부 또는 가맹본부의 지정업체로 강제하고자 하는 경우에는 가맹본부의 상표권을 보호하고 상품 또는 용역의 동일성을 유지하기 어렵다는 사실이 객관적으로 인정되는 경우로서 해당 사실에 관하여 미리 정보공개서를 통하여 가맹점사업자에게 알리고 계약을 체결할 경우만 인정됩니다.

인테리어 및 간판 등 시공 업무는 가맹점사업자가 직접 업체를 선정하여 시공한다고 하여 가맹사업 동일성을 유지하기 어렵다는 사실이 객관적으로 인정되기 어렵습니다. 시공업체가 시공 매뉴얼을 준수한다면 거래상대방은 꼭 가맹본부나 지정업체를 통해서 하지 않아도 됩니다.

다만, 시공 품목 중 독점으로 수입한 자재 또는 물품이 있다거나 가맹본부의 영업비밀 유지를 위해 시공 매뉴얼이 외부로 유출되면 안되는 사정이 있는 등 가맹본부의 상표권 보호 및 가맹사업 동일성 유지를 위해 필요한 경우, 정보공개서를 통해 사전에 안내한 경우에는 반드시 가맹본부 또는 가맹본부의 지정업체서 시공해야 합니다.

연계참조 keyword 35. 368~369page, 376~377page

Q04. 개점을 위한 집기·비품은 가맹본부가 직접 공급해 주나요?

A04. 가맹본부는 가맹사업 동일성 유지를 위하여 가맹점을 운영하기 위한 필수품목 리스트는 매뉴얼로 제공해야 합니다. 가맹점사업자가 독립 창업을 하지 않고 가맹점 창업을 하는 이유는 가맹본부의 차별화된 전문성뿐만 아니라 편리성도 있습니다.

가맹본부는 가맹점사업자가 편리하게 업무를 진행할 수 있도록 전체 공급 품목 리스트를 작성하고 각각의 공급처, 거래의 필수 및 선택 여부, 연락처 등을 제공할 필요가 있습니다. 이는 가맹본부가 가맹점사업자에게 가맹비를 수령하였기에 의무적으로 제공해야 하는 지원 업무에 해당할 수 있으며, 이를 제공하지 않는 가맹본부에 가맹점사업자는 정당하게 요구할 권리가 있습니다.

최근에 가맹사업법 개정으로 가맹본부가 공급하는 강제 품목 및 권장 품목 등 필수품목의 공급가격에 대해 정보공개서 내용에 50% 정도는 공개하도록 하고 있기 때문에 이 내용을 참고하여 권장 품목까지 가맹본부에 공급할 지 또는 직접 구입할 지 결정하는데 참고하시기 바랍니다.

그럼에도 구입가격 등의 이유로 가맹점사업자가 필수품목을 직접 구입하고자 하는 경우에는 가맹사업 동일성 유지를 위해 반드시 가맹본부 또는 가맹본부의 지정업체에서만 구입하여야 하는 강제 품목인지 공산품 등 자율적으로 구입할 수 있는 권장 품목인지 구분하여 구입할 필요가 있습니다.

참고로, 가맹본부나 가맹본부의 지정업체가 공급하는 물품의 경우 사후 A/S나 관리 등의 책임 소재를 분명히 할 필요가 있습니다. 구입 후 가맹본부와 공급업체 간에 문제 발생 시 서로 책임을 회피하는 경우가 발생하면 그 피해가 가맹점에 돌아갈 우려가 있기 때문입니다.

연계 참조 keyword 35, 368~369page, 376~377page

Q05. 개점을 위한 교육은 가맹본부가 직접 진행해 주나요?

A05. 가맹점을 개점하기 위해 가맹본부가 가장 중요하게 지원하는 업무가 교육·훈련입니다. 가맹본부마다 신규교육, 최초교육, 개점교육 등 명칭은 다르지만 가맹사업 동일성 유지를 위하여 가맹본부가 제시하는 품질기준을 정확히 인지시키고, 상품이나 용역 등의 품질 관리와 판매 기법 등의 기준을 정확히 제시해야 가맹점을 계약기간 동안 안정적으로 관리할 수 있습니다.

지속적인 관리에 전제되는 개점교육은 무엇보다 중요하기 때문에 가맹본부가 진행하는 개점교육 내용은 구체적으로 무엇인지, 교육의 이수가 필수인지, 개점 승인조건인지 등의 여부를 확인하여 가맹점 개점에 차질이 발생하지 않도록 점검해 두어야 합니다. 또한 개점교육 비용이 교육 내용 및 일정에 비추어 적정한지 등을 추가로 검토해 볼 필요가 있습니다.

가맹사업은 교육사업이라고 불릴 만큼 교육·훈련 내용이 중요합니다. 만약 가맹본부가 형식적인 교육에 그치거나 교육 프로그램 자체가 없다면 문제가 있다고 보아야 합니다. 교육·훈련에 관한 구체적인 프로그램이 없다는 것은 가맹본부가 제시하는 가맹사업의 모델이 제대로 구축되어 있지 않기 때문으로 해석될 수 있습니다.

또한, 가맹본부의 교육·훈련은 가맹점사업자의 전문성을 보장하는 가장 중요한 기능 중 하나이기 때문에 가맹점사업자의 관심이 무엇보다도 필요한 부분입니다. 이 내용은 가맹계약서에도 규정되어야 하는 중요한 사항으로 가맹계약서 내용과 정보공개서 내용의 일치 여부도 반드시 확인하시기 바랍니다.

연계 참조 keyword 35, 398~401page

Q06. 가맹본부는 가맹점 개점 시 판촉 업무를 지원해 주나요?

A06. 가맹본부에 따라 상이하지만 많은 가맹본부가 개점 시 판매를 촉진하기 위해 개점 이벤트를 제공하거나, 전단지 배포, 블로그 개설 및 쿠폰, 경품, 무료 사용(시음, 시식), 1+1 행사, 묶음 할인행사 등 홍보판촉 업무를 지원하고 있습니다. 또한 개점일 또는 개점일 전후 바쁜 업무를 지원하기 위해 홀 및 주방의 인력을 파견하기도 합니다.

가맹본부가 판촉을 위해 지원해 주는 업무는 가맹본부의 비용으로 순수하게 지원하는 경우도 있지만, 별도의 비용을 청구하기도 합니다. 따라서 정보공개서 개설 비용 내역에 개점홍보비, 홍보판촉비, 기타 소모품 등의 내용을 구체적으로 검토할 필요가 있습니다.

가맹본부가 순수하게 지원하는 업무일지라도 가맹점사업자가 부담하는 가맹비의 대가 내역에 산정되어 있다고 보아야 하기 때문에 실질적으로 가맹점사업자가 부담하는 가맹비 대가 내역의 적정성과 연계하여 검토해 볼 필요가 있습니다.

연계 참조 keyword 35, 392~394page

Keyword 17 가맹본부 관리지원

가맹사업은 계약기간 동안 계속적인 거래관계를 전제로 한다. 가맹본부가 가맹점을 개점하기 위해 다양한 업무를 지원하고, 이를 유지 발전시키기 위해서는 가맹본부의 지속적인 지원이 필요하다. 따라서 가맹본부는 슈퍼바이징을 통해 가맹점을 지속적으로 관리하고 있다.

가맹본부는 정기 또는 수시 교육을 진행하고 가맹점 전반에 대해 경영지도를 하기도 하며, 전국 가맹점 영업의 활성화를 위하여 가맹본부의 기획으로 광고·판촉 행사를 진행하기도 한다. 뿐만 아니라 가맹점의 체계적인 손익관리를 위해 회계처리 업무를 대행해 주기도 한다. ERP 프로그램을 활용하여 재고 및 주문을 효율적으로 관리하는 시스템을 지원하기도 하고, 가맹점의 매출 및 판매시점에서의 업무를 원활하게 해주는 POS 프로그램을 개발하여 공급하기도 한다.

다만, 가맹본부가 관리지원을 할 때 소요되는 비용은 가맹점사업자가 부담하는 경우가 많다. 따라서 가맹점사업자는 가맹계약 체결 전 가맹본부가 관리지원 업무의 구체적인 내용과 로열티, 광고·판촉 분담금, ERP 또는 POS 사용료 등으로 가맹본부에 지급하는 비용의 적정성을 연계하여 검토할 필요가 있다.

Keyword Key point

- 가맹본부의 관리지원 업무 대가로 가맹점사업자는 로열티를 부담하는 것이다.
- 가맹본부는 개점 후 교육 및 경영지도 업무를 지원하고, 전국 광고 판촉을 지원한다.
- 재고관리 및 회계처리 업무를 지원하거나, ERP or POS 프로그램을 개발 공급한다.
- 가맹본부의 관리지원 업무의 구체적인 내용과 지급하는 비용의 적정성을 검토하자.

Q01. 로열티를 매월 부담하면 슈퍼바이저도 매월 방문하나요?

A01. 로열티 지급 횟수와 슈퍼바이저 방문 횟수는 반드시 일치하지 않습니다. 또한, 가맹점 관리의 기준을 반드시 방문으로 한정하고 있지 않으며, 수시로 관리하는 경우 어떤 가맹본부는 분기 기준 1회를 진행하기도 하지만 어떤 가맹본부는 월 4회 이상의 관리를 진행하기도 합니다.

가맹점사업자가 로열티를 지급하는 이유가 지속적인 가맹본부의 지원을 받을 수 있다는 것으로 이해하고 있기 때문에 최소한 로열티를 매월 수령하는 가맹본부는 매월 1회 이상의 관리 지원을 제공해야 할 것으로 보입니다.

슈퍼바이징 기준은 가맹본부의 개별 정책으로 가맹본부마다 정보공개서 및 가맹계약서에서 정하고 있기 때문에 이의 문서를 연계하여 검토할 필요가 있습니다.

연계 참조 keyword 35, 371page, 387~388page

Q02. 가맹본부는 가맹점 관리 기준을 사전에 안내해 주나요?

A02. 가맹본부는 가맹점 운영매뉴얼을 제공하고 이 내용 중 중요한 영업방침에 해당하는 내용은 반드시 준수하여야 한다는 사실에 대해 계약체결 시 또는 개점 전 교육내용을 통해 충분히 안내하여야 합니다. 이렇게 안내한 내용은 계약기간 동안 가맹본부가 정기 또는 수시로 가맹점을 점검하고 관리하는 기준이 되며, 이를 위반하는 경우에는 시정명령, 가맹계약 해지, 갱신이 거절되는 등 불이익을 받을 수 있습니다.

참고로, 현장에서 가맹본부의 가맹점 관리 체계가 미흡하다고 판단하여 외식업 표준계약서를 최근 개정하면서 가맹본부는 가맹점을 방문할 때 점검하는 기준을 사전에 제시하여야 하고, 영업시간 내에 가맹점사업자의 동행 하에 점검하여야 하며, 점검결과에 대해 가맹점사업자가 이의를 제기할 수 있도록 하여야 한다는 내용을 추가하였습니다.

연계 참조 keyword 35, 387~388page

Q03. 계약기간 중에도 정기교육이나 수시교육 진행해 주나요?

A03. 가맹본부는 개점 후에도 지속적으로 정기 또는 수시로 교육을 지원합니다. 이는 가맹점사업자가 가맹점을 운영하기 위한 경영마인드를 고취시키고, 익숙한 일을 반복적으로 진행함에 따라 쉽게 빠질 수 있는 매너리즘에서 탈피할 수 있는 여건을 마련하고자 함입니다. 또한 신메뉴 개발 및 매장 운영의 개선을 위해서 가맹본부는 정기 또는 수시 교육에 대해서도 필수 교육으로 정하기도 합니다.

가맹본부가 정하는 필수 교육을 가맹점사업자가 부득이하게 이수하지 못할 것을 대비하여 최근에는 교육을 꼭 오프라인만으로 진행하지는 않습니다. 업종이나 회사 특성, 교육 내용에 따라 다르겠지만 오프라인으로 진행한 교육 내용을 온라인 동영상 등으로 제작하여 배포하거나 홈페이지에 게재하여 열람하게 하거나 유투브 등을 통해 배포하기도 합니다.

또한 온라인 대행업체 등을 통해 진행하기도 하기 때문에 가맹본부가 중요한 영업방침으로 이수하여야 하는 교육을 정하는 경우 부득이하게 이수하지 못할 때 다른 대안을 요청해 보기 바랍니다.

연계 참조 keyword 35, 398~401page

Q04. 가맹본부가 진행하는 광고·판촉 행사는 모두 참여해야 하나요?

A04. 가맹점사업자는 전체적으로 내용을 검토한 결과 참여를 희망하지 않을 경우에는 가맹본부에 구체적인 사유를 밝히고 참여하지 않을 수 있습니다. 다만, 구체적인 사유를 밝히지 않고 참여하지 않을 경우, 가맹본부는 중요한 영업방침을 따르지 않는 것으로 오해할 수 있으니 참여 의사를 정확히 표시하시기 바랍니다.

가맹본부가 가맹점사업자와 비용을 분담하는 광고·판촉 행사를 진행하고자 하는 경우에는 행사 취지 및 비용 분담 기준 등에 대해 사전에 고지하여 행사 참여 의사를 확인 후 진행하여야 하며, 비용 분담 기준은 정보공개서 및 가맹계약서에서 정한 기준에 따라야 합니다.

연계 참조 keyword 35, 388~389page

Q05. 가맹점사업자 분담한 광고·판촉비 사용내역 확인할 수 있나요?

A05. 가맹점사업자가 비용의 전부 또는 일부를 부담하는 광고나 판촉 행사를 실시한 가맹본부는 사업연도 종료 후 3개월 이내(사업연도가 12월 31일로 끝나는 사업자의 경우, 매년 3월 말일까지)에 다음과 같은 집행 내역을 작성하여 정보공개서 제공방법 중 하나를 택하여 가맹점사업자에게 통보하여야 합니다.

1. 해당 사업연도에 실시한 광고나 판촉 행사(해당 사업연도에 일부라도 비용이 집행된 경우를 포함)별 명칭, 내용 및 실시기간
2. 해당 사업연도에 광고나 판촉 행사를 위하여 전체 가맹점사업자
3. 해당 사업연도에 실시한 광고나 판촉 행사별로 집행한 비용 및 가맹점사업자가 부담한 총액이 포함된 내용

Q06. 개별적으로 판촉활동을 하는데 가맹본부에 알려야 하나요?

A06. 가맹점사업자는 자신의 영업지역 내에서 전단지나 쿠폰 발행 등 개별적인 광고·판촉 활동을 자유롭게 할 수 있습니다.

다만, 일부 가맹본부는 가맹점이 개별적인 광고·판촉 활동을 할 때 전단지의 디자인이라든지 판촉활동에 소요되는 물품의 사양 등은 가맹사업의 동일성을 유지해야 하기 때문에 가맹본부에 승인을 받거나 가맹본부에 제작을 요청하도록 요구하기도 합니다.

따라서 가맹본부의 승인을 받아야 하는지의 여부와 사전 지침을 제공받아 수행해야 하는지에 대해 정보공개서 및 가맹계약서 내용을 연계하여 점검하고, 가맹본부의 기타 지원의 유무도 확인하여 가맹점 영업활동에 참고하시기 바랍니다.

Q07. 가맹본부는 가맹점의 매출액을 어떻게 확인하나요?

A07. 프랜차이즈 업계에도 IT 분야가 다양하게 도입되어 있습니다. IT 발달로 시스템 구축 및 사용료가 저렴해 지면서 많은 가맹본부가 전사적으로 자원을 관리하는 ERP 체제로 전환하고 있습니다. 또한 POS 프로그램의 범주도 매장의 매출 관리 및 물품 주문 등을 포함하여 고객 관리, 직원 관리 등으로 확대되어 ERP 범주까지 전개되고 있기에 POS와 ERP 용어의 경계가 없어지고 있습니다.

이런 추세로 최근에는 가맹본부가 POS 프로그램을 개발하여 이의 사용을 강제하고 있고 가맹본부는 이를 통해 가맹점의 매출액을 수시로 확인하고 있습니다. 물론 사전에 프로그램을 설치하면서 가맹점사업자가 가맹본부의 정보확인에 동의한 경우에 한합니다.

그러나 최근에 배달을 하는 업종은 배달 프로그램을 별도로 사용하고 있고 이 프로그램은 가맹본부가 정한 POS 프로그램과 연동되지 않아 가맹본부가 가맹점의 실제 매출 확인이 불가능해 지고 있습니다. 따라서 가맹본부가 매월 매출을 보고하게 하는 경우가 증가하고 있습니다.

가맹본부가 가맹점의 매출을 확인해야 하는 이유는 정보공개서에 가맹점사업자당 연간평균 매출액을 기재해야 하는 법적인 이유도 있지만 실제로는 가맹점을 관리하고 경영지도하기 위해서는 기본적으로 정확한 매출과 비용에 대한 현황 파악이 우선 되어야만 실질적인 도움을 줄 수 있기 때문입니다.

〈에피소드〉 10. 광고비 부담과 투명한 공개

상황

가맹점사업자1, 2는 가맹본부인 A사를 상대로 정보공개서 미제공, 가맹금 예치의무 위반, 신청인들의 동의 없는 광고비 수령 등을 이유로 가맹계약의 해지 및 각각 54,799,000원, 59,791,000원의 손해배상금 지급을 요구하는 분쟁조정을 신청하였다.

가맹점사업자1, 2는 각각 2012. 12. 16.과 2013. 1. 2. 정보공개서를 제공받지 못한 채 가맹본부와 계약기간 1년, 가맹금 300만원으로 하는 가맹계약을 체결하였으며, 가맹금을 예치계좌가 아닌 가맹본부가 지정한 가맹본부 가족 명의의 계좌로 입금하였다.

한편, 가맹본부인 A사는 가맹점사업자1, 2에게 가맹계약서 제8조에 명시된 광고비 외에 드라마 2편의 협찬 광고비 명목으로 1,206,000원씩의 지급을 요구하였다. 가맹계약서 제8조(광고 및 홍보)에는 가맹점사업자는 전국규모 및 지역단위의 광고를 할 수 있으며, 광고의 횟수, 시기, 매체 등에 관한 세부적 사항은 사업 운영매뉴얼에서 정하는 바에 의한다는 내용이 명시되어 있으나, 매월 정기적으로 지급하도록 되어 있는 광고비 외에 추가로 광고비를 납부하도록 하는 내용은 기재되어 있지 않다.

이에 가맹점사업자1, 2는 2013. 5. 1. '가맹점 계약 무효 또는 취소, 해지 및 손해배상 등 청구의 건'이라는 제목의 서면을 가맹본부에게 발송하였으며, 가맹점사업자1은 조정절차 진행 중인 2013년 6월 초 가맹본부의 영업표지를 제거하고 동종 영업을 계속해 오고 있다.

가맹점 주장

가맹점사업자1, 2는 가맹계약 체결 당시 가맹본부로부터 정보공개서를 제공받지 못하였으며, 가맹금 또한 가맹본부가 지정한 타인 명의의 계좌로 입금하도록 하는 등 가맹본부가 가맹사업법을 위반하였다고 주장한다.

그리고 가맹본부가 가맹계약서에 명시되어 있는 로열티 500,000원과 광고비 1,000,000원의 지급 외에 가맹점사업자들의 어떠한 협의나 동의 없이 드라마 협찬 광고비 명목의 금원을 추가로 지급하도록 요구한 것은 부당하다고 주장한다.

또한 2013. 4. 20. 진행된 지점장 회의에서 가맹본부가 자신이 가맹점 개설시 제공한 교육 프로그램 중 일부가 관련 법령에 위반되는 행위이므로 단속을 피하여 영업을 할 것을 당부하는 등 불법행위를 조장하였다고 주장한다.

가맹점사업자1, 2는 위와 같은 이유로 더 이상 가맹본부를 신뢰하고 계약관계를 유지할 수 없으므로 가맹계약을 해지하고 가맹본부로부터 이로 인한 손해를 배상받아야 한다고 주장한다.

가맹본부 주장

가맹본부 A사는 가맹점사업자들과의 가맹계약 체결 당시 가맹점 관리 인원의 부족과 가맹사업법에 대한 이해의 부족으로 정보공개서 제공의무 및 가맹금 예치의무를 준수하지 못한 사실은 있으나, 가맹점사업자들에게 정보공개서 등록 준비중에 있음을 여러 차례 고지하였으므로 이로 인하여 가맹점사업자들이 피해를 본 사실은 없다고 주장한다.

가맹본부는 드라마 협찬 광고 시행을 위하여 지점장 회의를 개최하여 만장일치로 결정한 내용에 대하여 비용 지급을 청구한 것이고, 가맹점사업자들 또한 이 협찬 광고를 통하여 홍보 이익을 누렸을 것임에도 지점장 회의에 불출석하였음을 이유로 일부 금원만 지급한 상황이며 타 지점들과 마찬가지로 가맹점사업자1, 2도 협찬 광고비를 지급하여야 할 것이라고 주장한다.

가맹본부는 가맹점사업자1, 2와 같이 과거 동종업종의 가맹점을 운영하다가 가맹계약을 체결한 가맹점주들이 기존에 사용하던 기기를 그대로 사용하는 경우가 있는데 이들 중 사용허가를 받지 않은 기기가 일부 포함되어 있어 법령에 위반할 소지가 있기에 사용을 중지하도록 안내한 것일 뿐 불법을 조장한 사실은 없다고 주장한다.

분쟁조정협의회 권고

"가맹본부는 가맹점사업자1, 2에게 1년 동안 로열티(매월 50만원)와 광고비(매월 1백만원)를 지원하는 조건으로 계약 관계를 재개하며, 가맹본부는 가맹점사업자1의 미수금 9,155,000원을 면제하기로 한다."는 내용으로 합의하여 조정이 성립되었다.

클리닉

프랜차이즈 광고와 판촉 등의 활동은 가맹점의 매출활성화를 위하여 가맹본부가 기획하고 가맹점사업자들이 참여하여 진행하게 된다. 이러한 광고 등은 브랜드 인지도를 향상 시키고, 가맹점의 매출을 올리기 위한 것으로 가맹본부는 이를 효과적으로 집행하기 위하여 광고 기획과 집행을 하게 된다. 그런데 일부 가맹본부는 광고를 시행하면서 가맹본부 자신은 광고비를 부담하지 않고 전액 가맹점들의 부담으로 한다거나, 투명하지 않은 광고비 집행으로 오히려 가맹본부가 가맹점들로부터 걷은 광고비의 일부를 자신의 수익으로 돌리는 경우가 발생하고 있다.

광고비 등은 가맹본부의 수익이 아닌 가맹본부와 가맹점들이 참여하는 공동의 마케팅이기 때문에 이를 대신 집행하는 가맹본부는 광고의 투명한 집행과 관리를 할 의무가 있다. 2016년 3월 개정된 가맹사업법 제12조의6(광고 · 판촉행사 관련 집행 내역 통보 등)은 "가맹본부는 가맹점사업자가 비용의 전부 또는 일부를 부담하는 광고나 판촉행사를 실시한 경우 그 집행 내역을 가맹점사업자에게 통보하고 가맹점사업자의 요구가 있는 경우 이를 열람할 수 있도록 하여야 한다."고 규정하고 있다.

지금까지 프랜차이즈 기업들이 합리적이고 투명한 광고 집행을 하지 않아 비용으로 인한 가맹점과의 갈등이 많이 발생하였다. 가맹본부는 브랜드 홍보를 위한 광고로 그 효익을 가맹본부가 향유한다는 점을 인식하고 광고비에 가맹본부 부담을 명확히 할 필요가 있다. 광고비는 가맹점사업자들에게 임의적으로 할당하는 것이 아니라 광고 집행에 따른 내역과 비용을 가맹본부 부담과 가맹점 부담을 명확히 구분하고, 그 상세한 내용과 효과를 가맹점사업자들에게 공개하여야 한다. 이러한 절차를 거침으로써 가맹본부와 가맹점 간의 신뢰를 쌓을 수 있을 것이며, 장기적인 우호적 관계를 형성하게 된다. 이를 프랜차이즈시스템의 절차적 공정성이라 한다. 특히, 광고 등의 집행을 위한 절차적 공정성은 투명한 경영을 기본으로 한다. 투명한 경영을 위해서 첫째, 가맹본부는 광고 등의 기획의도를 명확히 공개하고 그 적절성을 공유하는 것이 중요하다. 둘째로 광고에 소요되는 비용 배분의 공평성을 유지함으로써 전체 가맹점을 논리적으로 설득할 수 있는 설득력이 있어야 한다. 셋째, 집행의 투명성을 보여 줌으로써 가맹점들이 믿고 따를 수 있게 하여야 한다. 넷째, 결과의 유효성을 확인함으로써 가맹점들이 참여한 광고 등의 효과를 공유할 수 있도록 하여야 한다. 이러한 절차적 공정성은 관련 정보의 투명한 공개를 바탕으로 실현할 수 있다.

출처: 창업 & 프랜차이즈 CEO study FC 클리닉, 이성훈, 2016년 6월호

Keyword 18 가맹본부 통제범위

가맹본부는 가맹점을 효율적으로 통제하고 가맹사업 동일성 유지를 위하여 가맹점사업자가 반드시 준수해야 하는 사항을 중요한 영업방침으로 정하고 있다. 이의 내용은 정보공개서 및 가맹계약서에 구체적으로 기재되어 있고, 가맹점사업자가 14일 동안 충분히 숙고하여 검토하였기에 가맹계약 체결 후에는 반드시 준수하여야 한다.

만약, 가맹점사업자가 계약기간 동안 가맹점의 준수사항을 위반하는 사례가 빈번할 경우 계약기간 만료 후 갱신이 거절될 수 있고, 물품공급이 중단될 수 있으며, 가맹계약이 해지될 수도 있다. 따라서 가맹본부가 정하는 통제범위의 내용은 신중히 검토할 필요가 있다.

계약기간의 만료 또는 해지로 가맹계약이 종료되는 경우 종료 절차를 기한 내에 완료하여야 하거나 종료 후 가맹본부의 영업비밀을 유출하면 안 되는 규정 등 가맹점사업자가 준수해야 하는 내용을 꼼꼼히 살펴보아야 한다. 가맹사업은 계약 종료 후일지라도 가맹계약의 위반사항이 발생하는 경우 손해배상 소송이 진행되기도 한다.

Keyword Key point

- 가맹본부의 중요한 영업방침에 대해서 가맹점사업자는 반드시 준수하여야 한다.
- 중요한 영업방침을 위반하면 갱신거절, 물품공급중단, 가맹계약이 해지될 수 있다.
- 영업비밀 유지 등 계약 종료 후에도 준수하여야 하는 중요한 영업방침이 있다.

Q01. 가맹점 운영매뉴얼 내용도 중요한 영업방침으로 볼 수 있나요?

A01. 가맹본부가 전국 가맹사업 동일성 유지를 위하여 가맹점사업자에게 가장 기본적으로 요구하는 내용은 주력 상품 및 용역에 대한 품질 기준과 가맹점 관리 기준을 준수하는 것입니다. 이는 가맹사업법의 가맹점사업자 준수사항에도 정해져 있을 만큼 중요한 영업방침에 해당하는 내용입니다.

가맹본부의 품질 기준 및 가맹점 관리 기준은 가맹계약 체결과 동시에 제공한 각종 운영 매뉴얼로 정리되어 있고, 각종 운영 매뉴얼은 개점 교육을 통해 안내되었기 때문에 계약기간 동안 중요하게 지켜야 하는 사항임은 충분히 강조한 것으로 판단하고 있습니다.

따라서 가맹본부는 가맹점사업자가 이를 준수하지 않을 경우에는 계약기간 만료 후 갱신을 거절할 수 있고, 물품공급을 중단할 수 있으며, 가맹계약을 해지할 수 있으므로 가맹점사업자는 가맹본부가 중요한 영업방침으로 정하는 사항은 반드시 중요하게 검토하여야 합니다.

Q02. 물품을 주문하는 절차도 중요한 영업방침에 해당하나요?

A02. 가맹본부가 필수공급물품을 직접 공급하는 경우, 물품 주문 절차를 정상적으로 이행하지 않으면 물품이 정상적으로 공급되지 않아 가맹점 영업에 직접적인 문제를 초래할 수 있기 때문에 반드시 준수하여야 하는 중요한 영업방침일 수 있습니다. 그러나 중요한 영업방침에 해당되는 품목은 가맹본부가 필수공급물품으로 정하는 물품에 한하여야 합니다.

가맹본부는 필수공급물품에 대해 가맹본부가 직접 공급하거나 가맹본부의 지정업체를 통해 공급받을 것을 요구하고 있으며, 편의점 등 일부 업종은 원활한 가맹점의 물품공급을 위하여 자동 수발주 시스템을 운영하기도 합니다. 그러나 가맹본부가 직접 공급하지 않거나, 필수공급물품으로 지정하지 않은 권유공급물품 등은 가맹점사업자가 직접 거래하는 업체와 자율적으로 거래할 수 있습니다.

Q03. 일부 상품을 판매하지 않는 것도 중요한 영업방침 위반인가요?

A03. 가맹점에서는 가맹본부가 정한 상품 및 용역은 모두 판매하여야 합니다. 간혹 일부 가맹점에서 식재료 원가가 비싸다는 이유로 일부 상품에 스티커를 붙여놓고 판매하지 않는 것을 보기도 합니다. 이는 가맹본부의 중요한 영업방침을 고의적으로 위반한 것으로 볼 수 있습니다.

가맹본부가 정하지 않은 상품 및 용역을 가맹점사업자가 임의적으로 개발하여 판매하다 적발되면 가맹본부의 중요한 영업방침을 위반하는 행위가 될 수 있습니다. 따라서 가맹점사업자가 부득이하게 판매하고자 하는 상품 및 용역이 있는 경우에는 반드시 사전에 가맹본부와 협의하여 승인을 받은 후 판매하시기 바랍니다.

Q04. 영업시간이나 영업일수도 중요한 영업방침인가요?

A04. 가맹본부가 영업시간 및 영업일수를 정보공개서 및 가맹계약서에 중요한 영업방침으로 정한 경우 가맹점사업자는 반드시 준수하여야 합니다. 그러나 가맹점사업자의 영업시간을 부당하게 구속하는 행위는 가맹본부의 불공정거래행위로 보고 있습니다.

따라서 가맹점사업자가 심야 영업시간의 매출 부진 및 건강 등의 사유로 부득이하게 가맹본부가 요구하는 시간을 지키지 못할 경우에는 사전에 가맹본부와 협의하여 승인을 받아야 합니다. 참고로, 사전 승인 없이 일방적으로 준수하지 않는 행위는 가맹본부의 중요한 영업방침을 위반하는 것일 수 있습니다.

Q05. 유니폼을 착용하지 않는 것도 중요한 영업방침 위반인가요?

A05. 가맹본부가 가맹계약서에 유니폼 착용을 중요한 영업방침으로 정한 경우 이를 준수하여야 합니다. 이는 가맹계약서 규정에 따르며, 가맹점사업자 및 가맹점사업자가 고용한 모든 직원에게도 해당됩니다.

유니폼은 고객에게 매장의 직원임을 쉽게 인식할 수 있도록 하는 표식입니다. 또한, 유니폼 착용은 직원에게 소속감을 부여하면서 책임의식을 부여하는 것이기 때문에 고용주로서 고용인들에게 정당하게 요구할 수 있는 권리입니다. 때문에 유니폼 착용은 가맹점사업자뿐만 아니라 매장 내 전 직원이 착용해야 합니다.

Q06. 계약기간 중 가맹점과 동일업종의 개인매장을 운영해도 되나요?

A06. 가맹본부가 정보공개서 및 가맹계약서에 동일한 업종의 경업을 금지하고 있다면 다른 브랜드 및 개인 매장을 운영하는 것은 모두 불가능하고, 금지하지 않는다면 가능할 것으로 보입니다. 그러나 대부분 가맹본부는 계약기간 동안의 경업은 금지하고 있습니다.

경업금지는 가맹본부가 가맹점사업자로 하여금 계약기간 동안 해당 가맹사업과 동일한 업종에 종사하지 못하게 하는 규정으로 가맹본부가 경업금지 제도를 두는 목적은 가맹본부의 노하우나 지적재산권 등을 보호하자는 취지입니다.

따라서 가맹본부가 경업금지 의무를 가맹점에게 부과하려면 해당 브랜드의 상표권과 제조기법, 판매기법 등의 지적재산권이 명확해야 합니다. 즉, 가맹본부는 영업비밀에 해당하는 지적재산권을 법적으로나 제도적으로 명확히 해 놓아야 합니다.

그러나 경업금지는 가맹점사업자의 직업선택의 자유를 과도하게 제한해서는 안 됩니다. 가맹본부의 지적재산권을 보호하기 위한 경업금지라도 가맹점사업자의 영업 자유를 과도하게 제한하고 재산권을 침해하는 방향으로 설정되어서는 안 됩니다.

참고로, 공정거래위원회는 영업종료 후 5년 또는 10년 등과 같이 과도한 기간의 경업금지는 가맹점사업자의 권리를 침해할 소지가 크다고 판단하여 약관법상 무효로 보고 있습니다.

정보공개서 및 가맹계약서 규정에 경업금지의 업종의 범위 및 기간 등에 대한 내용이 구체적으로 기재되어 있는지 확인할 필요가 있으며, 경업금지 기간이 길수록, 경업금지 업종이 포괄적일수록, 경업금지 지역이 넓을수록 가맹점사업자에게 불리하다고 볼 수 있으므로 사전에 내용을 정확히 파악해 둘 필요가 있습니다.

Q07. 계약기간 종료 후 동일업종의 개인매장을 운영해도 되나요?

A07. 가맹본부는 가맹점사업자가 계약기간 중 동일한 업종을 운영하는 것에 대해 가맹본부의 영업비밀이 유출될 우려가 심각하다고 판단하기 때문에 당연히 금지시킬 수 있습니다. 그러나 가맹계약이 종료된 이후에는 가맹점사업자의 영업의 자유가 우선되기 때문에 가맹본부가 동일한 업종의 매장이라고 해서 무조건 금지시킬 수는 없습니다.

따라서 가맹점사업자는 가맹계약이 종료된 후에는 동일한 업종의 매장을 운영할 수 있습니다. 다만, 가맹본부의 영업비밀은 계약기간뿐만 아니라 계약기간이 종료된 후에도 보호되어야 하기 때문에 가맹점사업자가 동일한 업종의 매장을 운영한다 하더라도 기존 가맹본부에서 습득한 영업비밀을 활용하여 영업을 하면 안됩니다.

하지만, 가맹본부의 영업비밀이라는 주장에 대해서는 가맹본부가 입증하여야 합니다. 따라서 특허, 실용신안, 상표(서비스표) 등의 지적재산권을 확보하지 못한 가맹본부가 자신의 영업비밀이 유출되었다고 주장을 입증하는 데는 한계가 있습니다.

Q08. 가맹본부의 영업비밀은 계약기간 동안만 유지하면 되나요?

A08. 대부분 가맹본부는 가맹점사업자에게 계약체결 및 가맹점 운영상 알게 된 가맹본부의 영업비밀에 대하여 계약기간은 물론 계약종료 후에도 제3자에게 누설하지 못하게 하고 있습니다.

또한, 가맹본부의 허락 없이 교육 및 세미나 자료 기타 가맹점 운영과 관련하여 영업비밀이 담긴 관계서류의 내용을 인쇄 또는 복사하지 못하게 하고 있습니다. 만약 가맹점사업자가 이를 준수하지 않을 경우 부정경쟁방지법 등으로 처벌받을 수 있기 때문에 가맹본부의 영업비밀이 유출되지 않도록 노력하여야 합니다.

그러나 가맹본부가 주장하는 영업비밀에 대해 객관적으로 입증하지 못해 가맹점사업자와 다툼이 생기기도 합니다. 따라서 가맹본부가 영업비밀 임을 주장하기 위해서는 특허권, 실용신안권, 상표권, 의장등록, 저작권 등의 지식재산권을 확보해서 주장하여야 정당성이 인정됩니다.

가맹본부의 영업비밀이란, 공공연히 알려져 있지 아니하고 독립된 경제적 가치를 가지는 것으로서, 가맹본부의 상당한 노력에 의하여 비밀로 유지된 생산방법, 판매방법, 그 밖에 영업활동에 유용한 기술상 또는 경영상의 정보를 말합니다. 가맹점사업자는 가맹계약 체결 전 가맹본부의 지식재산권 현황을 정확히 검토하시기 바랍니다.

연계 참조 keyword 35, 339~341page

Q09. 경업금지나 영업비밀 유지의무 위반하면 손해배상 요구하나요?

A09. 가맹계약서에 "중도 해지 시 또는 경업금지 및 영업비밀 유지의무 위반 시 1억원의 위약금 또는 위약벌을 부담하여야 한다", 상표권도 없는 가맹본부가 "지식재산권 무단사용에 따른 5천만원의 위약금 또는 위약벌을 부담하여야 한다" 등의 문구가 기재된 경우가 있습니다.

이 경우 반드시 "1억원, 5천만원" 산정근거의 타당성을 검토하여야 하며, 가맹본부가 이를 입증하지 못할 경우 이 조항은 불공정약관으로 무효가 될 수 있습니다.

위약금 및 위약벌 등 손해배상의 예정액을 산정함에 있어서 가맹본부는 계약의 목적과 내용, 발생할 손해액의 크기, 당사자 간 귀책사유 유무 및 정도, 해당 업종의 정상적인 거래관행 등에 비하여 과중하지 않다는 사실에 대해 가맹본부가 객관적으로 입증하여야 하며, 가맹점사업자는 가맹계약 체결 시 이의 타당성을 반드시 검토하시기 바랍니다.

Q10. 가맹점 폐점 시 주의할 사항은 무엇인가요?

A10. 가맹본부와 기간만료 또는 해지로 가맹계약이 종료되는 경우 가맹점사업자는 가맹본부에서 허락받아 사용한 영업표지를 완전히 철거하여 원상으로 복구시켜야 합니다. 가맹계약 종료 절차는 정보공개서 및 가맹계약서에 기재되어 있으며 가맹본부의 중요한 영업방침으로 가맹점사업자는 반드시 지켜야 합니다.

철거하여야 하는 영업표지의 범주는 로고 디자인 및 가맹본부의 표식 등 제3자가 해당 브랜드를 인식할 수 있는 모든 표식을 말합니다. 쉽게 말해 매장 인테리어 내 로고, 간판 내 로고, 배너 및 포스터 등 판촉물 내 로고 등을 말하며, 가맹본부의 운영 매뉴얼 및 보고서 등에 표식된 로고 및 가맹본부 표식도 영업표지에 해당하므로 모두 반납하거나 폐기하여야 합니다.

또한, 최근에는 온라인 홍보가 발달하고 있어, 자체 제작한 블로그나 SNS 내에 기재된 브랜드명이나 회사명 또한 가맹본부의 영업표지로 삭제하여야 합니다. 영업표지 철거 시점은 가맹본부에 따라 계약종료일까지로 정하기도 하고, 종료일로부터 일정기간을 부여하기도 합니다.

만약 계약 종료 후 이를 이행하지 않을 경우 가맹본부는 자신의 지식재산권을 무단으로 사용하는 것에 대해 위약금이나 위약벌을 산정하여 계약이행보증금의 반환과정에서 상계처리하기도 하고, 이의 비용을 초과하는 경우 추가로 손해배상을 청구하기도 합니다.

〈에피소드〉 11. 부당한 구입강제와 불이익 제공

상황

가맹점사업자들로 구성된 신청인들은 가맹본부를 상대로 물품구입을 강제하고 반품을 거절한 행위와 신청인과 동일한 영업지역 내에 있는 신청인의 경쟁업체에 현저히 저렴한 가격으로 제품을 공급한 행위 등이 부당하다는 이유로 가맹계약의 해지 및 손해배상금 지급을 요구하는 분쟁조정을 신청하였다.

가맹점 주장

신청인들은 POS를 통한 자동 주문이 신청인들의 의사와 무관하게 자동으로 주문 · 결제되는 시스템이어서 부당한 구입강제 행위에 해당한다고 주장한다. 신청인들은 가맹본부가 자동 주문 방식을 통해 신청인들의 의사와 무관한 재고를 발생시키고도 이에 대한 반품요청에 전혀 응하지 않은 것은 부당하다고 주장한다. 또한 신청인들은 가맹본부가 정기적으로 개최하는 '수주회'를 통해 신청인들의 경쟁업체인 일반 안경점에 안경테를 신청인들보다 더 낮은 가격으로 공급하였으며, 이러한 가맹점사업자에 대한 신의를 저버린 가맹본부의 행위로 인해 신청인들은 영업피해를 입었다고 주장한다.

신청인들은 가맹계약서 규정에 따라 신청인은 가맹본부가 아닌 제3자로부터 공급받은 안경테와 선글라스를 전체 물품의 20% 범위 내에서 취급할 수 있도록 되어 있음에도 불구하고 가맹본부가 전체 물품의 20% 범위 내에서 타 업체로부터 안경테 등을 공급받는 것을 엄격하게 금지한 행위는 부당하다고 주장한다.

그리고 신청인들은 가맹본부가 공급단가보다 더 낮은 소비자판매가격을 강제하여 신청인들이 영업 손실을 입게 하였다고 주장한다.

가맹본부 주장

가맹본부는 POS에 의한 거래는 신청인들이 특정 제품을 판매한 것으로 POS에 표시되면, 가맹본부는 동일한 제품을 자동으로 출고하고 전산에는 '입고예정'으로 표시되며 신청인들이 최종적으로 구매의사가 있어 POS에 '입고확정'을 클릭하면 제품공급이 확정되고 구매의사가 없어 입고확정을 하지 않은 제품은 가맹본부가 이를 회수하게 되므로 부당한 구입강제 행위에 해당하지 않는다고 주장한다.

가맹본부는 POS에 의한 거래는 계약체결 당시 신청인들이 동의한 것이며, 신청인들이 '입고확정'을 하여 제품 구매가 확정된 이상 해당 제품의 소유권은 신청인들에게 완전히 넘어간 것이므로 특별한 하자가 없는 이상 신청인들의 반품요청에 응할 의무가 없다고 주장한다.

또한 매년 자투리 상품 및 하자상품 등 상품성이 떨어지는 상품을 정리하기 위한 재고특가 행사를 하였을 뿐이며, 안경 · 안경테 가맹사업 외에 안경 · 안경테 도소매업을 영위하는 가맹본부는 유통경로별로 공급가격을 달리 책정할 수 있는 것이므로 일부 품목에 대해 신청인들보다 낮은 가격으로 제품이 공급되었다는 사정만으로 이를 부당하다고 볼 수 없다고 주장한다.

한편, 100% 자사 제품만 공급받도록 신청인들에게 강요한 사실이 없으며, 오히려 신청인들이 가맹본부의 승인 없이 20%의 사입비율을 초과하여 임의대로 타사로부터 제품을 공급받았다고 주장한다.

가맹본부는 신청인이 공급단가보다 더 낮은 소비자판매가격을 강제한 사실이 없다고 주장한다.

분쟁조정협의회 권고

조정절차 진행 중 신청인들 6인이 가맹본부와 진행 중인 민사소송에서 이 사건 분쟁사실과 동일한 내용에 대해 다툴 예정이며, 신청인들 역시 확정된 지급명령에 대한 청구이의의 소제기 등 민사소송을 통해 이 사건 분쟁사실에 대해 다툴 예정이라는 이유로 더 이상 조정을 계속할 의사가 없음을 밝히며 본 분쟁사건을 공정거래위원회로 이송하여 달라고 요구하였기에 분쟁조정협의회는 가맹사업법 제23조 제2항 제1호에 따라 본 사건의 조정절차를 종료하였다.

클리닉

"부당한 구입강제"란 가맹점사업자에게 가맹사업의 경영과 무관하거나 그 경영에 필요한 양을 넘는 시설 · 설비 · 상품 · 용역 · 원재료 또는 부재료 등을 구입 또는 임차하도록 강제하는 행위를 말한다. 이 사건의 경우 POS 시스템에서 실시간 재고파악을 통해 자동적으로 발주를 하는 시스템을 통해 물류가 이루어지는 것으로 보아 가맹본부가 부당하게 구입을 강제하였느냐의 여부는 가맹점의 자율성이 제한되어 불필요한 발주를 하지 않을 의사를 제한받았느냐의 문제로 볼 수 있다. 따라서 만약 가맹점사업자가 주의를 기울여 불필요한 주문을 하지 않을 수 있는 조치 즉, '입고확정'을 누르지 않았다면 제품이 자동 회수되는 것으로 볼 수 있어 부당한 구입강제로 보기는 어렵다.

한편, 가맹본부는 유통경로별 가격책정을 할 권리가 있으며, 재고정리 및 상품성 저하 제품에 대한 특가행사를 통한 정리로 재고를 처분한 경우로 신청인들보다 낮은 가격으로 제품을 공급한 것이 아니라고 해명한다. 하지만, 일반적으로 시중에서 자유롭게 동일한 제품을 구입할 수 있는 범용상품 등은 가격에 민감한 특성이 있기 때문에 다른 도매상 등에 저가로 공급하여 자사 가맹점들에게 피해를 주게 된다면, 이는 가맹본부가 거래상 지위를 남용하여 가맹점에게 부당하게 불이익을 제공한 것으로 볼 수 있다. 가맹본부는 유통채널별로 차별화된 제품을 공급함으로써 유통채널 간의 가격경쟁을 줄이도록 노력하여야 함에도 불구하고 동일한 제품을 다른 유통채널을 통해 시장에 공급함으로써 가맹점의 판매에 지장을 준 것으로 해석될 여지가 충분하다.

가맹본부는 합리적인 가격으로 가맹점에 차별화된 제품을 공급하여야 할 의무가 있다. 특히, 유통업의 경우 모든 제품을 차별화하는 데 한계가 있기 때문에 가격의 차별화가 중요한 이슈가되는 경우가 많다. 즉, 프랜차이즈시스템은 많은 가맹점을 기반으로 규모의 경제를 실현하여 구매 협상력을 높여 가격경쟁력을 확보하는 시스템이라고 볼 때, 가맹본부는 가맹점에게 차별화된 가격으로 범용제품을 싸게 구매하여, 상대적으로 낮은 가격에 가맹점에 공급함으로써 브랜드 가치를 높이고 가맹점에 대한 지원을 하여야 할 것이다.

출처: 창업 & 프랜차이즈 CEO study FC 클리닉, 이성훈, 2016년 5월호

19. 불공정거래행위
20. 점포환경개선강요 금지
21. 영업시간구속 금지
22. 영업지역침해 금지
23. 거래거절 금지
24. 구속조건부거래 금지
25. 거래상지위남용 금지
26. 손해배상의무부과 금지

Main Keyword

III

공정(Fairness)

: 가맹사업 기간 중 공정성 검토 시 유의사항

가맹사업법은 가맹본부와 가맹점사업자가 대등한 지위에서 상생하는 공정한 거래를 목적으로 하고 있다. 가맹본부와 가맹점사업자 간의 거래는 "공정"하여야 하며 불공정 거래는 근절되어야 한다. 그런데 간혹 같은 상황에서 가맹점사업자는 불공정 거래라고 주장하고 가맹본부는 공정한 거래라고 주장하는 경우가 있다. 따라서 객관적으로 가맹사업법에서 정하고 있는 "공정"과 "불공정" 기준을 정확히 숙지할 필요가 있다.

예를 들어 가맹본부가 다음의 행위를 가맹점사업자에게 강제하였다. 가맹본부의 행위는 공정한 것일까? 불공정한 것일까?

편의점 가맹점사업자에게 연중무휴 24시간 영업을 강제하였다.
가맹계약 체결 시 설정해 준 영업지역에서만 영업하도록 강제하였다.
가맹계약기간 만료 후 갱신 조건으로 노후 된 간판교체를 요구하였다.
가맹점에서 필수로 사용되고 있는 원재료를 가맹본부에서만 구입하도록 강제하였다.
가맹계약 갱신 시 영업지역을 변경할 것을 요구하였다.
가맹계약 중도 해지 시 위약금을 요구하였다.

언뜻 보면 모두 불공정 거래로 비쳐질 것이다. 그러나 가맹점의 운영 상 위반, 가맹계약 체결 전 사전 고지, 전국 가맹사업 동일성 유지를 위해 가맹본부의 정당한 사유가 있는 경우 동일한 문구임에도 공정한 거래가 될 수도 있다.

프랜차이즈 가맹점사업자는 가맹점을 운영함에 있어서 가맹사업 동일성과 타 가맹점과의 통일성 유지를 위해 가맹본부가 정한 중요한 영업방침을 준수해야 하는 의무가 있다. 만약 가맹점사업자가 정당한 사유 없이 이를 위반하는 경우 가맹본부가 가맹계약 위반을 사유로 거래를 거절한다 해도 이는 공정한 거래가 된다.

공정과 불공정의 경계를 명확히 하기는 어렵다. 때문에 가맹사업법에서도 불공정거래행위를 유형별로 정리하고 있다. 가맹본부는 부당하게 공정거래를 저해하여서는 안 되며, 가맹사업 동일성 유지를 위해 부득이한 경우로 한정해야 공정성을 훼손시키지 않을 것이다.

본 장에서는 가맹사업법에서 정하고 있는 불공정거래행위 유형 기준에 대해 자세히 설명하여 공정과 불공정 경계로 인해 가맹점사업자가 피해를 입지 않게 명확한 기준을 설정할 수 있는 직관을 가질 수 있도록 도움을 주고자 한다.

Keyword 19 불공정거래행위

가맹본부는 가맹점사업자의 공정한 거래를 저해할 우려가 있는 행위를 하거나 다른 사업자로 하여금 이를 행하도록 하여서는 안 된다. 이에 가맹사업법은 불공정거래행위의 유형 또는 기준을 가맹사업법 시행령 [별표 2]로 제시하고 있다. 즉, 가맹사업의 공정한 거래를 저해할 우려가 있는 행위를 금지하고 있고 각 행위의 유형에서는 "부당하게"나 "정당한 이유 없이"를 불공정거래행위의 요건으로 규정하고 있다.

"공정한 거래"란 공정한 경쟁보다 넓은 개념으로 거래가 불공정하다는 것은 거래의 수단이나 방법, 내용, 조건이 부당한 경우 또는 거래를 위한 교섭이나 정보제공 등이 상대방의 합리적인 선택을 방해하는 행위까지 포함하는 개념으로 본다. 따라서 공정한 거래를 저해할 우려가 있다는 것은 거래의 수단, 방법, 내용, 조건 등에 있어 불공정하고 경쟁을 제한할 우려가 있다는 의미이다.

이와 같은 불공정거래행위의 유형 또는 기준에 대해 거래거절, 구속조건부거래, 거래상 지위의 남용, 부당한 손해배상의무 부과행위, 그 밖의 불공정거래 행위 등 크게 5가지로 분류하고 있다.

Keyword Key point

• 가맹사업법에서 정한 불공정거래행위 유형 또는 기준에 대해 사전에 확인해 두자.

한눈에 보는 Keyword 근거 법령

법 조항	– 가맹사업법 제12조(불공정거래행위의 금지) – 가맹사업법 시행령 제13조(불공정거래행위의 유형 또는 기준) [별표 2]
주요 내용	– 가맹본부는 가맹점사업자의 공정한 거래를 저해할 우려가 있는 행위를 하거나 다른 사업자로 하여금 이를 행하도록 하여서는 안됨
불공정 거래 행위 유형 또는 기준	– **거래거절**: 영업지원 등의 거절, 부당한 계약갱신 거절, 부당한 계약해지 – **구속조건부거래**: 가격의 구속, 거래상대방의 구속, 상품 또는 용역의 판매 제한, 영업지역 준수강제, 그 밖의 영업활동 제한 – **거래상 지위의 남용**: 구입강제, 부당한 강요, 부당한 계약조항의 변경, 경영의 간섭, 판매목표 강제, 불이익 제공 – **부당한 손해배상의무 부과행위**: 과중한 위약금 설정·부과행위, 소비자 피해에 대한 손해배상의무 전가행위, 그 밖의 부당한 손해배상의무 부과행위 – **그 밖의 불공정거래행위**: 가맹점사업자 유인
제재 사항	– **시정명령**: 시정조치 or 시정권고 – **과징금**: 위반기간 동안 관련 매출액(or 영업수익)의 2% 이내(매출액 산정불가 시 5억원 이내) – **징벌적 손해배상책임**: 부당한 거래거절 시 발생한 손해액의 3배 이내

Q01. 가맹사업법에서 금지하는 불공정거래행위가 무엇인가요?

A01. 가맹사업법에서 불공정거래행위로 정하는 기준은 다음과 같습니다.

1. 가맹점사업자에 대하여 상품이나 용역의 공급 또는 영업의 지원 등을 부당하게 중단 또는 거절하거나 그 내용을 현저히 제한하는 행위

2. 가맹점사업자가 취급하는 상품 또는 용역의 가격, 거래상대방, 거래지역이나 가맹점사업자의 사업활동을 부당하게 구속하거나 제한하는 행위
3. 거래상의 지위를 이용하여 부당하게 가맹점사업자에게 불이익을 주는 행위
4. 계약의 목적과 내용, 발생할 손해 등 대통령령으로 정하는 기준에 비하여 과중한 위약금을 부과하는 등 가맹점사업자에게 부당하게 손해배상 의무를 부담시키는 행위
5. 기타의 행위로서 부당하게 경쟁가맹본부의 가맹점사업자를 자기와 거래하도록 유인하는 행위 등 가맹사업의 공정한 거래를 저해할 우려가 있는 행위

Q02. 불공정거래행위 신고한다고 보복하면 어떻게 해야 하나요?

A02. 가맹본부는 가맹점사업자가 불공정거래 행위를 신고했다는 이유로 상품 · 용역의 공급이나 경영 · 영업활동 지원의 중단, 거절 또는 제한, 가맹계약의 해지, 그 밖에 불이익을 주는 행위를 하거나 계열회사 또는 다른 사업자로 하여금 이를 행하도록 보복하면 안됩니다. 이경우 공정거래위원회는 불공정거래행위에 따른 시정명령, 과징금 등의 제재와 함께 징벌적 손해배상책임을 부담시킬 수 있습니다. 따라서 공정거래위원회에 신고하여 해결하기 바랍니다.

Q03. 가맹본부가 보복하면 안 되는 내용은 무엇인가요?

A03. 가맹본부가 보복하면 안 되는 행위는 가맹점사업자가 ① 분쟁조정의 신청, ② 공정거래위원회의 서면실태조사에 대한 협조, ③ 가맹사업법 위반행위 신고 및 공정거래위원회의 조사에 대한 협조 등을 하는 경우입니다.

Q04. 간판을 무료로 바꿔준다는데 경쟁브랜드로 바꿔도 되나요?

A04. 경쟁가맹점사업자 유인행위로 가맹본부가 다른 경쟁가맹본부의 가맹점사업자를 자기와 거래하도록 유인하여 자기의 가맹점사업자의 영업에 불이익을 주거나 다른 경쟁가맹본부의 가맹사업에 불이익을 주는 행위 등은 가맹사업의 공정한 거래를 저해할 우려가 있는 불공정거래행위입니다. 부당하게 불공정거래를 하는 가맹본부와는 거래하지 않는 것이 좋습니다.

가맹본부는 차별화된 가맹사업 노하우와 영업방식, 상품 및 서비스의 품질 등을 통하여 가맹점을 모집하여야 합니다. 부당한 이익제공이나 위계, 거래방해 등의 방법으로 가맹점을 유인한다면 프랜차이즈 시장에서 선의의 경쟁질서를 어지럽히고 소비자의 선택권을 침해할 소지가 크다고 볼 수 있습니다.

즉, 정상적인 거래관행에 비추어 부당하거나 과대한 이익을 제공하거나 기만이나 위계 수단을 이용하여 유인하는 행위 그리고 경쟁가맹본부와 가맹점사업자의 가맹계약 성립을 제지하거나 방해하는 경우 등이 부당한 가맹점 유인행위에 해당됩니다.

때문에 정상적인 영업 노력과 가맹본부의 브랜드 차별화 전략에 의한 가맹점 모집이 아닌 편법적 수단에 의한 가맹사업은 가맹사업 전체 시장의 건전성을 위해사라도 제한되어야 합니다. 가맹점사업자 또한 불법적 방식에 의한 과도한 이익의 제공이나 기만에 현혹되지 않고 정상적인 방법에 의한 가맹계약의 유지에 보다 신중을 기하시기 바랍니다.

Q05. 불공정거래행위 하면 가맹본부 처벌받나요?

A05. 가맹본부가 점포환경개선 강요금지, 영업시간 구속금지, 영업지역 침해금지 및 일반 불공정거래행위를 하는 경우 공정거래위원회는 시정조치 및 시정권고 등의 시정명령을 할 수 있습니다.

또한, 위반행위의 내용 및 정도, 위반행위의 기간 및 횟수, 위반행위로 취득한 이익의 규모 등을 종합적으로 고려하여 가맹본부가 위반한 기간 동안 관련 매출액의 2% 이내(매출액 산정 불가 시 5억원 이내)에서 과징금을 부과할 수도 있습니다.

공정거래위원회는 영업지원 등의 거절, 부당한 계약갱신 거절, 부당한 계약해지 등 거래거절의 불공정거래행위를 하는 경우에는 손해액의 3배를 배상하여야 하는 징벌적 손해배상책임을 부과할 수 있습니다.

프랜차이즈 클리닉

〈에피소드〉 12. 경쟁 가맹본부의 가맹점을 유인하여 자신의 브랜드로 전환시키는 행위는 정당한 영업행위일까?

상황

가맹점사업자 A는 ‘○○편의점 △△△점’(이하 ‘기존 가맹점’이라 함)을 운영하던 중 2010. 2. 25. 새로운 편의점 가맹사업자인 □□□ 가맹본부로부터 위 기존 가맹점을 폐점하는 조건으로 특별영업장려금 52,000,000원을 지급하겠다는 제안을 받고, □□□ 가맹본부과 ‘■■편의점 ◇◇◇점’(이하 ‘이 사건 가맹점’이라 함)을 5년간 운영하기로 하는 가맹계약을 체결하였는데, 가맹점사업자 A가 현재까지 위 ‘기존 가맹점을’을 폐점하지 않고, ‘이 사건 가맹점’과 함께 운영하여 분쟁이 발생하였다.

가맹점사업자 A는 이 사건 가맹점을 개점한 후 6개월이 지나도록 기존 가맹점을 폐점하지 않고 이 사건 가맹점과 함께 운영해오자, □□□ 가맹본부는 2011. 3. 22. A에게 서면으로 기존 가맹점의 폐점에 관한 입장을 표명할 것을 요구하였고, 이에 A는 2011. 10. 31.까지 기존 가맹점을 폐점할 것을 약속하고 폐점 미이행시 가맹계약기간을 10년으로 연장하기로 약속하였다. 그런데 A는 2011. 10. 31.이 지났음에도 기존 가맹점을 폐점하지 않았고, 이에 □□□ 가맹본부는 2011. 12. 6. 가맹계약기간이 10년으로 변경되었다고 신청인에게 서면통지 하였다. 이후에도 A는 기존 가맹점을 이 사건 가맹점과 함께 계속 운영해오고 있다.

가맹점 주장

가맹점사업자 A는 이 사건 가맹계약 체결 당시 □□□ 가맹본부의 개발직원이 “기존 가맹점이 폐점되지 않더라도 이 사건 가맹점 매출이 오르면 폐점에 대해 문제삼지 않을 것이다.”라는 등의 허위 · 과장정보를 제공하였다고 주장한다.

가맹본부 주장

□□□ 가맹본부는 계약 체결 과정에서 가맹점사업자 A에게 기존 가맹점이 가맹본부의 인수 · 합병 과정에서 해지가 될 것이라는 등의 어떠한 정보도 제공한 바 없다고 주장한다.

그리고 기존 가맹점을 폐점하는 조건으로 가맹본부로부터 특별영업장려금 52,000,000원을 받고 이 사건 가맹계약을 체결하였고, 기존 가맹점을 폐점하겠다는 내용으로 2번에 걸쳐 서면 확인서까지 작성하였음에도 기존 가맹점을 폐점하지 않고 있기에, 확인서의 내용대로 계약기간이 10년으로 연장되었음을 통지하였다고 주장한다.

분쟁조정협의회 권고

가맹본부가 가맹점사업자에게 정상적인 거래관행에 부합하지 아니하는 방법으로 장려금을 지급하여 부당하게 자기와 거래하도록 유인하였다고 보여지므로 위약금 등을 청구함이 없이 이 사건 가맹계약을 해지하고, 가맹점사업자 A는 장려금 52,000,000원을 반환하여야 한다."는 내용으로 권고하였다. 이에 가맹본부는 조정권고안을 수락하였으나 가맹점사업자 A가 조정권고안에 대하여 불수락 의사를 구두로 표시하여 조정을 거부하였으므로, 가맹사업법 제23조 제3항 제3호에 따라 조정절차를 종료하게 된다.

클리닉

가맹사업법 제12조 제1항 제6호에서는 "부당하게 경쟁가맹본부의 가맹점사업자를 자기와 거래하도록 유인하는 행위 등 가맹사업의 공정한 거래를 저해할 우려가 있는 행위"를 불공정한 거래 행위로 보고 금지하고 있다.

프랜차이즈 사업은 시장에서 신규 가맹점의 유치를 위하여 경쟁 가맹본부와 치열하게 경쟁하고 있다. 가맹본부는 새로운 가맹점을 개설하기 위하여 다양한 방법으로 가맹점 모집 활동을 하게 된다. 광고와 홍보, 사업설명회의 개최, 창업 박람회의 참여 등을 통해 가맹점을 창업하고자 하는 예비 창업자를 유치하기 위하여 노력하고 있다.

그런데, 신규 브랜드를 론칭한 후발 가맹본부의 경우와 공격적인 가맹점 확정을 목표로 하는 가맹본부 등이 기존 다른 브랜드의 가맹점사업자를 자기와 거래하도록 유인함으로써 경쟁 가맹본부의 영업을 방해하는 경우가 종종 발생하고 있다. 새로운 가맹점을 유치하는 것보다 기존 동종의 가맹점을 브랜드 전환하는 것이 더 효과적이기 때문일 것이다.

기존 가맹본부의 아이템을 모방하여 유사한 브랜드를 론칭하고 다양한 금전적 유인책 등을 동원하여 기존 가맹본부의 가맹점을 자기의 브랜드로 전환할 것을 유도하는 행위는 건전한 시장경쟁의 원리에서 보더라도 시장질서를 혼란케 하는 부도덕한 상행위에 해당한다고 본다. 자신의 연구와 노력을 통해 차별화된 브랜드와 노하우를 구축하지 아니하고 기존 유망한 브랜드를 모방하여 짝퉁 브랜드를 출시하는 것뿐만 아니라, 부정한 방법을 동원하여 기존 다른 브랜드의 가맹점을 유인한다면 성실하게 영업을 하는 경쟁 가맹본부의 노력을 무력화시키는 것으로 불법이다. 부당하게 경쟁 가맹본부의 가맹점을 자기와 거래하도록 유인하는 행위는 범죄행위이다. 자신의 노력이 아닌 타인의 노력에 무임승차하는 기회주의에 해당하며, 프랜차이즈 산업의 건전한 발전을 저해하는 부도덕한 행위이다.

프랜차이즈는 브랜드 비즈니스다. 시장에서 소비자들로부터 선택받고, 가맹점을 효과적으로 유치하기 위해서는 시장에서 살아남기 위한 다양한 노력을 하여야 한다. 차별화된 브랜드 자산을 구축하고 영업과 서비스의 노하우를 지속적으로 개발하는 노력이 필요하다. 합리적이고 투명한 가맹점 지원정책을 시행하는 등 경쟁 브랜드와 차별화함으로써 가맹점의 브랜드 전환의도를 사전에 예방하는 노력이 필요하다. 프랜차이즈 산업에서는 유난히 짝퉁 브랜드와 유사한 아이템이 자주 나타나고 있다. 때문에 자신의 브랜드와 아이템에 새로운 유사 브랜드가 진입하지 못하도록 진입장벽을 높이는 노력을 하여야 한다.

가맹점 유치를 위한 최고의 영업사원은 기존 가맹점이다. 기존 가맹점이 만족하고 가맹본부를 신뢰한다면 다른 가맹본부의 유인에 넘어가지 않을 것이다. 만족한 가맹점은 가맹본부가 새로운 가맹점을 유치하는 데 적극적인 권유자이자 동반자가 된다는 점을 명심하여야 할 것이다.

출처: 창업 & 프랜차이즈 CEO study FC 클리닉, 이성훈, 2015년 12월호

Keyword 20 점포환경개선강요 금지

가맹본부가 가맹계약을 갱신할 때 재계약을 하려면 점포를 리뉴얼하거나, 확장 또는 이전 등을 해야 한다고 조건을 붙이는 경우가 있다. 그러나 가맹본부는 점포 시설 등의 노후화가 객관적으로 인정되기 어려운 경우 등 정당한 사유 없이 점포환경개선을 강요하면 안 된다.

점포의 시설, 장비, 인테리어 등의 노후화가 객관적으로 인정되거나, 위생 또는 안전의 결함 등으로 가맹사업의 동일성을 유지하기 어려운 경우, 가맹본부는 가맹점사업자에게 점포환경을 개선할 것을 요구할 수 있다. 이처럼 가맹본부가 정당한 사유로 점포환경 개선을 요구한다 하더라도 간판 교체비용 및 인테리어 공사비용 중 20%(단순 변경)~40%(이전 or 확장)는 가맹본부가 부담하여야 한다.

하지만 가맹점사업자의 귀책사유로 인하여 위생·안전 등의 문제가 발생하여 불가피하게 점포환경을 개선하는 경우 또는 가맹점사업자가가 자발적으로 점포환경을 개선하는 경우, 가맹본부는 비용을 분담하지 않아도 되고 가맹점사업자는 가맹본부에 분담을 요구할 수 없다.

Keyword Key point

- 가맹본부는 노후 · 위생 · 안전 등 정당한 사유 없이 점포환경개선을 강요하면 안된다.
- 가맹본부가 점포환경개선을 요구하려면 가맹본부도 20%~40%를 부담하여야 한다.
- 가맹점사업자가 자발적으로 하거나 귀책사유가 있는 경우에는 가맹본부에 분담을 요구할 수 없다.

한눈에 보는 Keyword 근거 법령

법 조항	– 가맹사업법 제12조의2(부당한 점포환경개선 강요 금지 등) – 가맹사업법 시행령 제13조의2(점포환경개선비용부담의 범위 및 절차)
주요 내용	– 가맹본부는 정당한 사유 없이 점포환경개선을 강요하면 안됨 – 가맹본부는 간판 교체비용 및 인테리어 공사비용 일부를 부담하여야 함 – 부담 비율은 20%(단순 변경)~40%(이전 or 확장)
정당한 사유	– 점포의 시설, 장비, 인테리어 등의 노후화가 객관적으로 인정되는 경우 – 위생 또는 안전의 결함 등으로 가맹사업 동일성을 유지하기 어려운 경우
가맹본부 비용부담 제외사유	– 가맹점사업자의 자발적 의사에 의하여 점포환경 개선을 실시하는 경우 – 가맹점사업자의 귀책사유로 위생 · 안전 등의 문제가 발생하여 불가피하게 점포환경개선을 하는 경우
제재 사항	– **시정명령**: 시정조치 or 시정권고 – **과징금**: 위반기간 동안 관련 매출액(or 영업수익)의 2% 이내(매출액 산정불가 시 5억원 이내)

Q01. 점포환경개선이란 무엇인가요?

A01. 가맹점 점포의 기존 시설, 장비, 인테리어 등을 새로운 디자인이나 품질로 교체하거나 신규로 설치하는 것을 의미하며 통상 점포리뉴얼, 점포리모델링으로 지칭합니다. 이 경우 점포의 확장 또는 이전을 수반하거나 수반하지 아니하는 경우를 모두 포함합니다.

Q02. 갱신 시 점포환경개선 요구하면 꼭 수락해야 하나요?

A02. 가맹본부는 ① 점포의 시설·장비·인테리어 등의 노후화가 객관적으로 인정되는 경우 혹은, ② 위생 또는 안전의 결함이나 이에 준하는 사유로 인하여 가맹사업의 통일성을 유지하기 어렵거나 정상적인 영업에 현저한 지장을 주는 경우에 한해 점포환경개선을 요구할 수 있습니다.

Q03. 가맹본부가 점포환경개선 요구하면 전부 지원해 주나요?

A03. 가맹본부가 부담하는 비용 범위는 ① 간판 교체비용, ② 인테리어 공사비용(장비·집기의 교체비용을 제외한 실내건축공사에 소요되는 일체의 비용을 말함)에 대해서만 부담하며, 점포의 확장 또는 이전을 수반하는 경우 상기 비용의 40%를, 수반하지 아니하는 경우에는 20%를 부담합니다.

다만, 가맹본부의 권유 또는 요구가 없음에도 가맹점사업자의 자발적 의사에 의하여 점포환경개선을 실시하는 경우 가맹본부는 비용부담의무가 없습니다. 가맹본부에게 부당한 점포환경개선을 강요하지 못하도록 하자는 취지이기 때문에 가맹본부가 요구하지 않는 경우에는 비용 부담의무가 없습니다.

Q04. 점포환경개선 비용을 가맹점에게 전부 부담시켜도 되나요?

A04. 위생 또는 안전 문제가 발생하되, 해당 문제의 발생이 가맹점사업자의 귀책사유가 있는 경우에는 가맹본부가 비용을 부담하지 않을 수 있습니다. 가맹점사업자의 귀책사유에 대해서는 가맹본부가 입증하여야 하고, 가맹점사업자의 귀책사유가 아닌 위생 또는 안전 문제가 발생하는 경우에는 가맹본부도 20%~40%를 부담하여야 합니다.

Q05. 가맹점사업자가 자발적으로 점포환경개선을 해도 되나요?

A05. 가맹점사업자의 자발적 의사로 점포환경을 개선하는 경우 가맹본부에 승인을 받아야 합니다. 가맹본부의 가맹사업 동일성 유지를 위한 영업표지를 사용함에 있어서 추가 동의를 받아야 하고, 가맹본부의 디자인 컨셉 등이 수정 변경된 경우 이를 반영하여 개선한다면 보다 효율적일 수 있기 때문입니다.

Keyword 21 영업시간구속 금지

영업시간이나 영업일수는 가맹점사업자가 사업주체이기 때문에 그 의견을 우선적으로 검토하여 결정할 문제다. 그러나 가맹점을 운영하기 위해서는 전국 가맹사업의 동일성 유지를 고려하여야 한다. 예를 들어 배달을 전문으로 하는 가맹본부가 시간을 정해 콜센터를 운영하는 경우, 가맹점의 영업시간이 동일하지 않으면 전국적으로 통일된 서비스를 제공하기 어렵기 때문에 가맹본부의 가맹사업 동일성 유지를 위한 고객서비스에 지장을 줄 수 있다.

가맹사업법에는 가맹본부가 정상적인 거래관행에 비추어 부당하게 가맹점사업자의 영업시간을 구속하는 행위를 불공정거래행위로 규정하고 있다. 이는 심야 영업시간대(최대 오전 0시~오전 6시)의 매출과 가맹점사업자의 건강(질병 치료 등) 문제 등으로 특별한 사정이 있는 경우 이의 사정을 우선적으로 고려해야 한다는 의미이다.

따라서 가맹본부가 정하는 영업시간이나 영업일수를 사전에 파악해두어야 한다. 또한, 부득이한 개인 사정 등으로 영업을 불가피하게 중단하거나 영업시간을 조정해야 할 경우에는 사전에 가맹본부와 협의하여 결정하는 것이 바람직하다.

Keyword Key point

- 최대 오전 0시~오전 6시의 매출이 저조한 경우 영업시간 단축을 요구할 수 있다.
- 질병 치료 등 최소한의 범위에서 영업시간 단축을 요구할 수 있다.

한눈에 보는 Keyword 근거 법령

법 조항	– 가맹사업법 제12조의3(부당한 영업시간 구속 금지) – 가맹사업법 시행령 제13조의3(부당한 영업시간 구속 금지의 판단기준)
주요 내용	– 가맹본부는 정상적인 거래관행에 비추어 부당하게 가맹점사업자의 영업시간을 구속하는 행위를 하면 안됨
부당한 영업 시간 구속 조건	– 심야 영업시간대(최대 오전 0시~오전 6시)의 매출이 그 영업에 소요되는 비용에 비하여 저조하여 3개월 동안 영업손실이 발생함에 따라 영업시간 단축을 요구함에도 이를 허용하지 아니하는 행위 – 질병의 발병과 치료 등 불가피한 사유로 인하여 필요 최소한의 범위에서 영업시간의 단축을 요구함에도 이를 허용하지 아니하는 행위
제재 사항	– **시정명령**: 시정조치 or 시정권고 – **과징금**: 위반기간 동안 관련 매출액(or 영업수익)의 2% 이내(매출액 산정불가 시 5억원 이내)

Q01. 부당한 영업시간 구속금지는 24시 영업 업종만 적용받나요?

A01. 부당한 영업시간 구속금지는 업종과 상관없이 가맹점사업자의 점포가 위치한 상권의 특성 등의 사유로 심야 영업시간대(최대 오전 0시부터 오전 6시)의 매출이 그 영업에 소요되는 비용에 비하여 저조하여 일정한 기간(영업시간 단축을 요구한 달이 포함된 직전 3개월) 동안 영업손실이 발생하는 모든 업종에 적용되며, 가맹점사업자가 영업시간 단축을 요구함에도 가맹본부가 이를 허용하지 않는 행위를 금지하고 있습니다.

또한, 가맹점사업자가 질병의 발병과 치료 등 불가피한 사유로 필요 최소한의 범위에서 영업시간의 단축을 요구함에도 이를 허용하지 아니하는 행위도 부당한 영업시간 구속 행위로 규정하고 있으므로 심야 시간대에 영업을 하는 업종뿐 아니라 심야 시간 외에 영업을 하는 업종도 적용된다고 보아야 합리적일 것입니다.

Q02. 심야 영업시간 단축 시간이 정해져 있나요?

A02. 심야 영업시간대를 최대 오전 0시부터 오전 6시까지로 규정하고 있으나, 반드시 6시간 만큼 영업시간 단축 요구를 할 필요는 없으며, 3시간~4시간 같이 6시간 이하의 영업시간 단축 요구도 가능합니다. 다만, 오전 0시부터 오전 6시까지 외의 시간대에 대하여 단축 요구를 하기는 어렵다고 판단됩니다.

Q03. 심야 영업시간 단축 요구는 매출이 얼마나 하락해야 하나요?

A03. 반드시 3개월 내내 매출이 비용보다 저조해야만 단축 요구를 할 수 있는 것은 아닙니다. 3개월 동안의 총매출과 총비용을 비교하여 총매출이 총비용보다 저조한 경우에는 단축 요구를 할 수 있습니다.

Q04. 단축 요구할 때 산정되는 비용 항목은 정해져 있나요?

A04. 가맹본부가 24시간 영업을 요구하는 업종의 경우, 24시간을 영업함으로써 반드시 지불되어야 하는 비용 등이 포함되어야 할 것으로 판단됩니다. 예를 들면, 심야 영업시간대 영업에 지불되는 비용인 전기세, 수도료, 광열비, 인건비 등이 포함될 것입니다. 다만, 심야시간대 영업 여부와 무관하게 소모되는 비용인 임차료 등의 고정비용은 제외되어야 할 것입니다.

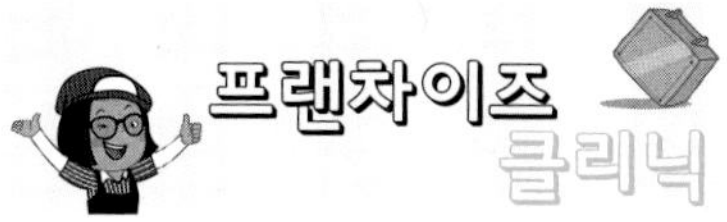

〈에피소드〉 13. 영업시간에 대한 상생과 분쟁

상황

나홀로씨는 가맹본부로부터 상권분석보고서를 제공받고 '○○○마트 △△△점'을 개설하였는데 심야 영업시간에 매출이 부진하여 분쟁이 발생하였다. 나홀로씨는 가맹본부로부터 '△△△점 상권분석보고서'를 제공받고, 2013. 1. ○○. 가맹본부와 가맹점에 관한 가맹계약을 체결한 바 있다. 상권분석보고서는 개설 예정점 매장의 점포 개요를 비롯하여 2012. 12. ○○.을 기준으로 조사된 주변 상권의 현황과 통행량, 그리고 예상 매출에 관한 정보를 내용으로 한다. 하지만 나홀로씨는 약 2개월간 가맹점을 운영한 결과 월평균 매출액은 약 1,500만원으로 적자 상태이다.

가맹점 주장

나홀로씨는 가맹본부가 가맹점의 월 예상 매출액을 약 2,900만원으로 도출한 상권분석보고서를 제공하였는데, 실제 운영결과 매출이 이에 미치지 못하고 있으며, 24시간 영업을 강요하면서 상권조사 시에는 심야의 통행량을 조사하지 않고 예상 매출액 정보를 제공하였으므로 가맹본부는 잘못된 상권분석에 따른 책임을 져야 한다고 주장한다.

나홀로씨는 현재 심야 매출 대비 심야 영업을 위한 인건비 등 영업비용의 지출이 상당하여 영업손실을 초래하고 있으며, 향후 계속하여 가맹점을 운영하여 매출이 안정적으로 발생한다 하더라도 주거 단지 상가에 위치한 매장의 특성상 심야 영업시간의 매출은 기대하기 어려우므로 영업시간을 재조정하여야 한다고 주장한다.

가맹본부 주장

가맹본부는 2012. 12. 13. 공정거래위원회에서 마련한 '편의점 업종 모범거래기준 제5조 제2항35)'에 따라 나홀로씨에게 상권분석보고서를 제공하였고, 이러한 정보를 나홀로씨 스스로가 판단 및 책임 하에 점포 개설을 결정하였다고 주장한다. 가맹본부는 가맹점의 24시간 운영을 전제로 투자 및 사업계획을 세우고 가맹점사업자들에게 각종 지원금을 지급하고 있는 것인 바, 24시간 영업방식은 가맹사업의 핵심적인 내용으로 그 동일성을 유지하기 위하여 준수되어야 한다고 주장한다.

분쟁조정협의회 권고

가맹본부는 가맹점의 상권을 분석하면서 8:00부터 약 22:00까지의 통행량만을 조사하여, 영업시간 24시간 중 심야시간을 포함한 약 10시간 동안의 통행량에 대하여는 전혀 고려하지 않아, 가맹점의 예상 매출액을 산출함에 통행량에 대한 적절한 근거 수치가 반영되었다고 보기 어렵다. 또한 가맹점 개점 후 2개월이 지난 조정신청일 현재까지의 실제 월평균 매출액은 예상 매출액의 약 51%에 그쳐 신청인이 적자를 면치 못하고 있는 점으로 볼 때, 가맹본부의 상권분석 결과에 일부 잘못이 있음을 인정할 수 있다고 사료된다. 가맹본부는 가맹점사업자에게 24시간 가맹점을 운영할 것을 강요하고 있으나, 심야 영업에 대한 결과를 전혀 고려하지 않은 미흡한 정보만을 제공하고 나홀로씨로 하여금 가맹점을 개설하도록 하였다는 점과 심야 영업을 위하여 주간 영업 시에 비해 높은 인건비를 지출하게 되어 가맹점 운영 적자가 가중되고 있다는 점 등의 어려움이 발생되고 있다. 이를 이유로 분쟁조정협의회는 가맹본부에게 가맹점의 영업시간을 06:00부터 24:00까지로 단축한다는 내용의 조정안을 제시하게 된다.

클리닉

개정가맹사업법 제12조의3은 가맹본부의 부당한 영업시간의 구속행위를 금지하고 있다. 부당한 영업시간의 구속이란 가맹본부가 정상적인 거래관행에 비추어 부당하게 가맹점사업자의 영업시간을 구속하는 행위를 말한다. 즉, ① 가맹본부가 가맹점사업자의 점포가 위치한 상권의 특성 등의 사유로 심야 영업시간대(오전 1시~ 오전 6시)의 매출이 그 영업에 소요되는 비용에 비하여 저조하여 영업시간 단축을 요구한 날이 속한 달의 직전 6개월 동안 영업손실이 발생함에 따라 가맹점사업자가 영업시간 단축을 요구함에도 이를 허용하지 아니하는 행위와 ② 가맹점사업자가 질병의 발병과 치료 등 불가피한 사유로 인하여 필요 최소한의 범위에서 영업시간의 단축을 요구함에도 이를 허용하지 아니하는 행위가 부당한 영업시간의 구속행위에 해당한다. 개정가맹사업법에서 심야 영업의 구속 행위를 규제하는 이유는 불합리한 심야 영업에 따른 가맹점사업자의 보호와 그 종업원의 인권 보호라는 측면에서 의미가 있다.

가맹본부가 가맹점들의 영업시간을 구속하는 것은 프랜차이즈 사업의 동일성 차원에서 고객이 언제, 어디서나 동일한 브랜드의 매장을 편리하게 이용할 수 있도록 함으로써, 브랜드 신뢰를 높이고 전체 프랜차이즈 시스템의 성과를 높이기 위함이다. 하지만 24시간 심야 영업을 강제할 경우 가맹점사업자의 피로도 증가에 따른 건강 악화를 초래할 수 있고 심야 영업을 위한 인건비 및 유지비용 상승이 영업을 통해 얻는 매출이익을 상회하게 된다면 실질적으로 심야 영업에 따른 효익을 바

랄 수 없게 된다. 비록 가맹점사업자가 24시간 영업에 동의한 경우라 할지라도 가맹본부는 심야시간대의 예상 매출액을 합리적으로 산정하여 24시간 영업 여부의 타당성을 객관적으로 검토하여야 할 것이다.

한편, 고객의 입장에서 살펴보면 내가 사는 지역에 24시간 영업하는 매장이 있다면 심야시간에 편리하게 생필품을 구매하거나, 불 밝힌 매장으로 인해 심야시간대의 방범상 안전에 도움이 될 것이라고 짐작할 수 있다. 이는 프랜차이즈 편의점이 가지고 있는 일정부분 사회적 책임과도 관련이 있을 것이다.

따라서 가맹본부와 가맹점사업자는 편의점의 24시간 영업의 독특한 속성을 이해하고 가장 합리적인 영업시간대를 합의하여 결정할 필요가 있다. 가맹본부는 심야시간에도 최적인 예상매출을 올릴 수 있는 입지의 점포를 개발할 책무가 있다. 가맹점사업자 또한 24시간 편의점의 특성을 고려하여 심야 영업시간대의 수익성을 보다 폭넓게 생각하여, 비록 심야시간대의 매출이 저조할지라도 심야 영업을 함으로써 고객들의 인지도와 신뢰를 형성함으로써 전체 매출을 올린다는 마인드가 필요하고 일정부분 사회적 책임이라는 자세를 갖는 것도 필요하다고 볼 것이다.

본 사건은 가맹점의 영업시간을 06:00부터 24:00까지로 단축한다는 내용의 조정이 제시되었다. 하지만 가맹본부와 나홀로씨는 새벽 12시부터 6시까지의 영업을 중단함에 있어서 보다 유연하게 접근하여 24시 편의점이 제공하는 고객가치를 고려한 능동적인 영업시간을 탄력적으로 적용한다면 상생 경영에 도움이 될 것이다.

출처: 창업 & 프랜차이즈 CEO study FC 클리닉, 이성훈, 2015년 4월호

Keyword 22 영업지역침해 금지

프랜차이즈 사업은 소규모 상권을 특징으로 하고 있다. 따라서 가맹점의 출점은 지역밀착형으로 집중적으로 이루어지고 있다. 과도한 밀집형 출점은 출혈경쟁과 기존 가맹점사업자와의 마찰을 야기하기도 한다. 따라서 가맹본부가 영업지역 설정 기준 및 다른 가맹점사업자로부터 영업지역을 보호하기 위한 제도를 실시하고 있는지와 그 구체적인 내용을 확인하고 가맹계약을 체결하여야 한다.

가맹본부가 가맹계약상 영업지역을 보호하기로 정했음에도 불구하고 기존 가맹점 영업지역에 다른 가맹점이나 직영점을 설치하는 행위는 불공정거래행위에 해당한다. 따라서 가맹본부가 실제로 영업지역을 독점적·배타적으로 보장하는지 여부도 반드시 확인하여야 한다.

가맹본부는 가맹계약 체결 시 가맹점사업자의 영업지역을 구체적으로 설정하여 가맹계약서에 이를 기재하여야 하고, 정당한 사유 없이 가맹계약기간 중 가맹점사업자의 영업지역 안에서 가맹점사업자와 동일한 업종의 직영점이나 가맹점을 설치하는 행위를 하면 안 된다. 또한, 가맹본부가 갱신 시 영업지역을 변경하기 위해서는 반드시 가맹점사업자의 동의를 받아야 한다.

Keyword Key point

- 가맹계약 체결 시 영업지역을 구체적으로 설정하여 가맹계약서에 기재하여야 한다.
- 가맹본부가 영업지역을 변경하기 위해서는 반드시 가맹점사업자의 동의를 받아야 한다.

한눈에 보는 Keyword 근거 법령

법 조항	– 가맹사업법 제12조의4(부당한 영업지역 금지) – 가맹사업법 시행령 제13조의4(영업지역 변경사유)
주요 내용	– 가맹계약 체결 시 영업지역을 설정하여 가맹계약서에 기재하여야 함 – 갱신 시 영업지역을 변경하기 위해서는 합의하여야 함 – 영업지역에 동일한 업종의 직영점이나 가맹점을 설치하면 안됨 – 직영점 및 가맹점의 범위는 가맹본부 및 가맹본부의 계열회사를 포함함
영업 지역 변경 사유	– 재건축, 재개발 또는 신도시 건설 등으로 인하여 상권의 급격한 변화가 발생하는 경우 – 해당 상권의 거주인구 또는 유동인구가 현저히 변동되는 경우 – 소비자의 기호변화 등으로 인하여 해당 상품·용역에 대한 수요가 현저히 변동되는 경우 – 제1호부터 제3호까지의 규정에 준하는 경우로서 기존 영업지역을 그대로 유지하는 것이 현저히 불합리하다고 인정되는 경우
제재 사항	– **시정명령**: 시정조치 or 시정권고 – **과징금**: 위반기간 동안 관련 매출액(or 영업수익)의 2% 이내(매출액 산정불가 시 5억원 이내)

Q01. 영업지역이란 가맹점이 영업할 수 있는 지역인가요?

A01. 가맹사업법에서 정의하는 영업지역이란 가맹점사업자가 가맹계약에 따라 상품 또는 용역을 판매하는 지역을 말합니다.

Q02. 가맹본부는 가맹점의 영업지역을 반드시 부여해야 하나요?

A02. 가맹본부는 가맹계약을 체결 시 가맹점사업자의 영업지역을 설정하여 가맹계약서에 기재하여야 하는 의무가 있습니다. 영업지역 설정 기준은 가맹본부가 자율적으로 정할 수 있고, 가맹계약서에 기재하는 방법 또한 문구로 작성하거나 지도로 표기하거나 가맹본부가 자유롭게 정할 수 있습니다.

다만, 가맹본부는 영업지역을 설정하는 기준을 수립함에 있어서 가맹점 간 형평성을 고려하여야 하고, 가맹점 위치에 따른 인근 가맹점의 매출 하락이 예상되는 경우 등을 충분히 고려하여 구체적인 기준을 가맹계약서 및 정보공개서에 기재할 필요가 있습니다.

가맹점사업자는 영업지역을 설정하기 위해 협의함에 있어서 인근 가맹점과의 영업지역 보다 협소하지는 않은지 점포 위치가 너무 가깝지는 않은지, 영업하면서 충돌될 여지는 없는지 등에 대해 정확히 검토 후 가맹계약을 체결하시기 바랍니다.

Q03. 가맹본부가 부여한 영업지역은 계약기간 동안 유지되나요?

A03. 가맹사업법에서 정한 다음의 사유가 발생한 경우에는 가맹계약 갱신 과정에서 가맹본부와 가맹점사업자가 합의하여 기존 영업지역을 합리적으로 변경할 수 있습니다.

1. 재건축, 재개발 또는 신도시 건설 등으로 인하여 상권의 급격한 변화가 발생하는 경우
2. 해당 상권의 거주인구 또는 유동인구가 현저히 변동되는 경우

3. 소비자의 기호변화 등으로 인하여 해당 상품·용역에 대한 수요가 현저히 변동되는 경우
4. 기타 기존 영업지역을 그대로 유지하는 것이 현저히 불합리하다고 인정되는 경우

참고로, 위의 조건에 따라 영업지역을 변경하는 경우 가맹점사업자에게 현저히 불리한 조건으로 변경되는 것은 금지되기 때문에 합의 시 기존 조건과 비교하여 검토하시기 바랍니다.

Q04. 가맹점이나 가맹본부 상호 영업지역 변경 요구할 수 없나요?

A04. 가맹사업법에 명문화된 규정은 없으나 가맹점사업자도 가맹본부에 영업지역 변경을 요구할 수 있을 것으로 해석됩니다. 가맹점사업자의 자발적으로 점포를 이전하고자 하는 경우 영업지역 변경은 필수입니다. 점포를 이전하고자 하는 지역 인근에 기존 가맹점이 있는 경우 가맹본부가 영업지역을 침해하는 상황이 발생할 수 있기 때문에 반드시 사전 승인을 받아야 합니다.

가맹본부는 가맹점사업자의 영업지역 변경으로 인하여 인근 가맹점 매출에 영향이 없는지, 고객(소비자)에게 피해나 손해가 발생하지 않을지 등을 종합적으로 고려하여 승인할 수 있을 것입니다.

Q05. 가맹본부의 영업지역 침해를 금지시키는 이유가 무엇인가요?

A05. 영업지역 설정의 목적은 가맹점사업자의 독점적·배타적 영업권을 전적으로 보장하기 위한 것이 아니라 영업지역 내에서 동종업종의 브랜드 간 또는 브랜드 내의 경쟁을 촉진하여 소비자의 이익을 확대하기 위함입니다.

하지만 부당하게 가맹본부가 가맹점사업자의 영업지역에 자신의 직영점이나 가맹점을 개설하는 것은 기존 가맹점사업자와의 계약을 통해 얻게 된 가맹본부의 이익을 이중적으로 얻게 되는 것이며, 기존 가맹점사업자의 계약상의 안정적이고 지속적인 영업상 권리를 침해할 우려가 크기 때문에 영업지역 침해를 금지하는 것입니다.

Q06. 가맹본부의 다른 브랜드는 동일 영업지역 내 개설해도 되나요?

A06. 기존 브랜드와 동일한 업종이면 불가능하고, 동일한 업종이 아니면 가능합니다. 즉, 가맹본부가 영업표지의 종류에 관계 없이 가맹점사업자의 영업지역 내에 가맹점이나 직영점을 설치할 수 없는 것은 아닙니다.

영업지역 침해금지 규정은 기존 가맹점사업자와 동일한 업종의 직영점이나 가맹점을 설치하는 행위를 금지하는 것으로 동일한 업종이 아니라면, 기존 가맹점사업자의 영업지역 내에 가맹점이나 직영점을 설치하여도 법에 위반되지 않습니다.

Q07. 가맹본부가 설치할 수 없는 "동일한 업종" 기준은 무엇인가요?

A07. 동일한 업종이란 수요층의 지역적·인적 범위, 취급품목, 영업형태 및 방식 등에 비추어 동일하다고 인식될 수 있을 정도의 업종을 말합니다.

예를 들어, 수요층의 연령대나 구매력 여부, 원·부재료의 차이, 조리방식이나 생산방식의 차이, 유통방식의 차이, 배달업종인지 내점업종인지, 심야영업인지 주간영업인지, 마케팅 방식의 차이 등이 있으며 근본적으로는 수요가 대체가능한지(수요가 대체가능하면 동일업종으로 볼 가능성이 큼)에 따라서 판단하여야 합니다.

〈에피소드〉 14. 영업지역을 돌려주세요

상황

이신중씨는 ○○○카페 가맹점인 분당점을 운영하던 중 가맹본부가 분당점으로부터 800미터 떨어진 위치에 신규 가맹점을 개설함에 따라 가맹점 매출액이 급격히 하락하자 분쟁이 발생하였다.

가맹본부는 2011년 7월 4일 신청인에게 정보공개서를 제공한 후, 2011년 7월 18일 이신중씨와 계약기간을 1년으로 하는 가맹계약을 체결하였다. 이후 가맹본부는 2011년 12월 중순 경 분당점으로부터 약 800미터 떨어진 위치에 신규 가맹점인 "***점"을 개설하였다. 분당점은 행정구역 상 "용인시 수지구 ○○동"이고, 신규 개설된 가맹점인 "***점"의 행정구역은 "용인시 수지구 ㅁㅁ동"이다. 그리고 가맹계약서 상 본 건 가맹점의 영업지역은 "수지 ○○동 주변상권"으로 정해져 있다.

가맹점 주장

이신중씨는 가맹본부가 정보공개서를 제공한 후 14일이 지나지 않은 상태에서 가맹계약을 체결하였으므로 정보공개서 제공의무를 위반한 것이라고 주장한다. 그리고 가맹본부가 신규 개설한 가맹점인 "***점"이 ○○점으로부터 불과 800미터 떨어져 있고, 이는 가맹계약서 상 영업지역인 "수지 ○○동 주변상권"에 해당하므로 영업지역 침해라고 주장한다.

가맹본부 주장

가맹본부는 본 건 계약서 상 영업지역은 행정구역으로서의 "수지구 ○○동"에 한정하는 것이므로, "용인시 수지구"에 신규 가맹점을 개설한 행위는 계약 위반 또는 가맹사업법 위반 행위가 아니라고 주장한다.

분쟁조정협의회 권고

가맹본부는 이신중씨에게 2012년 말까지 매월 1,000,000원씩, 총 14,000,000원의 영업지원금을 지급하고, 영업지역은 "가맹점 반경 1.5km"로 재설정하는 내용으로 합의하였고, 이에 이신중씨는 2012. 3. 8. 신청취하서를 협의회에 제출하여 조정이 성립되었다.

상기 분쟁은 가맹본부가 상권과 예상매출액을 과도하게 축소하여 기존 가맹점의 영업을 보호해 주려는 노력을 하지 않은 사례로서 결국 영업지역을 충분한 수익이 보장될 수 있는 범위로 확대하여 조정한 사례이다.

가맹사업법은 "가맹본부는 정당한 사유 없이 가맹계약기간 중 가맹점사업자의 영업지역 안에서 가맹점사업자와 동일한 업종(수요층의 지역적 · 인적 범위, 취급 품목, 영업형태 및 방식 등에 비추어 동일하다고 인식될 수 있을 정도의 업종)의 직영점이나 가맹점을 설치하는 행위를 하여서는 아니 된다."고 규정하고 있다.

영업지역은 주어진 지역 내에서 가맹점이 안정적으로 수익을 창출하고 가맹점을 유지하기 위한 최소한의 지역이라고 볼 수 있다. 따라서 동일한 브랜드가 경쟁적으로 특정한 지역에 밀집 개설된다면 브랜드 내 경쟁으로 인하여 수익성이 악화될 우려가 크다. 때문에 적정한 영업지역의 범위를 제도적으로 규제하고 있는 것이다. 동반성장위원회에서는 업종별로 신규 출점 제한의 범위를 500m에서 1,500m까지 제한을 두어 가맹본부가 이를 준수할 것을 권고하기도 하였다.

합리적인 영업지역은 과학적인 상권분석과 예상매출액의 산정을 필요로한다. 가맹점이 많은 돈을 들여 창업을 하기 때문에 시행착오를 줄이고 안정적인 영업을 할 수 있는 최소한의 영업범위를 가맹본부는 전문성을 바탕으로 선정할 수 있어야 한다. 잘못 선정한 영업지역으로 인한 피해를 고스란히 가맹점이 떠안을 경우 가맹점 뿐만아니라 가맹본부 또한 전체 브랜드의 통일성을 유지하고 가맹사업을 전개하는데 좋지 않은 결과를 가져올 수 있기 때문이다.

전국에 걸쳐 우리 브랜드가 입점할 상권을 분석하고 가맹점의 적정한 수익이 보장되는 최대한의 가맹점수를 산출하여 가맹점 출점 목표를 선정하는 것 또한 중요하다. 프랜차이즈 속성상 지속적인 가맹점 출점은 중요한 이슈다. 하지만 지속적인 출점에 한계가 있기 때문에 활성화된 상권을 중심으로 영업지역을 최소화하거나 기존 가맹점의 영업지역을 축소하여 신규 가맹점을 출점하는 경우가 자주 발생한다. 이 경우 한 번 설정한 영업지역의 범위를 믿고 가맹점을 운영하는 가맹점주 입장에서 영업지역이 보장되지 않는 다면 심리적으로나 경제적으로 위축될 수밖에 없다.

가맹본부와 가맹점이 상생하기 위해서는 상호 신뢰가 있어야 한다. 가맹본부는 합리적이고 과학적인 영업지역을 선정하여 가맹점에게 제시하여야 하고, 가맹점은 주어진 영업지역에서 영업 활성화를 위한 노력을 함으로써 공통의 가치를 창출할 수 있다. 따라서 가맹본부는 상권분석과 예상매출액 산정의 전문성 향상을 위한 다양한 노력을 아끼지 말아야 한다. 그리고 설정된 영업지역을 계약종료 시까지 보장해주는 자세가 필요하다. 가맹점은 가맹본부가 제시한 영업지역에서의 예상매출액에만 의존하지 말고 본인의 능동적인 노력을 다하여야 할 것이다. 결국 영업의 성패는 사람에 달려있으며 가맹점을 운영하는 주체인 가맹점주의 최종 책임이라는 것을 인식하여야 한다는 것이다.

출처: 창업 & 프랜차이즈 CEO study FC 클리닉, 이성훈, 2015년 2월호

Keyword 23

거래거절 금지

가맹사업은 가맹본부와 가맹점사업자 간의 계속적 거래를 바탕으로 한다. 따라서 가맹본부는 가맹점사업자에 대하여 상품이나 용역의 공급 또는 영업의 지원 등을 지속적으로 지원해야 한다. 이를 정당한 이유 없이 또는 부당하게 중단 또는 거절하거나 그 내용을 현저히 제한한다면 불공정거래행위에 해당한다.

거래거절에 해당하는 불공정거래 유형으로는 정당한 이유 없는 영업지원 등의 거절, 부당한 갱신거절, 부당한 계약해지 등이 있다.

가맹본부가 정당한 이유 없이 거래거절에 해당하는 불공정거래행위를 하는 경우에는 가맹사업자가 입은 손해액의 3배를 배상하여야 하는 징벌적 손해배상책임을 부담하여야 한다.

Keyword Key point

- 정당한 이유 없는 영업지원 등의 거절은 불공정거래행위로 금지된다.
- 부당한 갱신거절, 부당한 계약해지는 거래거절 일종의 불공정거래행위로 금지된다.
- 거래거절의 불공정거래행위는 징벌적 손해배상책임이 있다.

한눈에 보는 Keyword 근거 법령

법 조항	– 가맹사업법 제12조(불공정거래행위의 금지) – 가맹사업법 시행령 제13조(불공정거래행위의 유형 또는 기준) [별표 2]
불공정 거래행위 기준	– 가맹점사업자에 대하여 상품이나 용역의 공급 또는 영업의 지원 등을 부당하게 중단 또는 거절하거나 그 내용을 현저히 제한하는 행위 금지
행위 유형	– 정당한 이유없는 영업지원 거절, 부당한 계약갱신 거절, 부당한 계약해지
제재 사항	– **시정명령**: 시정조치 or 시정권고 – **과징금**: 위반기간 동안 관련 매출액(or 영업수익)의 2% 이내(매출액 산정불가 시 5억원 이내) – **징벌적 손해배상책임**: 발생한 손해액의 3배 이내

Q01. 물품대금 연체하면 통지없이 물품공급 중단해도 되나요?

A01. 가맹본부가 공급하기로 약속한 필수공급품 등의 공급을 거절하는 행위는 영업지원의 거절로 불공정거래행위에 해당합니다. 그러나, 가맹본부가 정당한 이유가 있는 경우 영업지원을 거절할 수 있습니다. 따라서 불공정거래행위 여부는 물품대금의 연체가 영업지원 등을 거절할 수 있는 정당한 이유가 되는지 여부에 따라 결정될 것으로 보입니다.

가맹본부가 가맹점에 필수공급품 등을 공급하지 않을 경우 가맹점은 영업을 중단하거나 대체품을 구입하여 판매함으로써 가맹본부가 정한 품질을 유지할 수 없는 사정에 이르게 됩니다. 이는 물품공급 중단으로 인해 발생한 손해에 대한 책임은 누구에게 있느냐의 문제로 확대될 수 있습니다.

가맹본부는 물품대금의 연체정도가 가맹점 영업에 손해를 입힐 수 있다는 사실을 감안하더라도 물품공급을 중단할 수밖에 없는 부득이한 사정이 있어야 정당한 사유로 인정받을 수 있을 것으로 보입니다. 따라서 연체기간의 정도, 연체횟수의 빈도, 연체금액 등을 종합적으로 검토하여 불공정거래행위 여부를 결정하여야 할 것입니다.

Q02. 가맹본부에 경영지도 요청했는데 지원을 거절해도 되나요?

A02. 가맹본부가 가맹점을 관리하고 경영지도하는 업무는 가맹본부의 의무에 해당하며, 가맹점은 이를 요구할 수 있는 권리가 있습니다. 따라서 가맹점사업자가 요청한 경영지도를 정당한 사유 없이 지원하지 않는 행위는 영업지원의 거절의 불공정거래행위로 볼 수 있습니다.

그러나 가맹본부가 지원하기로 한 범위를 벗어난 경영지도를 요구하거나, 별도의 비용부담 없이 무리한 경영지도를 요구하는 등의 가맹본부가 거절할 수 있는 정당한 사유가 있는 경우에는 경영지도 요청을 거절할 수 있습니다. 다만, 가맹본부가 지원하기로 한 범위 등이 명확하지 않은 경우에는 경영지원 등을 거절할 수 있는 정당한 사유가 되는지에 따라 불공정거래행위 여부가 결정될 것으로 보입니다.

Q03. 계약종료 30일 전에 갱신거절 통지로 종료시켜도 되나요?

A03. 가맹본부가 가맹계약을 종료하기 위해서는 기간만료 전 180일~90일 이내에 통지하여야 합니다. 절차를 위반한 계약종료 통지는 부당한 계약갱신 거절의 불공정거래행위에 해당합니다. 이 경우 계약종료 통지는 무효가 되고 계약은 기존 계약내용과 동일한 조건으로 자동갱신된 것으로 봅니다.

가맹사업은 가맹점사업자의 특별한 귀책사유가 없는 한 가맹계약 갱신요구권 10년을 보장하고 있습니다. 가맹사업은 가맹본부의 비즈니스 모델을 적용하여 투자를 하고 사업을 개시하게 됩니다. 소자본 창업의 경우 대부분 창업자가 전 재산과 부채 등을 차입하여 투자하게 되므로 사업이 단기간에 중단된다면 가맹사업을 위하여 투자했던 자금의 회수가 어렵게 되며 그 피해는 가맹점사업자에게 돌아가게 됩니다.

따라서 가맹계약 기간이 1년 또는 3년 미만으로 설정되어 있더라도 가맹사업의 지속성과 투자자금의 안정적인 회수를 위하여 가맹사업법은 계약기간을 10년간 보장하고 있습니다.

가맹본부가 재계약의 조건으로 가맹점에 무리한 재투자를 요구하거나 영업지역의 과도한 축소 등을 요구할 때가 있습니다. 이는 전체 가맹사업에 적용되는 정책상의 결정이라 하더라도 가맹계약을 체결하고 운영하고 있는 가맹점에 예기치 않은 과중한 부담을 지우는 경우로써 이를 이유로 계약갱신을 거절한다면 부당한 계약갱신의 거절에 해당할 수 있습니다. 부당한 계약갱신의 거절행위 유형으로 판단되는 내용은 다음과 같습니다.

1. 가맹본부가 정당한 사유 없이 가맹점의 영업지역에 직영점을 설치할 목적으로 가맹점사업자의 계약갱신 요구를 거절하는 행위. 다만, 가맹본부가 가맹점사업자로부터 가맹점을 양수하거나, 가맹점사업자가 계약갱신 요구를 하지 않은 경우로서 가맹본부가 법 제13조 제4항에 따라 가맹계약을 갱신하지 않는다는 사실을 통지함으로써 가맹계약이 종료된 경우는 제외한다.

2. 가맹본부가 정당한 사유 없이 특정 가맹점사업자에 대해서만 차별적으로 계약갱신 요구를 거절하는 행위. 다만, 가맹본부가 소속 가맹점사업자에게 공통적으로 적용되는 평가기준, 평가시기, 평가방식 등을 포함한 계약갱신 기준(이하 "평가기준 등"이라 한다)을 사전에 통지하고 평가기준 등에 따라 가맹점 평가를 실시한 후 그 결과에 따라 계약갱신 요구를 거절하는 행위는 제외한다.
3. 가맹본부의 요구에 따른 점포환경개선 비용 중 가맹점사업자가 부담한 금액, 점포환경개선 후 가맹점 영업 기간, 해당 기간 동안의 가맹점 수익상황 등에 비추어 가맹점사업자가 점포환경개선 비용을 회수할 수 있는 충분한 기간이 경과하지 않았음에도 불구하고 정당한 사유 없이 가맹점사업자의 계약갱신 요구를 거절하는 행위
4. 제1항부터 제3항까지에 준하는 행위로서 가맹본부가 부당하게 가맹점사업자와의 계약갱신을 거절하는 행위

Q04. 부당한 계약해지 기준은 무엇인가요?

A04. 부당한 계약해지란 채무불이행 등 계약서에 근거한 해지 사유나 법정해지 사유가 아닌 사유를 근거로 가맹본부가 일방적으로 가맹점과의 계약을 해지하는 행위를 말합니다. 또한 계약서에 명시되어 있다하더라도 그 내용이 가맹점에 현격히 불리하거나 포괄적으로 규정함으로써 가맹본부에 유리하게 해석되는 내용 등이 포함되어 있다면 그 조항은 불공정거래행위로 무효가 됩니다.

계약해지 사유가 지나치게 추상적이거나 가맹본부의 자의적인 판단에 의해 해지 여부가 결정될 수 있는 경우, 가맹사업법상 불공정거래행위에 해당하는 사유를 계약해지 사유로 정하고 있는 경우 등은 모두 불공정거래행위로 무효가 됩니다.

가맹점의 물품납입 지연 등 귀책사유가 있다 할지라도 그 구체적인 정황이나 위반정도 및 기간 등을 고려하지 않은 계약해지는 가맹본부의 과도한 권리남용에 해당하고 가맹점사업자를 부당하게 통제하고 영업활동에 지장을 주는 정도까지 이른다면 불공정거래행위에 해당한다고 볼 것입니다.

Q05. 정당한 사유없이 거래를 거절하면 가맹본부 처벌받나요?

A05. 정당한 이유 없이 영업지원 등을 거절하는 경우, 부당하게 계약갱신을 거절하는 경우, 부당하게 가맹계약을 해지하는 경우 모두 불공정거래행위로써 공정거래위원회는 시정명령, 과징금 등을 부과할 수 있고, 징벌적 손해배상책임을 요구할 수 있습니다.

또한, 부당한 계약갱신 거절 및 부당한 가맹계약 해지는 모두 무효가 되어 갱신이 거절된 가맹계약은 갱신되고, 해지된 가맹계약은 유지됩니다.

Q06. 거래거절로 영업을 못한 손해에 대해 배상을 청구할 수 있나요?

A06. 가맹본부가 정당한 이유 없이 거래를 거절하여 가맹점 영업을 못한 경우 가맹점사업자는 그 손해액의 3배 이내에서 가맹본부에 손해배상을 청구할 수 있습니다.

다른 불공정거래행위의 경우 시정명령 및 과징금 대상이 되지만 거래거절의 불공정거래행위는 이를 포함하여 징벌적 손해배상책임을 부담시키고 있습니다. 징벌적 손해배상책임은 가맹본부가 법을 위반하여 가맹점사업자에게 입힌 손해에 대해 3배 이내의 배상책임을 부담시키는 제재 조치입니다.

거래거절의 불공정거래행위를 일반 손해배상책임이 아니라 징벌적 손해배상책임으로 제재하는 이유는 가맹본부의 거래거절 행위는 가맹점 영업이 즉시 중단됨으로써 가맹점사업자에게는 직접적인 손해가 발생하기 때문에 이를 방지하자는 취지로 다른 불공정거래행위보다 강하게 제지하여야 할 필요성이 있기 때문입니다.

프랜차이즈 클리닉

〈에피소드〉 15. 계약체결 전과 계약체결 후 가맹본부의 태도가 바뀐다면?

상황

가맹점사업자 A씨는 가맹본부 B사와 매월 20,000천원 상당의 제품을 무상으로 지원받기로 하는 내용의 특약을 체결하고 가맹점을 운영하였으나 B사로부터 위 지원을 중단한다는 내용의 통지를 받으면서 분쟁이 발생하였다.

가맹점사업자 A씨는 2011. 5. 27. '○○○' 브랜드의 '△△△점'에 관한 가맹계약을 체결한 후 2011. 6. 27. 가맹점을 개설하여 운영 중이다. A씨와 B사는 "계약기간 동안 갑(B사)은 을(A씨)에게 갑의 제품으로 월 20,000천원(제고 출고가 기준)을 덤으로 지원하기로 한다"는 내용의 특약을 체결한 바 있다. B사는 2011년 8월부터 계속하여 특약사항을 이행해 왔으나, 2012. 3. 1.부로 A씨에게 위 특약사항의 지원을 중단하기로 한다는 내용을 구두로 통지하고 3월 지원 내역을 A씨의 매입내역으로 처리하였다. A씨는 2012. 3. 31. B사를 상대로 미납채무 19,114,575원이 발생하였음을 확인하였으나 이를 지급하지 않았다. 그러자 B사는 A씨의 대금 미지급을 이유로 가맹점에 제품 공급을 중단하였다.

가맹점 주장

A씨는 가맹계약에 따라 특약사항을 변경하기 위하여는 가맹점사업자와 상호 협의 하여야 함에도 불구하고 가맹본부가 일방적으로 지원 중단을 통지하고 공급제품의 대금지급을 요구하는 것은 부당하게 거래조건을 변경하는 행위에 해당한다고 주장한다.

또한 가맹본부는 할인 행사시에는 판매금액의 50%에 상당하는 만큼, 그리고 가맹점의 회원이 포인트로 제품을 구입한 경우에는 이에 해당하는 판매금액 만큼 가맹점에 포인트를 지급하여 가맹점에서 상품을 매입할 시에 이 포인트를 현금처럼 사용할 수 있도록 해 왔으나 2012년 3월부로 이러한 지원정책을 일방적으로 중단하여 가맹점에게 불이익을 제공하였다고 주장한다.

가맹본부 주장

가맹본부인 B사는 가맹점사업자 A씨의 친동생인 ㅁㅁㅁ이 가맹본부의 직원으로 근무할 당시 15,000천원을 횡령하고 잠적한 사건이 발생하여 A씨가 ㅁㅁㅁ을 대신하여 B사에게 부당이득금을 반환하기로 하였으나 이를 이행하지 않고 있으며, A씨가 B사의 무상 지원품 외에 유상으로 상품을 매입하지 않고 비정상적으로 가맹점을 운영하고 있기에 무상 지원을 보류하고 있다고 주장한다.

그리고 포인트 지원과 관련하여 B사는 이에 대해 A씨와 약정한 사실이 없으며 단지 B사가 영업정책의 일환으로 시행하였을 뿐이나 A씨 가맹점의 경우 이러한 포인트 관련 지원 외에도 특약에 따른 20,000천원 상당의 지원이 이루어지고 있기에 다른 가맹점과의 형평을 고려하여 포인트 지원을 중단하였다고 주장한다.

분쟁조정협의회 권고

분쟁 당사자간에 "가맹본부가 가맹점사업자와의 가맹계약 상 특약 사항을 성실히 이행하고, 기존의 포인트 지원 정책을 유지하며 추가로 가맹점 판촉행사에 따른 비용을 포인트로 지원하기로 한다"는 내용으로 합의하여 조정이 성립되었다.

클리닉

가맹사업법의 불공정거래행위의 유형의 '거래상 지위의 남용'은 거래상의 지위를 이용하여 부당하게 가맹점사업자에게 불이익을 주는 행위를 말하여, 이 중 '부당한 계약조항의 설정 또는 변경'은 가맹점사업자가 이행하기 곤란하거나 가맹점사업자에게 불리한 계약조항을 설정 또는 변경하거나 계약갱신과정에서 종전의 거래조건 또는 다른 가맹점사업자의 거래조건보다 뚜렷하게 불리한 조건으로 계약조건을 설정 또는 변경하는 행위를 말한다.

특별한 사유가 없는 한 가맹본부는 가맹점사업자와 체결한 계약의 내용을 임의로 변경하거나 가맹점사업자에게 불리 또는 이행하기 어려운 내용의 새로운 조항을 설정하는 행위를 하여서는 안된다. 가맹점과 체결한 계약은 상호 신뢰에 입각해 양 당사자가 최선을 다해 지켜야 할 의무이기 때문에 쉽게 바뀐다면 신뢰 관계를 형성할 수 없게 된다. 따라서 한 번 정한 계약의 내용은 지속적으로 보장되어야 할 것이다.

위 사건에서 가맹점사업자 A씨와 가맹본부 B사는 계약에 더하여 "계약기간 동안 갑(B사)은 을(A씨)에게 갑의 제품으로 월 20,000천원(제고 출고가 기준)을 덤으로 지원하기로 한다"는 내용의 특약을 체결한 바 있다. 이는 약관법상 '개별약정 우선의 원칙'에 의해서 우선적으로 B사가 지켜야 할 계약상 의무에 해당한다고 볼 것이다. 하지만 B사는 특약사항의 지원을 중단하기로 한다는 내용을 구두로 통지하고 일방적으로 지원 내역을 A씨의 매입내역으로 처리하고 대금 미지급을 이유로 가맹점에 제품 공급을 중단하였다. 이는 가맹본부가 거래상의 지위를 남용하여 계약의 내용을 위반하고 가맹점사업자에게 불리한 조건을 강요한 것에 해당한다.

어떠한 약속이라도 반드시 지켜야 할 것이며, 부득이한 사정에 의하여 계약을 성실하게 이행하기 어려운 경우라면 사전에 충분한 협의와 양해를 구하여야 한다. 특히, 가맹계약의 경우 가맹본부가 제시한 특별한 지원(특약사항)이 없었더라면 그 계약을 체결하지 않았을 사정이 충분하다고 볼 수 있기 때문에 특약의 내용은 계약 체결의 중요한 조건이 된다고 볼 수 있다. 따라서 가맹본부는 계약체결 전에는 이행 가능한 내용의 지원을 약속하여야 하며, 계약 체결 후에는 약속한 내용의 성실한 이행을 통해 가맹점사업자와의 신뢰관계를 형성하는데 노력을 다하여야 할 것이다.

출처: 창업 & 프랜차이즈 CEO study FC 클리닉, 이성훈, 2015년 8월호

Keyword 24

구속조건부거래 금지

가맹본부의 브랜드 통일성을 위하여 판매하는 제품 등의 동일성을 유지하는 것은 프랜차이즈 사업에 있어 핵심적인 내용이다. 예를 들어 한식메뉴를 전문으로 하는 프랜차이즈 가맹점에서 한식이 아닌 양식이나 일식 메뉴를 자체적으로 개발하여 독자적으로 판매한다면 이는 전체 가맹사업의 통일성에 저해가 될 수 있다. 이러한 경우 가맹본부는 가맹점에서 판매하는 상품을 제한할 수 있다.

하지만 전국 가맹사업 통일성을 해치지 않는 범위까지 부당하게 통제한다면 시장에서 독자적인 판매 전략을 구사해야 하는 독립된 가맹점사업자 입장에서는 불공정하다고 느껴질 수 있다. 가맹점사업자가 취급하는 상품 또는 용역의 가격, 거래상대방, 거래지역이나 가맹점사업자의 사업활동을 부당하게 구속하거나 제한하는 행위는 구속조건부거래 금지행위의 불공정거래행위로 규정하고 있다.

구속조건부거래에 해당하는 불공정거래 유형으로는 가격구속, 거래상대방구속, 상품 또는 용역의 판매제한, 영업지역 준수강제, 그 밖의 영업활동 제한 등이 있다.

Keyword Key point

- 소비자에게 판매하는 상품은 가맹본부가 정한 기준에 따라야 한다.
- 소비자에게 판매하는 가격은 가맹본부가 정한 가격으로 판매하지 않아도 된다.
- PB상품은 가맹본부가 지정한 업체와 거래하여야 한다.
- 일반공산품 등은 가맹본부가 지정한 업체와 거래하지 않아도 된다.

한눈에 보는 Keyword 근거 법령

법 조항	– 가맹사업법 제12조(불공정거래행위의 금지) – 가맹사업법 시행령 제13조(불공정거래행위의 유형 또는 기준) [별표 2]
불공정 거래행위 기준	– 가맹점사업자가 취급하는 상품 또는 용역의 가격, 거래상대방, 거래지역이나 가맹점사업자의 사업활동을 부당하게 구속하거나 제한하는 행위 금지
행위 유형	– 가격의 구속, 거래상대방의 구속, 상품 또는 용역의 판매 제한, 영업지역 준수강제, 그 밖의 영업활동 제한
제재 사항	– **시정명령**: 시정조치 or 시정권고 – **과징금**: 위반기간 동안 관련 매출액(or 영업수익)의 2% 이내(매출액 산정불가 시 5억원 이내)

Q01. 상품은 가맹본부가 정해주는 가격으로 판매해야 하나요?

A01. 가맹점사업자가 소비자에게 판매하는 가격을 가맹본부가 구속하는 것은 원칙적으로 금지됩니다. 가맹본부가 정당한 이유 없이 가맹점사업자에게 상품 또는 용역의 가격을 정하여 그 가격을 유지하도록 하거나 가맹점사업자가 상품 또는 용역의 가격을 결정하는 행위를 부당하게 구속하는 행위는 불공정거래행위에 해당합니다.

다만, 가맹본부가 소비자에게 판매하는 상품 또는 용역의 가격을 정하여 이에 따르도록 권장하거나, 가맹점사업자가 판매가격을 결정·변경하기 전에 가맹본부와 협의하도록 하는 행위는 불공정거래행위에 해당하지 않습니다. 그럼에도 불구하고 사전협의 시 판매가격을 강요하는 행위는 불공정거래행위로 보고 있습니다.

공정거래위원회가 가맹본부의 가격구속 행위를 제한하는 이유는 지역의 소비수준이나 경쟁업체의 가격수준 등 제반 여건을 감안하여 해당 지역의 독립된 사업주체인 가맹점이 결정하여야 한다고 보기 때문입니다. 따라서 가맹본부는 권장가격을 정함에 있어서 가맹사업의 동일성 유지 및 시장에서의 경쟁력과 가맹점의 경영수지 등을 종합적으로 고려하여야 합니다.

가맹점사업자 또한 해당 지역 상권의 특징이나 주변 경쟁점의 판매가격 등을 고려하여 가맹사업 전체 틀의 안정성을 해치지 않는 범위 내에서 판매가격을 가맹본부와 협의하여 결정하는 것이 바람직합니다.

Q02. 가맹본부의 권장품목도 지정업체에서 구입해야 하나요?

A02. 가맹본부는 가맹사업의 특성상 시스템의 통일성을 위하여 부동산·용역·설비·상품·원재료 또는 부재료가 가맹사업을 경영하는 데에 필수적이라고 객관적으로 인정된 부분에 한하고, 특정한 거래상대방과 거래하지 아니하는 경우에는 가맹본부의 상표권을 보호하고 상품 또는 용역의 동일성을 유지하기 어려운 경우로써 미리 정보공개서를 통하여 가맹점사업자에게 해당 사실을 알리고 가맹계약을 체결한 경우 거래상대방을 제한할 수 있습니다.

따라서 가맹계약 체결시 사전에 정보공개서를 통하여 가맹본부가 제한하는 설비나 물품의 목록과 거래상대방에 대한 정확한 정보를 알아두어야 합니다. 아무리 정보공개서를 통하여 강제된 물품이라 할지라도 가맹사업의 통일성이나 상표권 유지 등과 무관하게 비용부담을 강요하거나 거래상대방을 구속하는 등의 경우에는 위법한 행위가 될 수 있습니다.

예를 들어, 치킨 프랜차이즈에서 핵심적인 닭이나 양념소스 등이 아닌 해당 제품의 맛의 통일성과 무관한 세제나 주방용품 등 일반공산품의 구매를 특정 상대방에게 구입할 것을 강제한다면 구속조건부 거래의 불공정거래행위가 될 수 있습니다.

Q03. 가맹본부가 공급품목과 거래상대방을 강제해도 되나요?

A03. 가맹본부가 필수공급품목으로 정해 거래상대방을 지정하고자 한다면 ① 부동산 · 용역 · 설비 · 상품 · 원재료 또는 부재료가 가맹사업을 경영하는 데에 필수적이라고 객관적으로 인정될 것, ② 특정한 거래상대방과 거래하지 아니하는 경우에는 가맹본부의 상표권을 보호하고 상품 또는 용역의 동일성을 유지하기 어렵다는 사실이 객관적으로 인정될 것, ③ 가맹본부가 미리 정보공개서를 통하여 가맹점사업자에게 해당 사실을 알리고 가맹점사업자와 계약을 체결할 것 등 3가지 조건을 모두 갖추어야 합니다.

가맹점을 개점하기 위해 필요한 인테리어 시공 물품, 기기 및 집기, 비품 및 소모품, 초도물품 등 가맹본부가 공급하는 모든 공급품목에 해당합니다. 가맹점 개점을 위해 필요한 물품을 공급하는 경우에도 필수공급품목을 지정하거나 거래상대방을 지정하기 위해서는 위 3가지 조건을 모두 갖추어야 합니다.

가맹점사업자가 직접 구입하여 사용하는 경우 가맹사업 동일성을 유지하지 못하게 된다면 가맹본부 뿐만 아니라 다른 가맹점사업자에게도 피해가 갈 것이며, 종국에는 고객(소비자)에게 가맹본부의 명성과 신뢰를 잃게 될 수도 있습니다.

따라서 가맹본부가 위 3가지 조건을 모두 갖추어 필수공급품목을 정하고 거래상대방을 지정한 경우 가맹점사업자는 필히 따라야 하며, 이를 준수하지 않는 경우 가맹본부는 물품공급을 중단하거나 가맹계약을 해지할 수 있고, 갱신을 거절할 수 있으며, 손해가 있는 경우 손해배상을 청구할 수도 있습니다.

연계 참조 keyword 35, 377page

Q04. 가맹본부가 권장하는 품목을 지정업체와 거래하면 혜택 있나요?

A04. 일부 가맹본부는 주류나 식자재 품목에 대해 가맹본부가 지정해준 업체를 거래하면 로열티를 면제해 주는 정책을 운영하고 있습니다. 로열티를 수령하는 근거는 지속적인 가맹사업의 지원 및 관리에 대한 대가로 볼 수 있는데 가맹점사업자가 가맹본부의 지정업체를 거래하는 경우 가맹본부의 관리가 수월할 수 있기 때문에 관리비를 면제해 주는 것으로 보입니다.

또한, 가맹본부는 가맹점사업자를 소개해 주고 지정업체에서 판매수수료 등의 경제적 이익을 수취하는 경우가 있습니다. 즉, 가맹점사업자가 부담하여야 하는 로열티나 광고판촉 분담금 등을 지정업체에서 받은 판매수수료로 대체하는 것으로 해석됩니다.

따라서 가맹점사업자가 직접 구입하여 얻는 이득과 가맹본부의 지정업체를 거래하여 가맹본부에서 로열티를 면제받는 이득 등을 종합적으로 검토하여 거래처를 결정할 필요가 있습니다.

그럼에도 가맹점사업자가 가맹본부의 지정업체를 거래한다면 품목별로 직접 구입할 거래처를 확보하기 위해 들여야 하는 시간과 노력을 낭비하지 않아도 되고, 가맹사업의 동일성 유지를 위해 가맹본부의 중요한 영업방침 등을 준수해야 하는 의무를 수월하게 이행할 수 있습니다. 이러한 점들이 독립점 대신 가맹점 창업을 선택하여 얻는 가장 큰 혜택일 수 있습니다.

Q05. 가맹본부가 공급한 원재료, 다른 가맹점에 판매하면 안 되나요?

A05. 가맹점사업자의 거래상대방에 따라 상품 또는 용역의 판매를 제한할 필요가 있는 경우에는 그 제한내용을 확인해 두어야 합니다.

예를 들어, 주점에서 미성년자를 고용하거나 고객으로 술을 판매하는 것은 당연히 현행법 상 금지되어 있습니다. 이렇게 현행법이나 상도덕 상으로 금지되는 경우를 제외하고 가맹점사업자가 가맹본부의 경쟁업체에게 상품을 공급한다거나 가맹본부로부터 물품공급이 중단된 상태에 있는 가맹점사업자에게 공급한다면 가맹본부의 통제의 권한을 약화시킬 수 있기 때문에 제한되기도 합니다.

하지만 가맹본부가 거래상대방에 따른 판매금지를 할 경우에는 거래 품목이 가맹사업을 경영하는 데 필수적이라고 객관적으로 인정되어야 하고, 가맹본부의 상표권을 보호하고 상품 또는 용역이 동일성을 유지하기 어렵다는 사실이 객관적으로 인정되어야 하며, 정보공개서를 통해 그 구체적인 내용을 기재하고 가맹점사업자에게 해당 사실을 알리고 계약을 체결한 품목이어야 하고, 그렇지 않을 경우 불공정거래행위에 해당될 수 있습니다.

Q06. 가맹점에서 직접 개발한 상품 판매하면 안 되나요?

A06. 가맹사업의 상표권을 보호하고 상품 또는 용역의 동일성을 유지하기 위하여 가맹본부는 지정된 상품·용역만을 판매하도록 하고 있습니다. 그러나 가맹점사업자에게 부당하게 지정된 상품 또는 용역만을 판매하도록 하거나 거래상대방에 따라 상품 또는 용역의 판매를 제한하는 행위는 원칙적으로 금지됩니다.

예를 들어, 한식 프랜차이즈 가맹점에서 양식 메뉴를 판매한다거나, 생활용품 전문 매장에서 가맹사업과 관련 없는 음료 등 가맹점 별로 통일되지 않는 상품이나 메뉴를 독자적으로 판매한다면 전체 가맹사업의 동일성을 해칠 우려가 있기 때문입니다.

다만, 가맹점사업자의 상품 또는 용역의 판매를 제한하지 아니하는 경우에는 가맹본부의 상표권을 보호하고 상품 또는 용역의 동일성을 유지하기 어렵다는 사실이 객관적으로 인정되는 경우, 가맹본부가 미리 정보공개서를 통하여 가맹점사업자에게 해당 사실을 알리고 가맹점사업자와 계약을 체결하는 경우는 예외로 두고 있습니다.

Q07. 광고·판촉·배달 등은 영업지역 내에서만 해야 되나요?

A07. 가맹본부가 부당하게 가맹점사업자에게 영업지역을 준수하도록 조건을 붙이거나 이를 강제하는 행위는 불공정거래행위에 해당합니다. 따라서 가맹점사업자로 하여금 가맹계약서에 영업지역으로 부여한 범위 내에서만 광고 · 판촉 · 배달 등 영업활동을 하도록 강제하는 행위 등은 불공정거래행위에 해당할 수 있습니다.

가맹점사업자는 독립된 상인이므로 영업지역을 독자적으로 결정할 권리가 있습니다. 그리고 같은 브랜드의 가맹점 간 품질과 서비스, 가격 등의 경쟁을 통해 얻게 되는 소비자의 이익을 가맹본부가 영업활동에 대한 독점적 · 배타적 영업지역을 설정하여 가맹점사업자에게 부여한다면 소비자 이익이 침해받게 됩니다.

Q08. 가맹점 간 영업지역 분쟁 시 가맹본부가 중재해 주나요?

A08. 인근 지역의 가맹점 간에 영업지역을 둘러싼 마찰이 있는 경우, 소비자 선택권을 제한하지 않는 범위에서 가맹점 간 협의를 통해 상호 바람직한 방향으로 풀어나가야 할 것입니다.

가맹본부는 가맹점 간의 마찰이나 갈등을 사전에 예방하기 위해 불공정거래행위 예외조항 등을 참조하여 가맹계약서에 규정하기도 합니다. 가맹사업법에서 정한 예외조항은 다음과 같습니다.

1. 가맹본부가 가맹점사업자의 영업거점지역을 정하는 행위
2. 가맹점사업자가 자기의 영업지역에서의 판매책임을 다한 경우에 영업지역 외의 다른 지역에서 판매할 수 있도록 하는 행위

3. 가맹점사업자가 자기의 영업지역 외의 다른 지역에서 판매하고자 하는 경우 그 지역의 가맹점사업자에게 광고선전비 등 판촉비용에 상당하는 일정한 보상금을 지불하도록 하는 행위

가맹본부가 위의 내용과 같이 가맹점사업자 간의 중재안을 사전에 마련하여 정보공개서 및 가맹계약서에서 규정한 경우 가맹점사업자는 이의 중재에 적극적으로 따라야 합니다.

Q09. 영업지역 침해와 영업지역 준수강제 차이가 무엇인가요?

A09. 영업지역 침해는 가맹본부가 부여한 영업지역 내에 가맹본부 또는 계열회사의 동일한 업종의 가맹점을 개설하지 못하도록 금지하겠다는 조항이고, 영업지역 준수강제는 가맹본부가 가맹점의 영업지역 내에서만 영업하도록 규제하는 것을 금지하는 조항입니다.

참고로, 가맹본부가 가맹점사업자의 영업지역을 보호한다는 의미는 기존 가맹점의 영업지역 내에 가맹본부가 동일한 업종의 직영점이나 가맹점을 설치하지 않겠다는 의미이지 가맹점사업자들이 그 지역 내에서만 영업을 할 수 있다는 의미는 아닙니다.

영업지역 침해와 영업지역 준수강제 조항은 가맹본부의 이익과 가맹점의 이익, 소비자의 이익을 종합적으로 고려하여 검토하여야 할 내용이며, 자세한 내용은 "영업지역 침해와 영업지역 준수강제와의 관계(☞ <참고사항> 참조)"에 대한 내용을 참고하시기 바랍니다.

참고사항

"영업지역의 침해"와 구속조건부거래 "영업지역의 준수강제"와의 관계

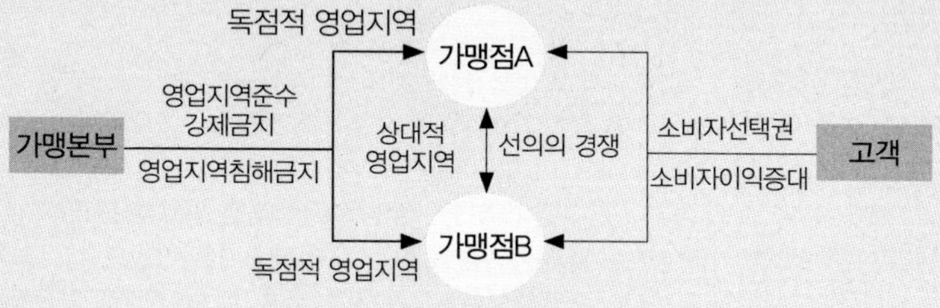

가맹점 간에 있어서 영업지역이란 상대적 영업지역의 성격이 있다. 가맹본부는 가맹점에게 특정 영업지역만을 준수하도록 강요하지 못하며 가맹점 간의 브랜드 내 경쟁을 제한해서는 안 된다. 가맹점의 영업지역이란 가맹본부로부터 보장받는 최소한의 권리이지 가맹점이 반드시 따라야 할 의무는 아니다. 브랜드 내 가맹점 간에는 상품의 품질과 서비스를 향상시켜 소비자로부터 선택받는 적극적인 마케팅 활동을 전개하는 선의의 경쟁이 필요하다.

소비자의 입장에서 보면 가맹점의 영업지역이란 중요하지 않다. 소비자는 같은 브랜드의 가맹점이라 할지라도 가맹점 간의 경쟁을 통해 상품의 품질이나 서비스가 더 좋은 가맹점을 선택할 권리가 있으며 가맹점 간의 영업지역으로 인해 소비자 이익이 침해당해서는 안 된다. 때문에 가맹점의 영업지역은 궁극적으로 소비자의 선택권을 제한하지 않아야 하며 소비자 이익을 보장하는 범주에서 가맹본부와 가맹점 간에 합리적으로 운영되어야 하는 것이다.

결국 가맹사업법상 "영업지역 침해금지"란 가맹점의 영업지역은 가맹본부로부터는 독점적 영업지역의 성격을 가지고 있다는 것이고, "영업지역의 준수강제금지"란 가맹본부는 가맹점의 영업활동을 특정 지역으로 제한해서는 안 되며 가맹점 간에는 상대적 영업지역이라는 의미로 해석되어야 할 것이다. 가맹사업법에서는 이를 동시에 규정하고 있는 것이다.

프랜차이즈 클리닉

〈에피소드〉 16. 가맹본부가 공급하는 제품을 반드시 구매하여야 하나?

\# 상황

가맹점사업자인 A씨는 2010. 2. 10. 가맹본부로부터 정보공개서를 제공받은 후 2010. 3. 3. 'OOO' △△점에 관한 가맹계약을 체결하고 가맹금 1,100만원을 ▲▲은행에 예치하였다. 그리고 2011. 4. 6. 가맹본부로부터 다시 정보공개서를 제공받고, 2011. 4. 21. □□점에 관한 가맹계약을 신청인의 모친의 명의로 체결하였다.

2011년 5월경 가맹본부는 전국 가맹점의 점검 및 실태조사를 하였고, 그 결과 A씨가 운영하는 2개 가맹점이 가맹본부가 지정한 업체로부터 육류 원재료를 구입하지 않고 있다는 사실을 알게 되었다. 이에 가맹본부는 2011. 6. 8., 2011. 6. 28., 2011. 7. 22. 이의 시정을 서면으로 요구하였고 2011. 8. 9.에 2011. 8. 11.자로 가맹계약이 해지됨을 서면으로 통보하였다.

\# 가맹점 주장

가맹점사업자 A씨는 가맹본부가 육류 원재료를 정상적으로 공급하지 못하기에 동일한 재료를 타 업체로부터 구매할 수밖에 없었음에도 불구하고, 가맹본부가 무조건 자신이 지정한 업체로부터만 재료를 구매하도록 강요하고 이를 지키지 않았다는 이유로 가맹계약을 해지한 것은 부당하다고 주장한다.

\# 가맹본부 주장

가맹본부는 육류 유통과정의 관리를 위해 가맹본부가 지정하는 업체를 통해 육류를 가맹점에 공급해야 하며, 이러한 사실을 정보공개서와 가맹계약서에 기재하였고 이를 A씨에게 미리 설명한 후 가맹계약을 체결하였으므로 가맹사업법상 위법행위가 전혀 없다고 주장한다.

\# 분쟁조정협의회 권고

가맹본부는 가맹점사업자 A씨와 가맹계약을 체결하기 전에 정보공개서와 가맹계약서를 통해서 자신이 지정하는 사업자로부터 육류 원재료를 공급받아야 한다는 사실을 알리고 가맹계약을 체결한 후, 가맹점으로 하여금 자신이 지정한 사업자로부터 일정한 품질과 사양의 육류 원재료를 구입하도록 강제하였으나, 가맹본부가 지정한 사업자가 공급하는 육류 원재료는 가맹점들이 시중에서 동일한 품질로 자유롭게 구매가 가능하고, 위 업체와 거래하지 않는다고 하여 가맹본부의 상표권 보호 및 상품의 동일성을 유지하기 어렵다는 사실이 객관적으로 인정되지 않으므로, 위와 같은 가맹본부의 행위는 가맹사업법 제12조 제1항 제2호에서 규정한 구속조건부거래행위에 해당할 소지가 있다.

또한 가맹점사업자 A씨가 육류 원재료를 자신이 지정한 업체로부터 구매하지 않는다는 이유로 2011년 6월 8일, 동년 동월 28일, 동년 7월 22일의 3차례에 걸쳐 A씨에게 이의 시정을 요구하였고, A씨가 이를 시정하지 않자 2011년 8월 11일에 가맹계약을 해지하였는데, 비록 해지 절차는 가맹사업법 제14조 제1항을 준수한 것으로 보이나, 해지 사유는 구속조건부거래행위에 근거한 것이므로 본 건 계약해지는 부당하다고 할 것이다.

양 당사자는 본 건 가맹계약을 재개하여야 하며, 가맹본부는 가맹점사업자 A씨에게 가맹본부가 지정한 업체로부터 육류 재료를 구매하도록 강제하여 A씨의 사업활동을 부당하게 구속하는 조건으로 거래하는 행위를 하여서는 아니 된다.

클리닉

가맹본부는 정보공개서 제공의무, 가맹금 예치의무, 해지절차의 준수 등 가맹사업법 상 가맹본부의 절차적 의무를 성실하게 수행하고 있는 것으로 판단된다. 하지만 가맹본부에게는 가맹사업법상 절차적 의무의 준수와 더불어 운영상 내용의 적법성을 요구한다고 볼 수 있다.

이 번 사건은 가맹본부가 A씨가 육류 원재료를 가맹본부가 아닌 제3자로부터 공급받아 계약을 위반하였다는 이유로 계약을 해지한 것으로, 외식업 가맹본부가 육류 원재료를 가맹본부가 아닌 제3자로부터 공급받는 행위를 일체 금지시키는 구속조건부 거래행위가 정당한지에 대한 검토를 필요로 한다.

가맹사업법 제12조(불공정거래행위의 금지)는 "가맹점사업자가 취급하는 상품 또는 용역의 가격, 거래상대방, 거래지역이나 가맹점사업자의 사업활동을 부당하게 구속하거나 제한하는 행위"를 금지하고 있다. 그 중 "거래상대방의 구속"은 "부동산 · 용역 · 설비 · 상품 · 원재료 또는 부재료의 구입 · 판매 또는 임대차 등과 관련하여 부당하게 가맹점사업자에게 특정한 거래상대방(가맹본부를 포함한다)과 거래할 것을 강제하는 행위"를 불공정한 거래행위로 규정하여 해당 행위를 금지하고 있다. 다만, 부동산 · 용역 · 설비 · 상품 · 원재료 또는 부재료가 가맹사업을 경영하는데 필수적이라고 객관적으로 인정되고, 특정한 거래상대방과 거래하지 아니하는 경우에는 가맹본부의 상표권을 보호하고 상품 또는 용역의 동일성을 유지하기 어렵다는 사실이 객관적으로 인정되며, 가맹본부가 미리 정보공개서를 통하여 가맹점사업자에게 해당 사실을 알리고 가맹점사업자와 계약을 체결한 경우를 모두 충족하는 경우에는 예외적으로 허용하고 있다.

비록 가맹본부는 정보공개서를 통해 사전에 육류 원재료를 가맹본부로부터 공급 받아야 한다는 것을 알린 것은 사실이다. 하지만 해당 육류 원재료가 가맹사업을 경영하는데 필수적이며, 제3자로부터 공급받을 경우 상품의 동일성을 유지하는데 필수적인지의 여부에 대하여서는 근거를 제시하지 못한 것으로 판단된다.

프랜차이즈 비즈니스는 가맹본부와 가맹점사업자가 동일한 외관을 형성하면서 소비자에게 공급하는 상품 또는 서비스의 균질화를 필요로 하는 비즈니스이다. 이때 가맹본부는 가맹점들이 소비자에게 판매하는 상품 등의 품질 동일성 유지를 위하여 자신이 개발한 독특한 노하우를 바탕으로 자신이 아니면 제3자로부터 공급 받지 못할 정도의 차별화된 원부재료를 생산 및 가맹점에게 원활하게 공급할 의무가 있다. 가맹점사업자가 어디서나 동일한 제품을 저렴한 가격에 구입 가능하다면 이는 가맹사업의 동일성을 해친다고 볼 수 없을 것이며, 오히려 가맹본부가 차별화된 제품개발과 판매기법의 개발을 위한 노력을 다하지 못한 것으로 판단할 수 있다.

한편, 가맹점사업자 A씨의 경우 비록 가맹본부가 제공하는 원재료가 시중에서 동일한 품질의 제품을 구할 수 있는 것이라 할지라도, 가맹본부가 제공하는 브랜드 관리와 판촉 노력에 대한 무형의 서비스 제공을 감안하여, 가맹본부로부터 제품 등을 구입하는 것을 우선적으로 고려함으로써 가맹본부와 가맹점사업자 간의 상생의 길을 도모하여야 할 것이다.

출처: 창업 & 프랜차이즈 CEO study FC 클리닉, 이성훈, 2015년 5월호

프랜차이즈 클리닉

〈에피소드〉 17. 거래상대방의 구속

상황

가맹점사업자 A씨는 육류외식프랜차이즈 가맹본부인 B사와 가맹계약을 체결하고 가맹점을 운영하여 왔다. B사는 전국 가맹점의 점검 및 실태조사를 하였고, 그 결과 A씨가 운영하는 가맹점이 가맹본부가 지정한 업체로부터 육류 원재료를 구입하지 않고 있다는 사실을 알게 되었다. B사는 육류 원재료를 가맹본부가 지정한 업체로부터 구매하지 않았다는 이유로 A씨에게 가맹계약을 해지를 서면으로 통보하였고 이에 불복한 A씨는 이의 취소를 요구하는 분쟁조정을 신청하였다.

가맹점 주장

가맹점사업자 A씨는 가맹본부가 육류 원재료를 정상적으로 공급하지 못하기에 동일한 재료를 타 업체로부터 구매할 수밖에 없었고, 가맹본부가 무조건 자신이 지정한 업체로부터만 재료를 구매하도록 강요하고 이를 지키지 않았다는 이유로 가맹계약을 해지한 것은 부당하다고 주장한다.

가맹본부 주장

B사는 육류 유통과정의 관리를 위해 가맹본부가 지정하는 업체를 통해 육류를 가맹점에 공급해야 하며, 이러한 사실을 정보공개서와 가맹계약서에 기재하였고 이를 가맹점사업자에게 미리 설명한 후 가맹계약을 체결하였으므로 가맹사업법상 위법행위가 전혀 없다고 주장한다.

분쟁조정협의회 권고

가맹본부는 가맹점사업자와 가맹계약을 체결하기 전에 정보공개서와 가맹계약서를 통해서 자신이 지정하는 사업자로부터 육류 원재료를 공급받아야 한다는 사실을 가맹점사업자들에게 알리고 가맹계약을 체결한 후, 가맹점사업자로 하여금 자신이 지정한 사업자로부터 일정한 품질과 사양의 육류 원재료를 구입하도록 강제하였으나, 가맹본부가 지정한 사업자가 공급하는 육류 원재료는 가맹점들이 시중에서 동일한 품질로 자유롭게 구매가 가능하고, 지정업체와 거래하지 않는다고 하여 가맹본부의 상표권 보호 및 상품의 동일성을 유지하기 어렵다는 사실이 객관적으로 인정되지 않으므로, 위와 같은 가맹본부의 행위는 가맹사업법 제12조 제1항 제2호에서 규정한 구속조건부거래행위에 해당할 소지가 있다.

한편, 가맹점이 육류 원재료를 자신이 지정한 업체로부터 구매하지 않는다는 이유로 3차례에 걸쳐 가맹점사업자에게 이의 시정을 요구하였고, 가맹점사업자가 이를 시정하지 않아 가맹계약을 해지하였는데, 비록 해지 절차는 가맹사업법 제14조 제1항을 준수한 것으로 보이나, 해지 사유는 구속조건부거래행위에 근거한 것이므로 계약 해지는 부당하다고 할 것이다.

양 당사자는 본 건 가맹계약을 재개하여야 하며, 가맹본부는 가맹점사업자에게 가맹본부가 지정한 업체로부터 육류 재료를 구매하도록 강제하여 가맹점의 사업활동을 부당하게 구속하는 조건으로 거래하는 행위를 하여서는 아니 된다.

클리닉

프랜차이즈 시스템은 브랜드의 동일성을 위해 가맹점들이 판매하는 상품의 품질을 일정한 수준에서 통일성을 유지하여 한다. 이를 위해서 가맹본부는 원부재료를 가맹본부 또는 가맹본부가 지정한 업체로부터 공급받을 것을 가맹점사업자에게 강제하게 된다. 이 경우 가맹본부가 강제하는 원부재료는 브랜드에 특화된 차별화된 제품이어야 하며, 시중에서 일반적으로 구매 가능한 범용제품을 강제할 수는 없다. 시중에서 일반적으로 구매 가능한 제품은 브랜드 동일성과는 관계가 없으며 오히려 가맹본부가 차별화된 제품 공급 노하우가 부족하다는 것을 말해 주는 것이다.

가맹본부는 브랜드뿐만 아니라 가맹점 운영에 필수적인 제품 공급 노하우를 구축하고 있어야 한다. 가맹계약서와 정보공개서상에 필수공급 품목을 고지하였다 하더라도 공급하는 제품이 시중에서 구입할 수 있는 일반적인 제품이라면 부당한 거래 상대방의 구속에 해당할 수 있다.

위 사건은 가맹점이 육류 원재료를 가맹본부가 아닌 제3자로부터 공급받아 계약을 위반하였다는 이유로 계약을 해지하였는바, 이는 외식업 가맹본부가 육류 원재료를 가맹본부가 아닌 제3자로부터 공급받는 행위를 금지시키는 구속조건부 거래행위에 해당한다고 볼 것이다.

우리나라 프랜차이즈 가맹본부의 수익구조는 로열티보다는 시설과 설비비 및 지속적인 제품공급 마진을 위주로 하는 경우가 많다. 때문에 가맹본부는 가맹점에서 사용하는 원부재료 일체를 가급적 가맹본부로부터 받을 것을 강제하게 된다. 이를 위해서 가맹본부는 공급하는 원부재료가 브랜드 동일성 유지와 판매하는 상품의 일정한 품질 유지를 위해서 필수적으로 사용해야 한다는 점을 가맹점사업자에게 합리적으로 납득시켜야 할 책무가 있다.

차별화된 제품 공급 노하우는 가맹점의 안정적인 매출을 위해서 뿐만 아니라 가맹본부의 지속적인 수익모델 차원에서도 중요하다. 단지, 가맹본부의 수익만을 위해 일반적인 제품을 강요한다면 아무리 사전에 정보공개서 등을 통해 공지하였다고 하더라도 불공정거래행위에 해당한다는 점을 명심하여야 한다.

출처: 창업 & 프랜차이즈 CEO study FC 클리닉, 이성훈, 2016년 9월호

프랜차이즈 클리닉

〈에피소드〉 18. 프랜차이즈 물류공급은 누가 하여야 하나?

상황

가맹점사업자 A씨는 'OOO분식 △△△점'에 대하여 가맹본부 B사와 가맹계약을 체결하였다. 물류업체인 ㈜□□은 B사로부터 식자재 등을 구매하여 가맹점에 물류를 배송하여 왔으나, B사가 식자재 등의 공급과 관련하여 폭리를 취하고 있다는 내용의 '품목별 본사폭리현황'이라는 서면을 A씨를 비롯한 가맹점사업자들에게 발송하였다.

이후 가맹본부 B사는 물류업체를 ㈜□□에서 ㈜OOO로 변경하고, 물류 공급 방식을 물류업체가 가맹본부로부터 구입한 식자재를 가맹점에 재판매하는 방식에서, 가맹본부가 가맹점에 식자재를 직접 판매하며 물류업체는 물류배송 업무만을 담당하는 것으로 변경하였다.

한편, B사는 물류배송에 대한 위탁물류 수수료로 식자재 매출액의 8%를 ㈜□□에 지급하다가, 식자재 매출액의 10%를 지급하였다.

가맹점 주장

가맹점사업자 A씨는 정보공개서에 의하면 가맹본부는 원 부재료에 대해 가맹점사업자와 특정한 거래상대방과의 거래를 주선하여 그로부터 대가를 받지 않으며, 원 부재료를 가맹점사업자에게 직접 공급한다고 명시하고 있으므로, 가맹본부 B사가 식자재 등 물품과 관련하여 정상공급가보다 실제공급가를 높게 책정하여 14% 정도의 이익을 취하여 온 것과 ㈜□□으로부터 위탁물류 수수료의 10% 중 2%를 지급받아 온 것은 정보공개서의 내용과 달리, B사가 직접 식자재를 공급하지 않고 특정한 거래상대방과 식자재를 거래하도록 주선하여 부당하게 그 대가를 지급받은 것이라고 주장한다.

가맹본부 주장

가맹본부 B사는 ㈜□□은 물류배송을 담당하는 물류업체이므로 식자재는 실질적으로 가맹본부가 가맹점 사업자에게 공급하는 것이고, 식자재 유통을 통해 얻는 물품공급가의 7% 정도의 마진은 정상적인 유통과정에서 얻는 이익이며, ㈜□□으로부터 위탁물류 수수료의 일부를 지급받은 사실이 없다고 주장한다.

또한, ㈜□□이 영업 비밀에 해당하는 식자재 원가와 관련하여 '품목별 본사폭리현황'이라는 내용의 허위사실을 유포하여 가맹본부의 이미지를 실추시켰으며,

이에 따라 가맹점사업자들의 신뢰를 회복하기 위해 간담회를 개최하고 일부품목의 가격을 인하하는 등의 노력을 하였다고 주장한다.

분쟁조정협의회 권고

가맹점사업자 A는 가맹본부 B사가 직접 가맹점에 식자재를 공급하지 않고 특정한 거래상대방과 식자재를 거래하도록 주선하여 부당하게 그 대가를 지급받아 왔다고 주장하나, 다음과 같은 점을 고려할 때 가맹본부 B사가 거래 주선의 대가로 부당한 이익을 취득하였다고 보기 어렵다.

1. ㈜□□이 물류공급방식 변경 전에 가맹본부로부터 식자재를 구매하여 가맹점에 식자재를 재판매하였다 할지라도 식자재 개발, 품질관리, 공급가 책정 등의 모든 업무는 가맹본부가 담당하였고 ㈜□□은 물류업체로써 배송업무를 담당하며 가맹본부에게 위탁물류 수수료만을 지급받았다는 점 등을 고려할 때, 식자재 등의 실질적 공급자는 가맹본부인 B사로 볼 수 있어 가맹본부가 가맹점사업자에게 식자재 공급과 관련하여 부당한 이득을 취할 목적으로 특정 상대방과의 거래를 주선하였다고 보기 어렵다는 점.

2. 또한, 위탁물류 수수료는 B사와 ㈜□□ 사이의 수수료 지급에 관한 문제라 볼 수 있고 이로 인해 가맹점이 가맹본부에게 추가적인 금원을 지급한 사실이 없다는 점을 고려할 때 가맹본부가 가맹점사업자로부터 별도의 거래주선의 대가를 부당하게 취득하였다고 보기 어렵다는 점.

클리닉

프랜차이즈시스템은 계속적인 거래관계를 핵심적인 성립요건으로 한다. 즉, 가맹본부와 가맹점이 동일한 외관과 브랜드를 공유하며, 핵심적인 판매 상품 등의 동일성을 유지하기 위하여 본사에서 정한 품질기준에 부합하는 제품 등을 지속적으로 공급받아 소비자들에게 판매하는 방식이다. 가맹본부는 자신이 개발한 노하우를 바탕으로 원 부재료를 일정 수준의 품질을 유지하며 합리적인 가격으로 가맹점에게 공급하여야 하고, 가맹점은 가맹본부가 제공하는 원 부재료가 품질이 현저히 떨어진다거나 시중에서 동일한 품질의 원 부재료를 저렴한 가격에 구입할 수 없는 한 가맹사업의 동일성 유지를 위하여 가맹본부가 제공하는 필수적인 공급 제품을 구입하여야 할 의무가 있다.

따라서 가맹본부는 체계적이고 효율적인 프랜차이즈 물류시스템을 구축하여 가맹점의 원활한 가맹점 운영을 지원하여야 한다. 하지만, 반드시 가맹본부가 물류시스템을 갖추고 직접 물류 업무를 수행하여야 하는 것은 아니다. 보다 효과적이고 비용의 절감을 위하여 전문화된 제3자 물류를 이용할 수 있다.

본 사건의 경우 가맹본부와 가맹점 그리고 제3자물류업체와의 복잡한 갈등관계가 표출된 사건으로 볼 수 있다. 가맹본부는 합리적이고 투명한 경영을 통해 가맹점이 신뢰할 수 있는 물류 정책을 실행하여야 하는데 가맹점사업자의 의혹을 불러일으켰다고 볼 수 있다. 제3자물류업체 또한 큰 틀에서 프랜차이즈시스템의 일원임에도 불구하고 가맹본부와 가맹점사업자 사이에서 가맹본부를 폭리를 취하는 업체로 폄훼하고 가맹점과의 갈등을 부추기고 있다. 가맹점사업자 또한 합리적인 의심이 아니라 제3자물류업체만의 말을 믿고 가맹본부를 폭리업체로 규정하는 우를 범하고 있다.

프랜차이즈 시스템에서 가맹본부는 리더십이 필요하다. 시스템의 중심으로서 투명하고 합리적인 경영을 통해 가맹점과 공급업체 등의 신뢰를 얻는 것이 무엇보다도 중요하다. 가맹점사업자 또한 가맹본부의 정상적인 경영정책과 운영방침을 따라야 할 팔로우십의 의무가 있다. 물류업체는 프랜차이즈 시스템이 유기적으로 원활하게 운영될 수 있도록 최선을 다해 역할을 수행하는 파트너십이 필요하다. 성공적인 프랜차이즈 시스템을 구축하기 위해서는 각자가 자신만의 이익을 좇기 보다는 시스템 전체의 이익을 고려하고, 서로 이익을 공유하려는 자세가 필요하다.

출처: 창업 & 프랜차이즈 CEO study FC 클리닉, 이성훈, 2015년 9월호

Keyword 25 거래상지위남용 금지

거래상지위는 상거래에 있어 상대방의 거래 활동에 상당한 영향을 미칠 수 있는 상대적으로 우월한 지위를 말한다. 가맹사업은 근본적으로 가맹본부가 거래상 우월적 지위를 갖게 된다. 그러나 가맹사업 동일성의 유지를 위한 부득이한 경우가 아닌 한 가맹본부는 우월적 지위를 남용하여서는 안 된다.

가맹점사업자에게 가맹사업의 경영과 무관하거나 그 경영에 필요한 양을 넘는 시설·설비·상품·용역·원재료 또는 부재료 등을 구입 또는 임차하도록 강제하는 행위는 거래상지위남용에 해당된다.

공정거래위원회는 거래상의 지위를 이용하여 부당하게 가맹점사업자에게 불이익을 주는 행위를 불공정거래 행위로 규정하고, 구입강제, 부당한 강요, 부당한 계약조항의 설정 또는 변경, 경영간섭, 판매목표강제, 불이익 제공 등을 거래상지위남용에 해당하는 불공정거래 유형으로 정하고 있다.

Keyword Key point

- 구입을 강제하거나 부당한 강요를 하는 경우 불공정거래행위에 해당한다.
- 가맹본부는 계약기간 중이나 갱신 시 부당하게 계약조항을 변경하여서는 안된다.
- 가맹점의 경영에 간섭하거나 판매목표를 강제하고 불이익을 제공하면 안된다.

한눈에 보는 Keyword 근거 법령

법 조항	– 가맹사업법 제12조(불공정거래행위의 금지) – 가맹사업법 시행령 제13조(불공정거래행위의 유형 또는 기준) [별표 2]
불공정 거래행위 기준	– 거래상의 지위를 이용하여 부당하게 가맹점사업자에게 불이익을 주는 행위
행위 유형	– 구입강제, 부당한 강요, 부당한 계약조항의 변경, 경영의 간섭, 판매목표 강제, 불이익 제공
제재 사항	– **시정명령**: 시정조치 or 시정권고 – **과징금**: 위반기간 동안 관련 매출액(or 영업수익)의 2% 이내(매출액 산정불가 시 5억원 이내)

Q01. 정보공개서에 일반공산품을 강제품목으로 기재해도 되나요?

A01. 가맹본부가 우월적 지위를 이용하여 가맹사업의 통일성과 브랜드의 동질성 및 판매하는 상품 등의 통일성과 무관한 제품을 구입할 것을 강제하는 것은 불공정거래행위이며, 구입을 강제하는 행위 자체가 위법한 것이 됩니다. 따라서 실제 가맹점이 구입하였는가의 여부는 문제되지 않고, 가맹계약서에 필수공급품으로 기재한 사실만으로 불공정거래행위가 됩니다.

Q02. 가맹본부가 정한 POS 기기와 프로그램 꼭 구입해야 하나요?

A02. 가맹본부가 정한 POS 기기는 꼭 구입하지 않아도 됩니다. 다만 가맹본부가 개발하여 운영하는 POS 프로그램은 사용하여야 합니다. 가맹본부의 정책이 반영된 POS 운영프로그램을 가맹본부가 강제하는 경우 이의 사용은 반드시 하여야 하며, 사용료는 가맹점사업자가 부담하여야 합니다.

대법원 판례에서도 주방용세제나 금전등록기 또는 POS 기기 등의 구입강제 행위는 가맹사업의 목적달성에 필요한 범위 내의 통제가 아니라고 보고 있습니다. 그러나 POS 기기 내에서 운영되는 프로그램 등은 가맹본부의 가맹사업 동일성 유지를 위해 필수적인 물품으로 필요한 범위 내의 통제로 볼 수 있으므로 POS 프로그램의 사용은 준수해야 할 것으로 보입니다.

효율적인 매장관리를 위해 POS 설비는 반드시 필요하며, POS는 이제 점포를 운영하기 위한 필수 설비가 되었습니다. 또한 POS 프로그램은 가맹점의 매출이나 운영현황을 파악하고 문제점을 진단하여 개선책을 수립하는 데 효과적으로 사용하기 위한 용도로 가맹본부가 전체 가맹점을 통일적으로 관리하기 위한 직접적인 수단이 되고 있기에 적극적으로 활용하시기 바랍니다.

Q03. 가맹점 모집하는 광고비용 가맹점에 부담시켜도 되나요?

A03. 가맹본부가 홍보 및 판촉 비용을 분담하기 위해서는 가맹본부와 가맹점의 이익이 공존하여야 합니다. 그러나 가맹점 모집 업무는 가맹본부만의 직접적인 이익이 발생하기 때문에 가맹점에 분담을 요구하는 행위는 부당한 강요의 불공정거래행위가 됩니다.

예를 들어, 광고비용을 전액 가맹점에 부담시키거나 할인행사에 따른 비용을 가맹점에 전가시키는 행위 등도 부당한 강요로 보고 있습니다.

가맹본부가 부당하게 경제적 이익을 제공하도록 강요하거나 가맹점사업자에게 비용을 부담하도록 강요하는 행위는 불공정거래행위로 금지됩니다. 다만, 가맹본부의 상표권을 보호하고 상품 또는 용역의 동일성을 유지하기 어렵다는 사실이 객관적으로 인정되는 경우로서 해당 사실에 관하여 가맹본부가 미리 정보공개서를 통하여 가맹점사업자에게 알리고 가맹점사업자와 계약을 체결한 때는 불공정거래행위로 보지 않습니다.

경제적 이익이나 비용은 반드시 금전에만 국한되는 것이 아니라 경제적 가치가 있는 모든 것이 포함됩니다. 또한 가맹본부나 계열회사에 대한 이익제공 강요뿐만 아니라 제3자에게 이익을 제공하도록 강요하는 경우도 포함됩니다. 이 때 적극적으로 이익제공을 요구하는 행위뿐만 아니라, 가맹본부가 부담할 비용을 가맹점에게 떠넘기는 행위도 부당한 강요에 해당합니다.

Q04. 갱신 시 정당한 사유 없이 로열티를 인상하면 동의해야 하나요?

A04. 가맹점사업자가 이행하기 곤란하거나 가맹점사업자에게 불리한 계약조항을 설정 또는 변경하거나 계약갱신과정에서 종전의 거래조건 또는 다른 가맹점사업자의 거래조건보다 뚜렷하게 불리한 조건으로 계약조건을 설정 또는 변경하는 행위는 거래상지위의 남용행위에 해당합니다. 따라서 사전에 협의되지 않은 로열티 인상은 불공정거래행위로 동의하지 않아도 됩니다.

가맹계약이란 신뢰를 바탕으로 지속적인 거래를 전제로 하여 체결되게 됩니다. 그런데 가맹본부가 자신의 우월한 지위를 이용하여 수시로 정책을 변경하거나 가맹점사업자에게 계약을 변경할 것으로 강요한다면 계약관계의 안정성과 지속성을 해치게 됩니다. 일종의 사정변경에 따른 계약내용의 변경이라도 우리 민법이 사정변경의 원칙을 극히 제한적으로 허용하고 있는 것과 같이 가맹본부의 특별한 사정변경을 사유로 한 계약내용의 변경도 상당히 제한되어야 합니다.

또한 특정한 가맹점사업자를 불리하게 하거나 배제하기 위한 계약조건의 변경은 거래상 우월적 지위의 남용으로 해당 가맹점에게 심대한 영업상 불이익을 초래할 우려가 크기 때문에 불공정거래행위로서 금지됩니다. 이 경우라도 가맹본부의 상표권을 보호하고 상품 또는 용역의 동일성을 유지하기 어렵다는 사실이 객관적으로 인정되는 경우로서 해당 사실에 관하여 가맹본부가 미리 정보공개서를 통하여 가맹점사업자에게 알리고 가맹점사업자와 계약을 체결한 때는 예외로 하고 있습니다.

Q05. 가맹본부가 동업을 요구하면 동의해야 하나요?

A05. 정당한 이유없이 특정인과 가맹점을 같이 운영하도록 강요하는 행위는 경영의 간섭에 해당하는 불공정거래행위로 금지되기 때문에 가맹본부가 동업을 요구한다 하더라도 동의하지 않아도 됩니다. 다만, 가맹본부의 상표권을 보호하고 상품 또는 용역의 동일성을 유지하기 어렵다는 사실이 객관적으로 인정되는 부득이한 사유가 있는 경우로써 해당 사실에 관하여 가맹본부가 미리 정보공개서를 통하여 가맹점사업자에게 알리고 가맹점사업자와 계약을 체결한 때는 이에 따라야 합니다.

Q06. 가맹본부가 판매수량 정해주면 꼭 모두 판매해야 하나요?

A06. 판매목표 강제는 부당하게 판매 목표를 설정하고 가맹점사업자로 하여금 이를 달성하도록 강제하는 행위를 말합니다. 획일적인 판매목표를 강제하고 목표달성에 미달될 경우 물품공급의 중단이나 계약해지 등의 패널티를 부과하는 것은 판매목표 강제에 해당하는 불공정거래 행위에 해당합니다.

가맹점의 운영과 관련하여 가맹점사업자는 자율적인 판매 목표를 설정하고 매출향상을 위해 다양한 노력을 하게 됩니다. 하지만 이는 전적으로 가맹점사업자의 판단과 결정에 따를 문제이지 가맹본부가 불이익이나 인센티브를 조건으로 강제하면 안 됩니다.

〈에피소드〉 19. 가맹본부의 거래상 지위를 남용한 부당한 강요

상황

가맹점사업자 A씨는 편의점 가맹본부 B사를 상대로 거래상지위남용 행위를 이유로 금 1,185,846,234원의 손해배상을 청구하는 취지의 조정을 신청하였다. A씨는 2009. 6. 8. B사와 계약기간을 1년으로 하는 가맹계약을 체결하고 "***편의점 ***점"을 운영해 오던 중 B사가 계열회사인 **쇼핑㈜의 "**마트"를 개설하기 위해 2010. 8. 31. 일방적으로 가맹계약을 해지하였고, 이에 A씨는 불가피하게 B사와 새로운 가맹점을 개설하는 가맹계약을 체결하여 "***편의점 ***점"을 운영해 오고 있으나 수익이 매우 저조하여 분쟁조정을 신청하였다.

B사는 2010. 3. 3. A씨에게 2010. 6. 7.부로 가맹계약기간이 만료되며 재계약 협의를 통지하는 내용의 "가맹계약 만료 및 폐점에 따른 가맹계약 해지통보"라는 제목의 서면을 발송하였다. 그러나 A씨는 2010. 6. 7. 가맹계약기간이 만료된 이후에도 "***편의점 ***점"을 계속 운영하면서 B사와 계약조건의 변경에 관한 협의를 계속하였다. 이후 "***편의점 ***점"이 입점해 있던 건물의 소유주인 "***㈜"는 2010년 6월 9일과 25일 두 차례에 걸쳐 B사에게 임대차계약의 종료(계약종료일: 2010. 8. 31)를 통보하였다. 2010. 8. 31. A씨는 운영하고 있던 "***편의점 ***점"을 폐점하고 B사와 신규 가맹점 개설에 관한 가계약을 체결한 후, 2010. 9. 6. 서울 타 지역에 "***편의점 **점"을 개설하기로 하는 가맹계약을 체결하고 가맹점을 운영해 오고 있다. 그리고 "***편의점 ***점"이 운영되었던 점포에는 B사 계열회사인 ***㈜가 "**마트"를 개설하여 운영 중에 있다. A씨는 "***편의점 ***점"을 운영하던 때에는 B사로부터 매월 약 1,000만원 가량의 금액을 수령하여, 인건비를 지급해도 약 300만원 내지 600만원 가량의 수익을 달성하였으나, "***편의점 ***점"을 운영한 후부터는 매월 약 300만원 내지 400만원의 금액을 피신청인으로부터 수령하여, 임차료와 인건비를 지급하면 매월 손해가 발생하고 있는 상태이다.

가맹점 주장

가맹점사업자 A씨는 이 사건 "***편의점 ***점"의 매출이 높고, 수익이 좋았기에 굳이 ***점을 폐점할 이유가 없었고, B사와 합의해지를 한 사실도 없었음에도 불구하고 B사의 대표이사가 변경된 이후 영업방침을 이유로 수익성이 높은 ***점을 "**마트"로 전환하기 위해 ***점의 폐점을 강요하고, A씨에게 '가맹금 감액'과 '영업지원금 지급'이라는 혜택을 제시하여 "***편의점 **점"을 신규 개설하도록 하였다고 주장한다.

가맹본부 주장

가맹본부인 B사는 "***편의점 ***점"이 임대인의 일방적인 계약갱신거절 통지로 인하여 부득이하게 폐점할 수밖에 없었고, 이와 관련하여 A씨와 임대차계약의 종료일에 가맹계약을 종료하는 것으로 합의한 바 있으나, A씨의 지속적인 요청에 의해 "***편의점 **점"을 신규 개설하기로 하고 이에 대한 혜택으로 가맹금을 감액하고 영업지원금을 지급한 것이라고 주장한다.

분쟁조정협의회 권고

협의회는 "***편의점 ***점"의 매출과 수익이 매우 높아 A씨가 굳이 가맹점을 폐점할 이유가 없었다는 점, 양 당사자 간에 "***점"에 관한 합의해지서가 없다는 점, "***점"의 임차 주체는 B사였다는 점, 폐점 이전에 ***㈜의 사장이 B사의 대표이사를 겸직하였다는 점, "***점"이 폐점한 이후 같은 자리에 ***㈜의 매장인 "**마트"가 개설된 점 등을 종합적으로 고려할 때 B사가 계열회사의 매장을 개설하기 위해 일방적으로 A씨와의 가맹계약을 해지하고, 수익이 보장되지 않는 새로운 가맹점에 관한 가맹계약을 체결하도록 한 것으로 보이고, 이는 가맹사업법 제12조 제1항 제3호에서 규정한 불이익제공행위에 해당할 소지가 있다는 이유로 B사로 하여금 A씨와의 가맹계약을 해지하고, 가맹계약의 해지로 인해 발생하는 위약금 등의 채무를 모두 면제하도록 권고하였고, 2012. 4. 10. 이를 양당사자가 수락하였기에 가맹사업법 제23조 제3항 제1호에 따라 조정절차를 종료하였다.

클리닉

가맹사업법은 가맹점사업자가 계약의 갱신을 요구할 경우 정당한 사유가 없는 한 계약의 갱신기간을 10년간 보장해 주도록 하고 있다(가맹사업법 제13조). 이는 가맹점의 안정적인 영업을 보장하고 가맹본부의 부당한 강요에 의해 가맹점 영업권의 침해를 예방하기 위한 취지라고 볼 수 있다. 부당한 강요는 가맹본부가 거래상 우월적 지위를 남용하여 부당하게 가맹점사업자에게 비용을 부담하도록 강요하는 행위를 말한다. 또한 가맹본부가 가맹점사업자에게 부당하게 불이익을 주는 행위를 하는 것도 거래상 지위를 남용한 불공정거래행위로 보고 있다(가맹사업법 제12조).

가맹본부인 B사가 자신의 새로운 마트를 영업이 활성화되어 있는 기존 A씨의 가맹점에 개설하려는 의도를 갖고, A씨와의 가맹계약을 해지한 후 매출이 저조한 영업지역에 다른 가맹점을 개설하도록 유도하였다면, 이는 거래상지위를 남용한 부당한 강요에 해당할 것이다. A씨는 기존 가맹점에서 어느 정도 안정적인 매출과 수익을 올리고 있었고, 가맹본부의 요구에 의해 매출이 저조한 지역으로 매장을 옮긴 것은 자의가 아닌 것이라 볼 것이다.

가맹본부는 가맹점의 매출과 영업에 관심을 갖고 지원하여야 할 의무가 있다. 가맹본부가 자신의 이익만을 생각하여 가맹점의 지원과 영업활성화를 위한 노력을 하지 않았다면 이는 가맹본부의 최선의무를 위반한 것이다.

가맹점은 가맹본부를 신뢰하고 의존하는 경향이 있다. 가맹본부는 가맹점의 신뢰를 바탕으로 상생할 수 있는 지원제도를 운영하여야 한다. 가맹본부가 가맹점으로부터 신뢰받지 못한다면 그 사업은 지속가능성을 상실한다. 가맹본부와 가맹점의 신뢰에 입각한 상호 동반상생의 경영이 필요한 시점이다.

출처: 창업 & 프랜차이즈 CEO study FC 클리닉, 이성훈, 2016년 1월호

〈에피소드〉 20. 판매목표 강제와 밀어내기

상황

가맹점사업자 A씨는 가맹본부인 B사를 상대로 2011. 12. 16.자 가맹계약 해지 통보의 철회를 청구하는 취지의 조정을 신청하였다.

가맹점사업자 A씨는 가맹본부인 B사로부터 물품대금 지급 규정 위반을 이유로 2011년 12월 2일과 16일에 2011년 12월 31일자로 가맹계약이 해지됨을 서면으로 통지받자 이 사건 분쟁이 발생하였다.

가맹점사업자 A씨는 2000년 초 가맹본부인 B사와 물품판매대행계약을 체결하여 B사 브랜드의 상품을 판매해 오다 2010년 3월에 가맹본부 B사와 가맹계약을 새롭게 체결하면서 가맹계약기간은 2010. 12. 31.까지로 하고 1년마다 갱신하는 것으로 약정하였다. 가맹본부 B사는 가맹점사업자 A씨로 하여금 매월 일정한 판매목표를 설정하고 가맹점사업자 A씨가 이를 90% 내지 110%까지 달성하였을 때 월 구매액의 1% 내지 3% 상당의 인센티브를 지급해 왔다. 가맹본부 B사는 2011년 4월 5일과 25일, 같은 해 7월 14일 및 같은 해 10월 25일 가맹점사업자 A씨에게 물품대금 지급규정을 준수하라는 내용의 서면을 발송하였고, 같은 해 12월 2일과 16일에 가맹점사업자 A씨가 물품대금 지급규정을 준수하지 않았다는 이유로 가맹계약 해지를 통보하였다.

가맹점 주장

가맹점사업자 A씨는 물품대금 준수규정을 이행하고 있는 가맹점이 전체 가맹점의 20% 수준임에도 불구하고 가맹본부가 자신에게만 물품대금 준수규정을 위반하였다는 이유로 가맹계약을 해지하는 것은 부당하고, 이는 가맹본부가 계약기간 중 부당하게 판매목표를 설정하여 가맹점으로 하여금 부득이하게 덤핑 판매를 하도록 만들었기 때문이며, 때로는 가맹점이 주문하지도 않은 상품을 임의로 가맹점에 공급한 후 상품대금을 청구하였기 때문이라고 주장한다.

가맹본부 주장

양 당사자가 합의하였기에 자료의 제출을 요구하지 않았다.

분쟁조정협의회 권고

양 당사자는 본 건 가맹계약의 해지를 인정하고, 추후 가맹점사업자 A씨가 가맹본부 B사 브랜드의 음료취급점 또는 특약점이 되고자 할 경우 가맹본부인 B사가 이에 적극적으로 응하겠다는 내용으로 합의를 하였고, 이에 가맹점사업자 A씨가 2012. 2. 24. 분쟁조정신청 취하서를 협의회에 제출한 바, 가맹사업법 제23조 제3항 제1호에 따라 조정절차를 종료한다.

클리닉

판매목표를 선정하고 이를 달성하기 위하여 노력하는 행위는 영업 활성화를 위하여 꼭 필요한 경영활동이다. 일 년 동안 달성할 목표를 세우고 이를 분기별, 월별, 일별 단기 목표로 할당하여 달성 여부를 확인하고 목표를 달성하지 못했다면 문제점을 파악한 후 필요한 조치를 하는 것은 경영자로서 당연히 해야 할 일이다. 그러나 문제는 프랜차이즈시스템에서 가맹점의 판매목표를 가맹점 스스로 실현 가능한 범위에서 설정하는 것이 아니라, 가맹본부가 가맹점에 판매 목표를 하달하고 이를 달성하거나 달성하지 못할 경우 인센티브 또는 패널티를 제공하는 것이다. 강제적으로 할당된 판매 목표를 달성하기 위하여 가맹점은 정상적인 영업을 통한 매출보다는 편법을 동원한 영업을 하려는 자극을 받게 된다. 가맹사업법에서는 판매목표 강제 행위(부당하게 판매 목표를 설정하고 가맹점사업자로 하여금 이를 달성하도록 강제하는 행위)를 거래상지위의 남용으로 보고 불공정거래행위로 규제하고 있다.

가맹점에서 주문하지도 않은 제품을 가맹본부가 임의적으로 공급하는 경우 또한 구입강제(가맹점사업자에게 가맹사업의 경영과 무관하거나 그 경영에 필요한 양을 넘는 시설 · 상품 · 용역 · 원재료 또는 부재료 등을 구입 또는 임차하도록 강제하는 행위)에 해당하여 거래상지위의 남용에 따른 불공정거래행위로 가맹본부를 처벌하게 된다.

가맹본부는 규모의 경제를 실현하고 물류 재고의 빠른 회전을 위하여 가맹점에 일정 수준의 판매 수량을 요구하고 이를 달성하도록 임의적으로 제품을 밀어내기 차원에서 가맹점에 강제로 공급하려는 유혹을 받게 된다. 하지만 가맹점 입장에서 본다면 공급된 제품의 재고 부담과 일정 수준의 판매 목표를 달성하지 못하면 얻게 되는 패널티로 인하여 손실을 볼 우려가 크다.

판매 목표는 가맹본부의 공급 능력과 가맹점의 판매 능력 및 재고 회전 능력 등을 감안하여 합리적으로 설정하여야 한다. 가맹점이 스스로 판매 목표를 세우고 이를 실천할 수 있도록 가맹본부는 동기부여를 하는 것이 중요하다. 강압적인 방식에 의한 목표의 설정은 가맹본부와 가맹점 모두에게 독이 되기가 쉽고 이로 인한 가맹본부와 가맹점 간의 갈등은 전체 프랜차이즈시스템의 효율적인 운영 차원에서 보더라도 바람직스럽지 않은 결과를 도출하기 때문이다.

프랜차이즈시스템에서 가맹점의 판매 활성화는 가맹점 차원의 노력도 중요하지만 가맹본부가 제공하는 다양한 브랜드 홍보와 촉진활동 및 상품 개발 노력 등의 전사적인 마케팅 노력에 큰 영향을 받는다. 특히, 가맹본부가 구축한 브랜드 자산은 소비자 인지도 향상과 판매 활성화에 중요한 역할을 하기 때문에 가맹본부의 브랜드 관리 활동이 무엇보다 중요하다는 점을 명심해야 할 것이다.

가맹점 또한 브랜드 명성에 편승하는 수동적인 자세에서 벗어나 경영자적 마인드를 갖고 가맹점의 매출 활성화를 위한 능동적인 노력을 다하여야 함 또한 물론이다. 가맹본부와 가맹점의 상생은 서로 간의 역할을 인식하고 자신의 위치에서 최선의 노력을 다할 때 그 효과를 극대화할 수 있다.

출처: 창업 & 프랜차이즈 CEO study FC 클리닉, 이성훈, 2016년 2월호

프랜차이즈 클리닉

〈에피소드〉 21. 부당한 거래조건의 변경

상황

가맹점사업자 A씨는 제과제빵 가맹본부인 B사와 2010년 2월경 계약기간 2년, 가맹금 1,500만원으로 하는 가맹계약을 체결하였다. B사는 2012년 2월경 기존의 '매일 배송제'를 '주6일 배송제(일요일 배송중지)'로 변경 · 시행하였고, 2013년 5월경 제품주문가능 시간을 변경하는 내용의 새로운 주문제도(본래 빵류, 상품류, 원부재료, 단케이크는 이틀 전 오후 10시, 일반케이크와 생크림케이크, 선물류는 하루 전 오후 5시, 냉동생지, 아이스류는 하루 전 정오까지 주문하는 시스템이었으나, 빵, 원부재료, 냉동생지, 아이스류 등 전 제품의 주문을 이틀 전 정오까지 마감하고, 월요일 출고분의 경우 3일 전인 금요일 정오까지 마감하도록 주문 시스템이 변경되었다)를 시행하였다.

한편, 가맹본부 B사는 2013년 2월경 '○○카드 보너스 포인트' 관련 제휴정책 사업을, 2013년 3월경 도서상품권 관련 제휴정책 사업을, 2013년 7월경 '○○카드' 관련 제휴정책 사업을, 2013년 5월 말경 케이크 택배사업을 각각 중단 하였다.

가맹점사업자 A씨는 가맹본부인 B사를 상대로 폐점 강요, 부당한 거래조건 변경 등의 거래상지위남용 행위를 중지하거나, 이 사건 가맹계약을 중도해지하고 손해배상금을 지급할 것을 요구하는 분쟁조정을 신청하였다.

가맹점 주장

가맹점사업자 A씨는 가맹본부 B사가 일방적으로 일요일 배송을 중지하고 제품주문 가능 시간을 신청인에게 불리하게 변경하였으며, 제휴카드 관련 사업 및 케이크 택배사업을 종료하는 등의 거래상지위남용행위를 계속하고 있다고 주장한다. 또한, 제품공급정지 기준을 임의로 변경하여 가맹점의 제품주문을 부당하게 방해하였고 가맹계약서 제18조 제1항에서는 물품대금 미수가 계약이행 보증금의 80% 이상이 발생할 때 제품공급을 정지할 수 있다고 규정하고 있으나, 물품대금 미수가 계약이행보증금의 30% 이상 발생하면 제품주문을 할 수 없도록 가맹본부가 온라인상 주문시스템을 변경하였다고 주장한다. 그리고 가맹본부가 이 사건 가맹계약의 갱신을 거부하며 일방적으로 폐점을 강요하고 있다고 주장한다.

가맹본부 주장

가맹본부 B사는 일요배송중지, 제품주문가능 시간 변경, 제휴카드 사업 및 케이크 택배사업 종료 등의 조치는 가맹본부의 경영상 어려움으로 인한 정책적 판단에 따른 것으로 부당하지 않다고 주장한다. 그리고 제품공급정지 기준 변경과 관련하여 온라인상 주문시스템의 일시적 변경이 있었을 뿐 현재는 계약서상의 약정대로 시행하고 있으므로 문제가 되지 않는다고 주장한다. 또한 이 사건 가맹점과 관련하여 폐점 종용 행위를 한 적이 없다고 주장한다.

분쟁조정협의회 권고

이 사건 사실 확인 과정에서 분쟁당사자는 당조사관의 권고로 "양 당사자는 이 사건 가맹계약을 해지하고, 가맹본부 B사는 가맹점사업자 A씨에게 3,700만원을 지급한다."는 내용으로 합의가 되어 조정이 성립되었으므로 가맹사업법 제23조 제3항 제1호에 따라 조정절차를 종료하였다. [종료근거: 가맹사업법 제23조 제3항 제1호: 분쟁당사자가 협의회의 권고 또는 조정안을 수락 하거나 스스로 조정하는 등 조정이 성립된 경우]

클리닉

가맹사업법에서 정한 가맹본부의 불공정거래행위의 유형에서 '거래상지위의 남용'은 구입강제와 부당한 강요, 부당한 계약조항의 설정 또는 변경, 경영의 간섭, 판매목표 강제, 불이익 제공 등을 열거하여 규제하고 있다. 본 사건은 가맹본부가 거래상지위를 이용하여 부당하게 계약조항을 변경하여 종전의 거래조건보다 뚜렷하게 가맹점사업자에게 불리한 계약조항으로 변경하였느냐의 여부와 가맹점사업자에게 불이익을 주었느냐의 여부라고 볼 수 있다.

가맹본부는 경영정책상 효율적인 물류시스템을 구축하여 가맹점이 안정적이고 효율적으로 물류공급을 받아 판매를 할 수 있도록 지원하는 것을 주요 업무로 하고 있다. 또한 다양한 프로모션 제도를 도입 운영함으로써 소비자들에게 혜택을 주어 가맹점의 영업이 활성화될 수 있도록 마케팅 활동을 한다. 그런데 본 사건에서 가맹본부는 가맹점의 효율성과 영업 활성화보다는 가맹본부의 효율성과 수익성 등을 우선적으로 고려한 정책을 수립함으로써 가맹점사업자에게 기존의 거래방식과 프로모션 지원에서 후퇴한 조건을 적용받을 수밖에 없는 상황에 처해지게 하였다. 따라서 비록 경영상의 어려움이라는 현실적인 가맹본부 운영의 문제가 있다 할지라도 가맹점에게 중요한 관심영역인 물류공급시스템과 프로모션 제휴 시스템의 일방적인 변경은 거래상지위를 남용한 행위에 해당한다고 볼 것이다. 가맹본부가 경영정책상 중요한 거래조건을 변경할 경우 사전에 충분히 가맹점사업자의 이해와 동의를 구하고 가맹점사업자의 불편을 최소화하는 정책을 개발하여 시행하려는 노력이 부족한 것으로 판단할 수 있다. 경영상의 어려움을 해소하기 위한 방법으로 가맹점의 권리와 이익을 침해한다면 이는 전체 프랜차이즈시스템에 부정적인 영향을 미쳐 프랜차이즈 사업 자체를 위태롭게 할 수 있다. 따라서 가맹본부는 경영상의 어려움을 극복하기 위한 방법으로 가장 손쉬운 방법인 어려움의 가맹점에게로의 전가보다는 생산적인 다양한 방법을 통해 문제를 창의적으로 해결하려는 자세가 필요하다.

가맹점사업자는 자신의 이익도 중요하지만 브랜드를 공유하는 전체 가맹점과 이를 운영하는 가맹본부의 다양한 시각과 문제점을 공유하며 프랜차이즈시스템이 효율적으로 운영될 수 있도록 협조하여야 할 의무가 있다. 무조건적인 요구보다는 가맹본부의 어려움을 이해하고 이를 개선하기 위한 노력에 동참함으로써 전체 프랜차이즈시스템이 성장하여야 자신의 가맹점도 동반성장할 수 있다는 인식과 자세를 가질 필요가 있다.

출처: 창업 & 프랜차이즈 CEO study FC 클리닉, 이성훈, 2016년 3월호

Keyword 26 손해배상의무부과 금지

가맹본부가 계약의 목적과 내용, 발생할 손해액의 크기, 당사자 간 귀책사유 유무 및 정도, 해당 업종의 정상적인 거래관행 등에 비하여 과중한 위약금을 부과하거나 소비자 피해에 대한 손해배상의무를 전가하는 등 가맹점사업자에게 부당하게 손해배상의무를 부담시키는 행위는 불공정거래행위로 금지된다.

계약 중도해지 시, 상품 또는 용역에 대한 대금지급의 지연 시 과중한 위약금을 설정·부과하는 행위, 가맹본부가 제공한 예상매출액의 최저액에 미달하여 가맹계약을 중도에 해지하는 경우 위약금을 부과하는 행위는 불공정거래행위로 금지된다.

손해배상의무부과에 해당하는 불공정거래 유형으로는 과중한 위약금 설정부과, 소비자피해에 대한 손해배상의무전가, 부당한 영업위약금 부과행위, 그 밖의 부당한 손해배상의무부과 등이 있다.

Keyword Key point

- 과중한 위약금을 설정하여 부과하는 것은 불공정거래행위이다.
- 매출액이 저조하여 해지하는 경우 위약금을 부과하면 안 된다.
- 소비자피해에 대한 손해배상의무를 가맹점에게 전가하는 행위는 불공정거래행위이다.

한눈에 보는 Keyword 근거 법령

법 조항	- 가맹사업법 제12조(불공정거래행위의 금지) - 가맹사업법 시행령 제13조(불공정거래행위의 유형 또는 기준) [별표 2] - 가맹사업법 시행령 제12조의2(위약금의 부당성 판단기준)
불공정 거래행위 기준	- 계약의 목적과 내용, 발생할 손해 등에 비하여 과중한 위약금을 부과하는 등 가맹점사업자에게 부당하게 손해배상의무를 부담시키는 행위 금지
위약금 부당성 판단 기준	- 계약의 목적과 내용, 발생할 손해액의 크기, 당사자 간 귀책사유 유무 및 정도, 해당 업종의 정상적인 거래관행 등
행위 유형	- 과중한 위약금 설정·부과행위, 소비자 피해에 대한 손해배상의무 전가행위, 부당한 영업위약금 부과행위, 그 밖의 부당한 손해배상의무 부과행위
제재 사항	- **시정명령**: 시정조치 or 시정권고 - **과징금**: 위반기간 동안 관련 매출액(or 영업수익)의 2% 이내(매출액 산정불가 시 5억원 이내)

Q01. 중도해지 시 위약금 요구하면 부담해야 하나요?

A01. 가맹점 영업은 가맹점사업자의 개인적인 의지로 중단할 수 있습니다. 그러나 가맹계약 조건에 따라 기간을 준수하여야 하는 계약 상 의무는 위반한 것이 됩니다. 따라서 계약위반에 따른 손해배상예정액으로

위약금이 책정되어 있다면 이는 부담하여야 합니다. 다만, 위약금의 적정성에 대해 검토 후 부담하시기 바랍니다. 위약금에 대한 불공정 거래행위 기준은 다음과 같습니다.

계약해지의 경위 및 거래당사자 간 귀책사유 정도, 잔여계약 기간의 정도, 중도해지 후 가맹본부가 후속 가맹점사업자와 계약을 체결하기 위하여 통상 소요될 것으로 예상되는 기간에 상당하는 손해액 등에 비추어 부당하게 과중한 위약금을 설정하여 계약을 체결하거나 이를 부과하는 행위는 과중한 위약금 설정·부과의 불공정거래행위 유형으로 금지됩니다.

Q02. 물품대금 연체 시 지연손해금을 요구하면 부담해야 하나요?

A02. 가맹점 개점 시 구입한 인테리어 시공이나 집기 및 기기 등의 구입에 따른 물품대금도 마찬가지겠지만 로열티나 원·부재료 등의 지속적인 거래도 대금을 납부하는 기간은 준수하여야 합니다. 가맹본부는 기간이 지연됨에 따라 물품공급 등이 원활하지 않을 수 있기 때문에 지연손해금 등의 비용을 추가로 요구하게 되고, 이는 손해배상예정액의 성격을 갖기 때문에 부담해야 합니다.

다만, 상품 또는 용역에 대한 대금지급의 지연 시 지연경위, 정상적인 거래관행 등에 비추어 과중한 지연손해금을 설정하여 계약을 체결하거나 이를 부과하는 행위는 불공정거래행위로 금지됩니다. 따라서 지연손해금의 적정성 등을 검토 후 납부하시기 바랍니다.

Q03. 가맹본부 공급문제로 발생한 소비자피해 누가 부담해야 하나요?

A03. 귀책사유가 가맹본부에게 있는 것이 확실하다면 가맹본부가 부담해야 합니다. 다만, 입증은 가맹점사업자가 하여야 합니다. 가맹본부가 가맹점사업자에게 공급한 물품의 원시적 하자 등으로 인하여 소비자 피해가 발생한 경우까지도 부당하게 가맹점사업자가 손해배상의무를 모두 부담하도록 계약을 체결하는 행위는 불공정거래행위로 금지됩니다.

Q04. 손실이 나서 폐업하는데 중도해지 위약금 부담해야 하나요?

A04. 가맹점사업자가 영업을 개시한 날이 속하는 달의 다음 달부터 1년간의 평균 매출액이 가맹본부가 법 제9조 제3항 및 제5항에 따라 제공한 예상매출액의 최저액에 미달하여 가맹점사업자가 계약을 중도에 해지하는 경우에 가맹본부가 계약해지에 따른 기대이익 상실을 이유로 위약금을 부과하는 행위는 불공정거래행위로 금지됩니다. 다만, 가맹점사업자의 가맹계약 위반, 가맹본부가 제시한 경영방침 미준수 또는 이에 준하는 사유로 인하여 평균 매출액이 예상매출액의 최저액에 미달한 경우는 제외합니다.

Q05. 과중한 위약금을 판단하는 기준은 무엇인가요?

A05. 과중한 위약금은 위약금의 부당성을 판단하는 기준으로 해석되어야 합니다. 과중한 위약금을 판단함에 있어서는 ① 계약의 목적과 내용, ② 발생할 손해액의 크기, ③ 당사자 간 귀책사유 유무 및 정도, ④ 해당 업종의 정상적인 거래관행 등을 고려하여야 합니다.

Main Keyword

IV

분쟁(Conflict)

: 가맹사업 기간 중 갈등과 분쟁 발생 시 유의사항

프랜차이즈 사업은 상호 독립된 사업자가 계약에 의해 브랜드의 통일성을 유지하고 동일기업의 외관을 공유하며 계속적인 거래를 하는 비즈니스이다. 가맹본부는 가맹사업 동일성 유지를 위하여 가맹점사업자를 통제하게 되며, 가맹점사업자는 이러한 가맹본부의 지휘를 받으며 가맹사업을 영위한다.

또한 가맹본부와 가맹점사업자는 서로 자본을 달리하는 독립된 사업자이고, 각자가 추구하는 구체적인 목표 등에서 차이가 존재한다. 그로 인해 가맹본부와 가맹점사업자는 각자의 의무와 역할이 다르고, 운영하는 입장에 따른 이해관계의 차이로 "갈등"이 발생하게 된다.

가맹사업은 가맹본부와 가맹점사업자 간 의견 불일치 등으로 거래 관계의 마찰은 상존할 수밖에 없다. 이 때문에 프랜차이즈 사업은 가맹본부와 가맹점사업자 간의 갈등이 원초적으로 내포되어 있다고 볼 수 있다. 이로 인해 가맹사업과 관련된 내적 갈등이 외적 갈등으로 표출될 때 "분쟁"이 발생한다.

분쟁이 발생하면 내용에 따라 소송을 진행하는 것이 유리하기도 하지만 분쟁조정을 신청하여 원만하게 해결할 수도 있다. 분쟁조정 신청은 공정거래위원회 산하기관 한국공정거래조정원에 할 수 있다. 분쟁조정을 신청하면 분쟁조정협의회가 구성되어 분쟁당사자의 의견을 수렴한 후 조정을 진행한다.

분쟁조정 신청은 가맹본부나 가맹점사업자 모두 가능하다. 가맹점사업자가 직접 신청하기 어려운 경우에는 가맹거래사의 도움을 받을 수도 있다. 가맹거래사는 공정거래위원회 소속의 국가자격사로 가맹사업 당사자 간에 발생하는 다양하고 복잡한 사안들을 효과적으로 해결하기 위해 가맹사업 양 당사자들에게 도움을 주고 있는 프랜차이즈 분야의 전문가다.

또한 공정거래위원회에서는 공정한 거래질서를 확립하고 분쟁을 사전에 예방하기 위해 불공정거래신고제도, 신고포상제도 등을 운영하고 있으며, 허위·과장된 정보를 제공하거나 정당한 이유 없이 거래를 거절하는 가맹본부에 대하여 3배의 손해를 배상하게 하는 징벌적 손해배상 제도를 운영하고 있다.

분쟁은 사전에 예방되어야 하고, 갈등은 수시로 관리되어져야 한다. 따라서 본 장에서는 갈등과 분쟁이 자주 발생되는 원인을 자세히 검토하고 이를 원만히 해결하여 상생해 나갈 수 있는 방법을 제시한다.

Keyword 27 갈등과 분쟁

프랜차이즈 사업은 독립된 사업자 간의 결합으로 형성하는 사업이기 때문에 다양한 형태의 "갈등"이 상존한다. 가맹본부와 가맹점사업자 간의 갈등은 상호 궁극적인 목표가 불일치하고 수행하는 역할이 다르기 때문에 이를 받아들이는 인식의 차이에서 발생한다.

갈등이 커지면 "분쟁"으로 이어진다. 프랜차이즈 사업은 하나의 가맹본부와 다수의 가맹점이 가맹계약에 의해서 관계가 성립되고, 계약내용에 의해 운영되며, 계약에 근거한 해지 및 종료와 이후 절차가 진행되는 사업이다. 또한, 정부의 규제를 통해 가맹본부는 정보 제공의무 및 계약내용과 형식의 통제를 받고 있다.

따라서 가맹본부는 법적 절차를 준수하는 합법적인 경영이 필요하고, 객관적이고 합리적인 관리업무시스템 도입으로 "분쟁을 사전에 예방하고, 갈등을 수시로 관리"할 필요가 있다.

가맹계약 체결 전 다양한 정보를 검토함에 있어서 분쟁을 사전에 예방하기 위해서는 가맹본부가 가맹점의 효율적 관리를 위한 계약관리의 시스템이 얼마나 체계화되어 있는지를 정확히 파악하는 것이 무엇보다 중요하다.

Keyword Key point

- 분쟁은 사전에 예방하고, 갈등은 수시로 관리하여야 한다.
- 분쟁을 예방하기 위해서는 가맹본부 계약관리 시스템의 체계화를 검토하여야 한다.

Q01. 프랜차이즈 분야에서 갈등이 생기는 원인은 무엇인가요?

A01. 프랜차이즈 분야에서 갈등이 생기는 원인은 협상 및 가맹계약 체결단계, 가맹점 운영 단계, 종료 및 이후 단계 등으로 구분하여 정리할 수 있고, 자세한 내용은 다음과 같습니다.

프랜차이즈 단계별 갈등 발생 유형

협상 및 가맹계약 체결 단계	• 갈등의 정도: 잠재적 • 원인: 무리한 요구, 과도한 약속, 불명확한 계약, 출점시기 지연, 상권문제, 인테리어 설비 등의 비용 과다 및 하자, 가맹금 문제 등
가맹점 운영 단계	• 갈등의 정도: 부정적 구전, 갈등의 표출 또는 관계 이탈 • 원인: 외부사입, 부실채권, 과도한 통제 또는 관리부실, 통제 미이행, 보고의무 미이행, 공급물품의 과다책정, 경업금지 위반, 영업지역 문제, 상호 불성실한 계약이행, 부당한 계약해지, 가맹점의 영업저조 등
종료 및 이후 단계	• 갈등의 정도: 분쟁, 소송 • 원인: 일방적 계약조건 변경, 과도한 재계약 조건, 종료절차 미이행, 부실채권, 상표권 침해, 영업비밀 침해 등

Q02. 프랜차이즈 분야에서 주로 발생하는 분쟁은 어떤 유형인가요?

A02. 분쟁조정협의회에 접수된 분쟁유형을 살펴보면 가맹금 및 계약의 이행과 관련된 내용이 주를 이루고 있습니다. 다양한 분쟁유형을 내용별로 살펴보면 다음과 같습니다.

분쟁의 유형

- 가맹점주의 사업성공 확신에 대한 불신
- 계약체결시 부실한 자료 제공
- 계약체결 후 사후관리 부실
- 교육내용의 부실
- 점포입지 선정의 불신
- 개점시기의 부당한 지연
- 일방적 계약 변경
- 물류공급의 중단
- 상권분석의 실패로 인한 영업부진
- 점포인테리어의 시공상 하자와 과다한 비용책정
- 애매하고 불분명한 영업지역 설정
- 기존 가맹점의 영업권을 고려하지 않고 동일 영업권에 추가하여 가맹점 개설
- 가맹계약서에 영업지역표시 누락
- 가맹점사업자의 영업지역 내에 유사 가맹점 설치
- 가맹사업법의 절차에 따르지 않은 해지
- 영업지역 축소 등을 조건으로 재계약 체결 강요
- 계약종료절차를 위반한 경우 등

Q03. 분쟁을 사전에 예방하려면 어떻게 해야 하나요?

A03. 프랜차이즈시스템의 갈등을 줄이고 분쟁을 사전에 예방하기 위해서는 계약에 의한 투명한 가맹사업 운영이 전제되어야 합니다. 제도적으로는 가맹본부의 합리적인 계약관리가 필요하며, 과정적으로는 상호 활발하고 쌍방향적인 커뮤니케이션 활성화가 필요합니다.

가맹점사업자는 가맹점 창업을 위하여 가맹본부와 브랜드를 선택하기 위한 시작단계부터 신중한 의사결정이 필요합니다. 정보공개서와 가맹계약서를 사전에 점검하고 계약체결 및 운영과정에서 문제가 발생될 경우 계약상 권리의 침해가 없는지 살펴본다면 분쟁을 사전에 예방할 수 있을 것입니다.

Q04. 가맹사업 관련 분쟁현황에 대해 일반인도 알 수 있나요?

A04. 가맹사업 관련 분쟁현황은 분쟁조정협의회가 운영되는 한국공정거래조정원에서 관리하고 있고, 홈페이지(http://www.kofair.or.kr/)를 통해 분쟁신청 및 분쟁조정 현황을 수시로 공개하고 있습니다.

Q05. 가장 많이 발생하는 분쟁유형은 무엇인가요?

A05. 분쟁조정협의회에서 가맹사업거래 분야의 분쟁현황으로 공개한 내용을 살펴보면, 정보공개서 미제공 행위가 가장 많은 것으로 나타났고, 허위·과장 정보제공 행위가 그 다음 순으로 나타났습니다.

그 다음으로 많이 발생하는 유형으로는 부당한 계약해지, 부당한 계약종료, 거래상지위남용, 구속조건부거래, 부당한 손해배상청구 등 불공정거래행위, 영업지역 침해, 가맹금예치 의무위반 등 입니다.

Keyword 28 분쟁조정

가맹본부와 가맹점 간의 의견충돌이나 갈등을 원만히 해결하고 대화와 협상을 통해 이견을 조율하기 위해서는 우선적으로 가맹본부 내 내부적인 갈등해결 절차가 수립되어 있어야 한다. 그럼에도 불구하고 갈등이 해결되지 않는다면 가맹사업거래 분쟁조정협의회를 통해 분쟁을 해결할 수도 있다.

가맹사업거래 분쟁조정협의회는 가맹사업과 관련된 분쟁으로 발생되는 비용과 시간상의 부담을 덜어주고 당사자 간의 원만한 해결을 유도하기 위하여 무료로 진행하는 분쟁해결 프로그램으로 한국공정거래조정원 또는 특별시 · 광역시 · 특별자치시 · 도 · 특별자치도(이하 "시 · 도"라 한다)에 설치되어 있다.

분쟁조정 신청은 신청서 및 관련 서류를 서면으로 제출하여야 하나, 한국공정거래조정원에서 운영하는 온라인분쟁조정시스템 홈페이지(https://fairnet.kofair.or.kr/)를 통해 온라인으로 접수할 수도 있다.

분쟁조정협의회의 조정안을 가맹본부나 가맹점사업자 모두 수락하면 분쟁조정은 성립하게 되고, 분쟁조정 조서는 민법의 재판상 화해 효력을 갖는다. 그러나 가맹본부나 가맹점사업자 중 일방이 거부하면 분쟁조정은 성립되지 않고, 공정거래위원회로 이관된다.

Keyword Key point

- 가맹사업거래분쟁조정협의회를 통해 분쟁을 해결할 수 있다.
- 분쟁조정은 온라인 or 오프라인으로 신청할 수 있다.
- 분쟁조정이 성립하면 분쟁조서는 민법의 재판상 화해 효력을 갖는다.
- 분쟁조정이 성립하지 않으면 공정거래위원회로 사건이 이관된다.

Q01. 분쟁조정협의회는 어떤 업무를 하나요?

A01. 가맹사업거래 분쟁조정협의회는 한국공정거래조정원 또는 시·도 내에 설치되어 가맹사업관련 분쟁을 처리하고 있습니다. 분쟁조정협의회는 소규모 사업자가 많은 가맹사업의 특성상 정식 재판보다 신속하고 저렴한 비용으로 분쟁을 해결할 수 있다는 장점이 있습니다.

Q02. 분쟁조정협의회는 어떤 기준으로 구성되나요?

A02. 분쟁조정협의회는 위원장 1인을 포함한 9인의 위원으로 구성되어 있습니다. 위원은 공익을 대표하는 3인과 가맹본부의 이익을 대표하는 3인, 가맹점사업자의 이익을 대표하는 3인 동수로 구성됩니다.

Q03. 가맹본부의 고문도 분쟁조정협의회 구성원이 될 수 있나요?

A03. 분쟁조정 위원은 공정한 의결이 이루어질 수 있도록 특정한 사건의 당사자 또는 사건의 내용과 특수한 관계를 가진 위원 또는 그 배우자나 배우자였던 자가 당해 조정사항의 분쟁당사자가 되거나 공동권리자 또는 의무자의 관계에 있는 경우에는 조정에서 제척합니다.

또한, 위원이 당해 조정 사항의 분쟁당사자와 친족관계에 있거나 있었던 경우, 위원 또는 위원이 속한 법인이 분쟁당사자의 법률·경영 등에 대하여 자문이나 고문의 역할을 하고 있는 경우, 당해 조정사항에 대하여 분쟁당사자의 대리인으로 관여하거나 관여하였던 경우 및 증언 또는 감정을 한 경우에도 제척됩니다.

분쟁당사자는 협의회의 조정에 공정을 기하기 어려운 사정이 있는 위원에 대해 당해 위원에 대한 기피신청을 할 수 있고, 제척이나 기피 사유에 해당하는 위원이 스스로 당해 조정을 회피할 수도 있습니다.

Q04. 분쟁조정을 신청하는 비용은 얼마인가요?

A04. 한국공정거래조정원 또는 시·도에서 진행하는 분쟁조정 비용은 모두 무료입니다. 다만, 대리인에게 업무를 위임하는 경우 그에 소요되는 비용은 분쟁당사자가 각자 부담하여야 합니다.

Q05. 분쟁조정 신청은 어떻게 하나요?

A05. 분쟁조정 신청은 한국공정거래위원회 또는 시·도 중 1곳을 선택하여야 하고, 중복으로 접수하면 안 됩니다. 신청서 및 관련 서류는 서면으로 작성하여 직접 방문하거나 등기우편 등으로 제출하면 됩니다.

또한, 한국공정거래조정원에서 운영하는 온라인분쟁조정시스템 홈페이지(https://fairnet.kofair.or.kr/) '분쟁조정신청 → 분쟁조정신청하기' 메뉴에서 분쟁유형을 선택하여 온라인으로 신청할 수도 있습니다.

서면으로 제출하는 경우 ① 신청인과 피신청인의 성명 및 주소, ② 대리인이 있는 경우에는 그 성명 및 주소, ③ 신청의 이유 기재, ④ 분쟁조정신청의 원인 및 사실을 증명하는 서류, ⑤ 대리인이 신청하는 경우 그 위임장, ⑥ 그 밖에 분쟁조정에 필요한 증거서류 또는 자료를 함께 제출하면 됩니다.

Q06. 분쟁조정을 신청하는 양식은 정해져 있나요?

A06. 분쟁조정 신청서, 위임장, 신청취하서 등(☞ <참고사항> 참조)의 분쟁조정 관련 양식은 한국공정거래조정원 온라인분쟁조정시스템 홈페이지(https://fairnet.kofair.or.kr/) '분쟁조정안내 → 분쟁조정관련서식'에서 다운로드 받을 수 있습니다.

대리인에게 분쟁조정 업무를 위임한다면 위임장을 함께 제출하여야 하고, 분쟁조정을 신청한 후 분쟁당사자 간의 합의로 조정을 취하하는 경우에는 신청취하서를 제출하여야 합니다.

참고사항

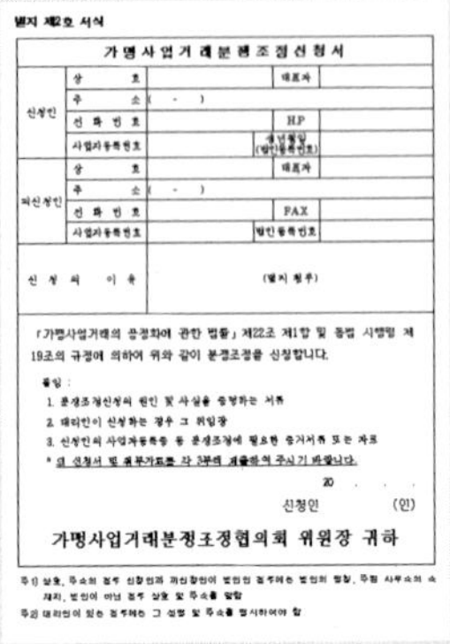

별지 제2호 서식

가맹사업거래분쟁조정신청서

신청인	상호		대표자	
	주소	(-)		
	전화번호		HP	
	사업자등록번호		생년월일(법인등록번호)	
피신청인	상호		대표자	
	주소	(-)		
	전화번호		FAX	
	사업자등록번호		법인등록번호	
신청의 이유	(별지 첨부)			

「가맹사업거래의 공정화에 관한 법률」 제22조 제1항 및 동법 시행령 제19조의 규정에 의하여 위와 같이 분쟁조정을 신청합니다.

첨부:
1. 분쟁조정신청의 원인 및 사실을 증명하는 서류
2. 대리인이 신청하는 경우 그 위임장
3. 신청인의 사업자등록증 등 분쟁조정에 필요한 증거서류 또는 자료

* 신청서 및 첨부자료를 각 3부씩 제출하여 주시기 바랍니다.

20 . . .

신청인 (인)

가맹사업거래분쟁조정협의회 위원장 귀하

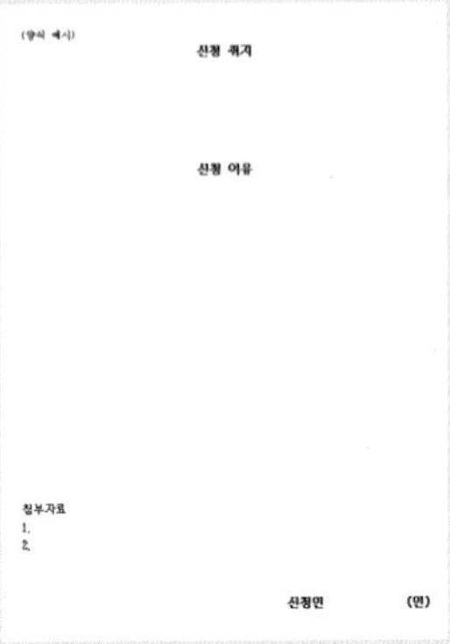

(양식 예시)

신청 취지

신청 이유

첨부자료
1.
2.

신청인 (인)

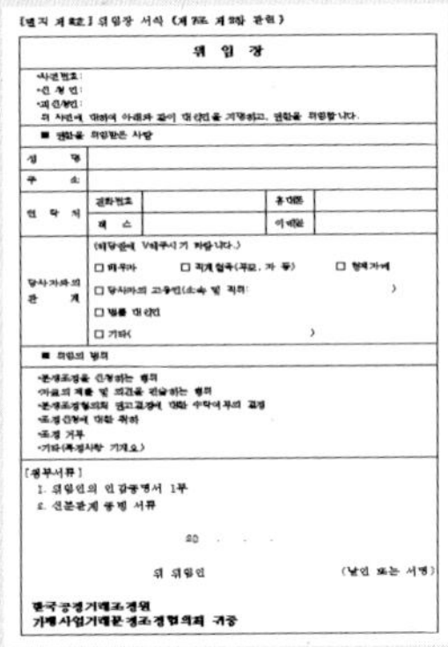

위 임 장

성명			
주소			
연락처	전화번호		휴대폰
	팩스		이메일

[첨부서류]
1. 위임인의 인감증명서 1부
2. 신분관계 증명 서류

20 . . .

위 위임인 (날인 또는 서명)

한국공정거래조정원
가맹사업거래분쟁조정협의회 귀중

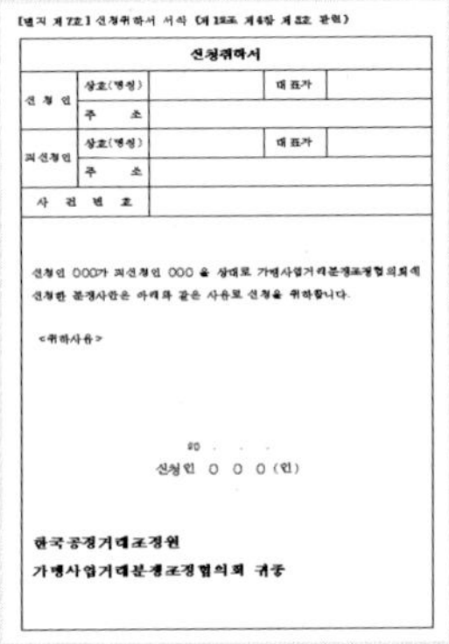

신청취하서

신청인	상호(명칭)		대표자	
	주소			
피신청인	상호(명칭)		대표자	
	주소			
사건번호				

신청인 OOO가 피신청인 OOO 을 상대로 가맹사업거래분쟁조정협의회에 신청한 분쟁사안은 아래와 같은 사유로 신청을 취하합니다.

<취하사유>

20 . . .

신청인 O O O (인)

한국공정거래조정원
가맹사업거래분쟁조정협의회 귀중

Q07. 분쟁조정을 신청하면 종료될 때까지 얼마나 걸리나요?

A07. 분쟁조정 신청 후 조정이 종료될 때까지 걸리는 기간은 접수일로부터 60일 이내이며, 진행 절차는 '신청서 접수 → 당사자 통지 → 피신청인 답변서 제출 → 당사자 출석조사 → 협의회 상정' 순서(☞ <참고사항> 참조)로 진행됩니다. 다만, 분쟁당사자 쌍방이 기간연장에 동의한 경우에는 90일로 하는 등 사안에 따라 기간은 연장될 수 있습니다.

참고사항

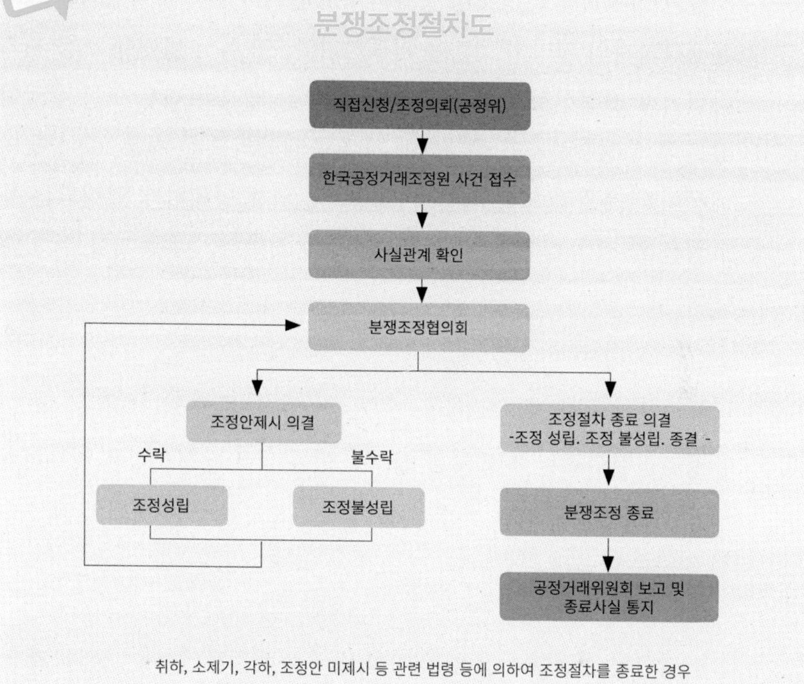

출처: 한국공정거래조정원 홈페이지(http://www.kofair.or.kr/hp/bin/step.do)

Q08. 분쟁조정이 성립되었다는 것은 어떤 의미인가요?

A08. 분쟁당사자 모두 분쟁조정협의회 의견을 수락한 경우 조정이 성립되고, 분쟁조정협의회는 조정이 성립된 경우 조정사항에 대하여 분쟁조정 조서를 작성하고 조정절차를 종료합니다. 분쟁조정 조서는 '재판상 화해'와 동일한 효력을 갖는 법적 구속력이 있는 문서입니다.

Q09. 분쟁조정을 진행하면서 소송을 함께 진행해도 되나요?

A09. 소송이 진행되면 분쟁조정 절차는 종료됩니다. 분쟁조정협의회는 ① 분쟁당사자의 일방이 조정을 거부하거나, ② 이미 법원에 소를 제기하였거나 조정신청이 있은 후 법원에 소를 제기한 경우 또는 신청이 있은 후 분쟁당사자가 중재법에 따른 중재합의를 한 경우, ③ 신청의 내용이 관계법령 또는 객관적인 자료에 의해 명백하게 인정되는 등 조정을 할 실익이 없는 경우에는 조정을 거부하거나 중지할 수 있습니다.

Q10. 분쟁조정협의회는 분쟁조정을 거부하거나 중지할 수 있나요?

A10. 분쟁조정협의회는 조정을 할 실익이 없는 경우 분쟁조정을 거부하거나 중지할 수 있습니다. 조정을 할 실익이 없는 경우에 대해 법에서 정한 기준은 다음과 같습니다.

1. 신청인이 정당한 사유 없이 기한 내에 분쟁조정신청을 보완하지 않은 경우
2. 신청의 내용과 직접적인 이해관계가 없는 자가 조정신청을 한 경우
3. 신청인이 부당한 이익을 얻을 목적으로 조정신청을 한 것으로 인정되는 경우
4. 분쟁의 성격상 조정을 하는 것이 적당하지 아니하다고 인정되는 경우
5. 신청인이 같은 사안에 대하여 같은 취지로 2회 이상 조정신청을 한 경우
6. 신청인이 분쟁조정협의회에서 이미 끝난 분쟁조정과 같은 사안을 공정거래위원회에 신고하여 다시 협의회에 넘겨진 경우 등

Q11. 분쟁조정이 성립되지 않으면 어떻게 되나요?

A11. 분쟁조정협의회의 조정안을 가맹본부나 가맹점사업자 일방이 거부하게 되면 조정은 성립되지 않습니다. 만약 분쟁조정 신청 이유가 가맹금 반환이나 기타 손해배상의 청구 때문이라면 별도의 민사소송을 제기하여야 합니다.

민사 사건의 경우 대한법률구조공단으로부터 무료로 법률상담을 받을 수 있으며, 간단한 분쟁의 경우 대한상사중재원에서 조정 또는 중재를 통해 구제를 받을 수 있는 방법이 있습니다. 또한 분쟁조정 신청대상이 아닌 경우 한국소비자원, 금융감독원, 방송통신위원회, 전자거래분쟁조정위원회 등(☞ <참고사항> 참조)의 도움을 받을 수 있습니다.

참고사항

기관명	주요업무내용	전화번호	홈페이지
공정거래위원회	약관규제법, 하도급법, 전자상거래소비자보호법, 표시·광고법, 방문판매법, 할부거래법 등	02)2023-4010	www.ftc.go.kr
한국소비자원	소비자 피해 구제 및 분쟁조정 등	02)3460-3000	www.kca.go.kr
금융감독원	금융거래 관련 피해 구제 및 분쟁 조정	1332	www.fss.or.kr
방송통신위원회	방송·통신 서비스 이용 관련 피해 및 분쟁 조정	1335	www.kcc.go.kr
대한상사중재원	상거래 행위 관련 분쟁조정, 알선 및 각종 중재	02)551-2000	www.kcab.or.kr
대한법률구조공단	무료법률 상담 및 소송지원	132	www.klac.or.kr
전자거래분쟁조정위원회	전자상거래 관련 분쟁조정	02)2141-5714	www.ecmc.or.kr

출처: 한국공정거래조정원 온라인분쟁조정시스템 홈페이지
(https://fairnet.kofair.or.kr/user/mediation/case/01/154/mediationApp.do)

Keyword 29 가맹거래사

공정거래위원회는 가맹사업 당사자 간에 발생하는 다양하고 복잡한 사안들을 전문인력을 통해 효과적으로 해결할 수 있도록 가맹거래사라는 국가자격사 제도를 운영하고 있다. 가맹거래사는 가맹사업 경영과 법률에 관한 전문적인 지식을 바탕으로 프랜차이즈 사업의 건전한 발전과 가맹사업 당사자 간의 원활한 관계를 유도하기 위한 효율적인 역할을 하고 있다.

프랜차이즈 창업을 준비하면서 필수로 검토하여야 하는 정보공개서와 가맹계약서의 내용은 복잡하고 전문성을 요구하는 사항이 많이 포함되어 있다. 따라서 가맹거래사의 전문성을 활용하여 가맹사업의 사업성과 정보공개서 등의 상담이나 자문을 받는다면 안정적인 가맹사업을 영위하는 데 도움이 될 것이다.

Keyword Key point

- 가맹거래사는 국가자격이다.
- 정보공개서와 가맹계약서 작성 및 가맹사업에 대한 자문 업무를 한다.
- 분쟁조정 신청의 대행 및 의견의 진술 업무를 한다.

Q01. 가맹거래사는 국가자격인가요?

A01. 가맹거래사는 공정거래위원회에서 부여하는 국가자격으로 가맹사업 분야의 유일한 국가자격증입니다.

Q02. 가맹거래사는 어떤 업무를 하나요?

A02. 가맹거래사는 다음의 업무를 수행합니다.

1. 가맹사업의 사업성에 관한 검토
2. 정보공개서와 가맹계약서의 작성 · 수정이나 이에 관한 자문
3. 가맹점사업자의 부담, 가맹사업 영업활동의 조건 등에 관한 자문
4. 가맹사업당사자에 대한 교육 · 훈련이나 이에 대한 자문
5. 가맹사업거래 분쟁조정 신청의 대행 및 의견의 진술
6. 정보공개서 등록의 대행 등

정보공개서와 가맹계약서의 내용은 복잡하고 전문성을 요구하는 사항이 많이 포함되어 있습니다. 따라서 가맹거래사의 전문성을 활용하여 가맹사업의 사업성과 정보공개서 등의 상담이나 자문을 받는다면 안정적인 가맹사업을 영위하는 데 도움이 될 것입니다.

Q03. 가맹거래사가 되기 위한 자격조건이 있나요?

A03. 기본적으로 가맹거래사 자격시험의 응시자격은 제한이 없으나, 결격사유에 해당하는 자는 가맹거래사가 될 수 없으며, 결격사유는 다음과 같습니다.

1. 미성년자 · 금치산자 또는 한정치산자
2. 파산선고를 받고 복권되지 아니한 자
3. 금고 이상의 실형의 선고를 받고 그 집행이 종료(종료된 것으로 보는 경우를 포함한다)되거나 집행을 받지 아니하기로 확정된 후 2년이 경과되지 아니한 자
4. 금고 이상의 형의 집행유예를 받고 그 집행유예기간 중에 있는 자
5. 가맹사업법 제31조의 규정에 의하여 가맹거래사의 등록이 취소된 날부터 2년이 경과되지 아니한 자

Q04. 가맹거래사 자격시험은 언제, 어떻게 이루어지나요?

A04. 가맹거래사 자격시험은 매년 1회 실시되며 1차 시험과 2차 시험이 별도로 진행됩니다.

1차 시험은 객관식 5지 선택형으로 과목은 경제법, 민법, 경영학 3과목이고, 2차 시험은 주관식 논문형 및 서술형으로 가맹사업거래의 공정화에 관한 법령 및 실무, 가맹계약에 관한 이론 및 실무 2과목입니다. 1차 시험 및 2차 시험 모두 매 과목 40점 이상, 전 과목 평균 60점 이상인 경우 합격입니다.

Q05. 가맹거래사는 분쟁조정 업무도 하나요?

A05. 가맹거래사도 가맹사업거래 분쟁조정 신청의 대행 및 의견의 진술 업무를 진행하고 있습니다. 가맹거래사는 프랜차이즈 전문 컨설턴트로서 프랜차이즈 사업 당사자인 가맹본부와 가맹점사업자에게 가맹사업의 법률 분야 및 경영 분야까지 포괄하여 효율적이고 전문적인 컨설팅을 진행하고 있습니다.

Keyword 30

손해배상책임

가맹사업 양 당사자는 가맹사업을 진행하면서 상대방에게 손해를 입힌 경우에는 그 손해를 배상하여야 한다. 가맹사업법에는 가맹본부가 허위·과장된 정보를 제공하거나, 거래거절의 불공정거래행위를 하거나, 가맹점사업자에게 보복조치 등의 행위를 하는 경우 발생한 손해 3배 이내의 범위에서 손해배상책임을 지도록 의무화하고 있다.

징벌적 손해배상책임은 가맹본부가 정보를 제공함에 있어서 신중에 신중을 기함으로써 가맹점사업자와의 분쟁 및 불이익을 감소시켜 문제를 근본적으로 해결하고자 함이며, 가맹점사업자와 지속적인 거래를 하면서 영업과 신상에 불이익이 가는 불공정거래행위에 대해 보다 강한 경각심을 불어넣어 이를 원천적으로 차단하려는 것이다.

Keyword Key point

- 허위·과장된 정보를 제공하는 경우 가맹점사업자가 입은 손해의 3배를 배상하여야 한다.
- 거래거절 불공정거래행위를 하는 경우 가맹점사업자가 입은 손해의 3배를 배상하여야 한다.
- 보복조치 등을 하는 경우 가맹점사업자가 입은 손해의 3배를 배상하여야 한다.

한눈에 보는 Keyword 근거 법령

법 조항	– 가맹사업법 제37조의2(손해배상책임)
주요 내용	– 가맹본부는 가맹사업법을 위반함으로써 가맹점사업자에게 손해를 입힌 경우에는 손해배상의 책임을 짐 – 허위·과장된 정보제공 등의 금지, 불공정거래행위의 거래거절, 보복조치에 해당하는 경우에는 발생한 손해의 3배 이내의 손해배상 책임을 짐 – 고의 또는 과실이 없으면 책임이 없으며, 입증 책임은 가맹본부에게 있음 – 법원이 배상액을 산정할 때는 위반행위의 여러 사항을 고려하여야 함

Q01. 손해배상책임과 징벌적 손해배상책임의 차이는 무엇인가요?

A01. 가맹사업법에서 규정하는 손해배상책임은 가맹본부가 가맹사업법을 위반함으로써 가맹점사업자에게 손해를 입힌 경우 가맹점사업자에게 손해배상책임을 법적으로 의무화하는 내용이고, 징벌적 손해배상책임은 허위·과장된 정보제공 등의 금지, 불공정거래행위의 거래거절, 보복조치 규정을 위반하여 손해를 입힌 경우 발생한 손해의 3배 이내에서 책임질 것을 법적으로 의무화하는 내용입니다.

Q02. 가맹계약서에 손해배상 규정이 없으면 청구할 수 없나요?

A02. 가맹계약을 체결하고 그 계약을 위반한 당사자는 그 상대방이 입은 손해를 배상하여야 합니다. 그럼에도 불구하고 가맹사업법에서 손해배상책임 의무를 정하고 있는 것은 가맹사업법을 위반하여 발생하는 손해배상을 의무화함으로써 법 준수의지를 고취시키기 위함입니다.

Q03. 가맹본부가 법을 위반하여 발생한 손해는 무조건 배상하나요?

A03. 아닙니다. 가맹본부가 가맹사업법을 위반하여 발생한 손해는 배상하여야 하나, 가맹본부가 고의 또는 과실이 없음을 입증한 경우에는 배상 책임이 없습니다.

Q04. 손해배생액을 산정하는 기준은 법 정해져 있나요?

A04. 법원에서는 다음의 내용을 종합적으로 검토하여 손해배상액을 정합니다.

1. 고의 또는 손해 발생의 우려를 인식한 정도
2. 위반행위로 인하여 가맹점사업자가 입은 피해 규모
3. 위법행위로 인하여 가맹본부가 취득한 경제적 이익
4. 위반행위에 따른 벌금 및 과징금
5. 위반행위의 기간 · 횟수
6. 가맹본부의 재산상태
7. 가맹본부의 피해구제 노력의 정도

프랜차이즈 클리닉

〈에피소드〉 22. 손해 없는 손해배상책임

상황

가맹점사업자 A씨는 치킨가맹본부 B사와 가맹금을 면제하고 계약기간을 1년으로 하는 가맹계약을 체결하고 가맹점을 운영해 오던 중, 가맹계약 체결과정에서 가맹본부가 정보공개서를 제공하지 아니하였고 허위 · 과장 정보 제공 및 부당한 계약조건을 변경하였다는 이유로 분쟁조정을 신청하였다.

가맹점 주장

A씨는 가맹계약 체결 시 정보공개서를 제공받지 못하였으므로 가맹본부는 정보공개서 미제공으로 인해 발생한 손해를 배상하여야 한다고 주장한다. 또한 가맹계약 체결 시 가맹본부 담당직원이 구두로 경비를 모두 제하고 매출의 30% 이상 남으며 월 매출 3천만원이면 순수이익이 8백만원 이상이라고 말하였으나 실제 월매출을 3천만원 달성하고도 순수익이 이에 미치지 못하였다는 이유로 가맹본부는 허위 · 과장 정보제공으로 인한 손해를 배상하여야 한다고 주장하였다.

A씨는 가맹본부가 공급해 주는 닭이 껍질과 정육이 분리되어 있지 않아 껍질을 제거하는 과정에서 버려지는 부속물이 많아 매출액 대비 순수익이 낮아졌으므로 가맹본부의 귀책사유로 인한 손해가 발생하였다고 주장한다. 또한 가맹계약에는 영업지역의 거리가 반경 2km로 정해져 있었으나 새로 체결한 가맹계약에는 영업지역의 거리가 반경 300m로 축소되어 있음을 이유로 가맹본부는 부당한 계약조건 변경으로 인한 손해를 배상하여야 한다고 주장한다.

가맹본부 주장

가맹본부는 정보공개서를 제공하지 않고 가맹계약을 체결한 사실이 있으나, 계약 체결 시 가맹금을 면제하였으며, 양 당사자의 합의에 의해 계약이 종료되었으므로 정보공개서 미제공을 이유로 A씨에게 반환할 가맹금이 없다고 주장한다. 또한 구체적으로 예상매출액에 관한 자료를 제공한 사실이 없으며 다만 홈페이지상에 월매출액 중 재료비가 50% 정도이며, 점주의 수익이 약 20~35% 정도 된다는 수익 분석표를 게시하였을 뿐이므로 허위 · 과장 정보를 제공한 사실이 없다고 주장한다.

가맹점 오픈 당시 A씨에게 교육을 함에 있어서 껍질을 제거해야 한다고 교육한 적이 없고, 껍질과 정육을 같이 붙여 조리하면 전혀 문제가 없다고 수차례 알려주었으며, 방문하여 이를 시정할 것을 요청하였음에도 불구하고 껍질을 제거하고 조리하였기 때문에 A씨의 귀책사유라고 주장한다.

또한 계약갱신 시 A씨에게 새로운 계약조건의 변경 내용을 설명하였으며, A씨도 이를 확인한 후 서명하였으므로 부당한 계약조건의 변경이 아니며, 계약조건의 변경 전후 A씨의 가맹점 매출액에 변동이 없을 뿐만 아니라 A씨와의 계약기간 내에 종전 영업지역 내에 새로운 가맹점을 개설한 사실도 없으므로 부당한 계약조건의 변경이 아니라고 주장한다.

분쟁조정협의회 권고

가맹본부인 B사가 정보공개서를 제공하지 않은 사실은 인정되나 가맹계약 체결일로부터 2개월 이내에 가맹금의 반환을 요구할 수 있는 바, 2개월이 경과 되었고 가맹금이 면제되었기에 반환 대상 금전이 존재하지 않으며 가맹본부인 B사의 손해배상 책임도 없다고 판단한다.

허위 정보제공의 경우 A씨는 구두로 정보를 제공받았다고 주장하나 이를 입증할 근거를 제시하지 못하므로 A씨의 주장을 사실로 인정하기 어렵다고 판단한다. 또한 홈페이지를 통한 불특정 다수에게 정보를 제공하는 것은 개별 계약체결과정에서 구체적인 가맹희망자에게 정보를 제공한 행위로 보기 어렵다. 따라서 가맹본부의 허위 · 과장 정보제공 사실이 인정되지 않으며, 손해배상책임 또한 인정되지 않는다고 판단한다.

껍질을 제거하여 정육을 사용한 것은 A씨 독자적인 판단이며, 통상의 가맹점들이 껍질과 정육을 함께 조리하는 점을 고려한다면 이로 인한 가맹본부의 손해배상 책임은 인정되지 않는다고 판단한다.

영업지역의 변경은 부당한 계약조건의 변경으로 보여 진다. 다만, 실제 다른 가맹점이 개설되지 않았고 A씨의 매출액도 큰 차이가 없기 때문에 손해는 없다고 보기 때문에 가맹본부의 손해배상 책임은 없다고 판단한다.

따라서 가맹점사업자 A씨의 주장은 이유 없어 조정절차를 진행할 실익이 없다고 보아 조정절차를 종료하게 된다.

클리닉

손해배상의 책임을 묻기 위해서는 손해를 입은 구체적인 근거와 규모를 특정해서 제시하여야 할 것이다. 막연하게 감정적으로 손해를 입었다고 추상적인 생각만을 가지고 손해배상을 요구할 수는 없다. 비록 가맹본부가 부당하게 정보공개서를 제공하지 않고 계약조건을 변경하였다 할지라도 이로 인한 직접적인 손해가 구체적으로 발생하여야 그에 따른 손해배상을 주장할 수 있는 것이다. 입은 손해가 없는데 손해를 배상하라는 것은 또 다른 강요에 지나지 않는다.

가맹점사업자는 가맹점을 개점하기 위하여 가맹계약을 체결하기 전에 정보공개서를 확인하고 가맹계약서를 검토해야 할 의무가 있다. 계약체결 당시에는 문제 삼지 않다가 계약체결 이후 가맹점을 운영하는 과정에서 변심에 의해 앞선 계약체결 과정의 문제를 제기하는 것 또한 합리적인 자세가 아니다. 따라서 가맹점사업자가 자신의 주장을 하기 위해서는 계약체결 과정에서 자신의 권리와 의무를 제대로 이행했는지의 여부도 자문해 보아야 할 것이다.

가맹점사업자는 허위 · 과장 정보 제공으로 인해 손해를 입었다고 주장한다. 하지만 매출액 대비 수익은 다양한 변수의 영향을 받는다. 원재료의 시세 등락과 다른 변동비 및 고정비의 증감에 따라 수익률은 변화할 수밖에 없다. 가맹점사업자가 가맹본부가 제공한 정보가 허위 · 과장된 정보라고 입증하기 위해서는 반드시 서면으로 받아 둘 필요가 있다. 그럼에도 불구하고 예상 수익률은 다양한 변수에 의한 변동이 가능하기 때문에 합리적인 매장운영과 비용구조의 개선 등에 대한 지속적인 노력도 중요하다는 점을 명심하여야 할 것이다.

한편, 가맹본부가 제시한 레시피 즉, 조리과정을 이행하지 않고 자신의 독자적인 방법으로 조리를 하다가 매출액이 떨어진 것은 본인의 판단이기 때문에 가맹본부에 그 손해를 배상하라고 주장할 수 없는 것은 당연하다고 본다.

지금까지 살펴본 바, 가맹본부에 손해배상을 요구하기 이전에 가맹계약 체결 여부를 계약 전 면밀히 검토하는 자세가 필요하며, 계약체결 이후 가맹점의 운영과정에서는 가맹점사업자의 매장운영과 매출액 증대를 위한 노력 또한 중요하다는 점을 명심하여야 할 것이다.

출처: 창업 & 프랜차이즈 CEO study FC 클리닉, 이성훈, 2016년 8월호

Keyword 31

가맹사업위반행위 신고제도

누구든지 가맹사업법에 위반되는 사실을 확인하는 경우에는 부당한 가맹사업거래에 대해 신고할 수 있다.

공정거래위원회는 신고를 받은 경우 피신고인에게 접수사실을 통지하고 법에 위반되는 혐의가 있는지 조사할 수 있고, 조사 결과 법 위반 사실이 있는 경우 시정명령 등을 할 수 있다. 다만, 신고를 받은 경우라도 신고 내용에 따라 조사를 실시하지 않을 수도 있다.

공정거래위원회는 가맹분야에서 거래단절 등 보다 큰 불이익을 당할 것을 염려하여 거래상대방의 불공정행위를 제대로 신고하지 못하는 가맹점사업자의 애로를 해소하기 위해 불공정거래행위 익명제보센터도 운영하고 있다.

Keyword Key point

- 가맹사업 위반 사실은 누구든지 신고할 수 있다.
- 신고 방법은 오프라인으로 할 수도 있고, 온라인으로 할 수도 있다.
- 신고자는 익명으로 제보할 수도 있다.

Q01. 부당한 가맹사업거래 신고는 가맹점사업자만 할 수 있나요?

A01. 신고는 가맹사업 당사자이건 당사자가 아니건 누구나 할 수 있습니다. 신고는 서면으로 하여야 하나, 긴급하거나 부득이한 경우에는 구두로 신고할 수도 있습니다.

Q02. 부당한 가맹사업거래 신고는 어떻게 하나요?

A02. 공정거래위원회 홈페이지(http://www.c.go.kr)의 '민원참여 → 신고서식' 메뉴를 통해 양식(☞ <참고사항> 참조)을 다운로드 받아 내용 작성 후 직접 방문하거나 등기우편 등을 통해 접수할 수 있습니다. 또한, 제보자의 신원을 밝히고 싶지 않은 경우 '민원참여 → 공정위에 신고하기 → 하도급·유통·가맹익명제보센터' 메뉴를 통해 익명으로 제보할 수도 있습니다.

참고사항

오프라인 신청서	온라인 신청서
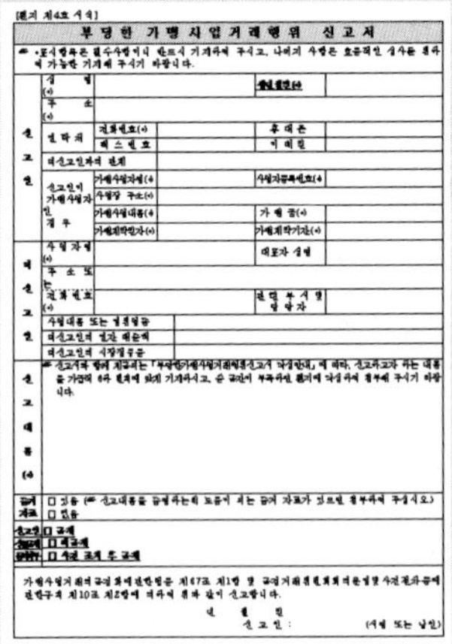 부당한 가맹사업거래행위 신고서	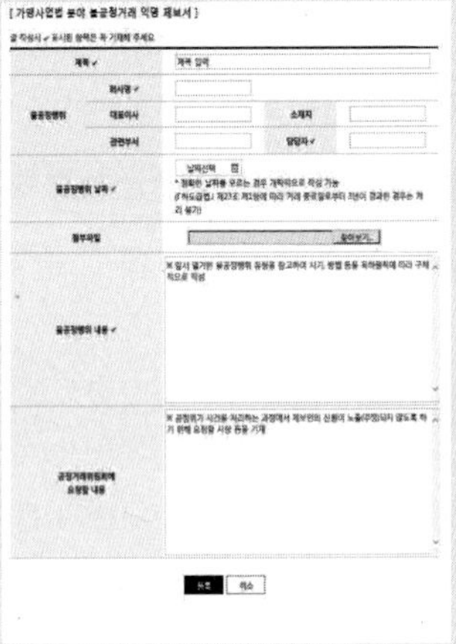 [가맹사업법 분야 불공정거래 익명 제보서]

Q03. 부당한 가맹사업거래 신고인은 꼭 신분을 공개해야 하나요?

A03. 부당한 가맹사업거래에 대해 신고하기 위해서는 신청서를 작성하여야 하고, 작성내용은 신고인 정보, 피신고인 정보, 신고내용, 증거자료 유무, 신고인 신분공개 동의여부 등 입니다. 신고인 신분공개 동의여부에 보면 공개, 비공개, 사건조치 후 공개로 구분되어 있고, 신분을 공개하고 싶지 않다면 비공개를 선택하면 됩니다.

신고인의 정보를 익명으로 하고자 한다면 온라인으로 접수하시면 됩니다. 온라인 작성 내용은 제목, 피제보회사(명칭, 대표이사, 소재지), 관련부서 및 담당자, 불공정행위 시기, 불공정거래행위 내용, 공정거래위원회에 요청할 사항 등으로 신고자의 정보를 기재하는 곳이 전혀 없어 확인할 수 없습니다.

Q04. 온라인으로 제보하는 경우 제보자의 익명성이 보장되나요?

A04. 온라인으로 접수하는 경우 제보자의 인적사항, 접속 IP정보 등 부수정보가 별도로 저장되지 않으므로 시스템 관리자도 제보자의 신원을 알 수 없습니다. 또한, 사건처리 과정에서 익명성 보호를 최우선으로 고려하며, 이에 따라 제3자에 의한 제보자 신원 추정 방지 등을 위해 제보 처리기간, 조사대상 · 범위 등은 유연하게 조정될 수 있습니다.

Q05. 익명 제보센터에 접수한 내용은 처리과정을 알 수 있나요?

A05. 익명 제보한 경우 제보자의 신원을 알 수 없기 때문에 사건 진행 상황 등도 통보되지 않습니다. 사건 진행상황을 알고자 하는 경우, 관할 지방사무소 등을 통해 정식 신고하셔야 처리 과정에 대해 통보받을 수 있습니다.

Q06. 부당한 가맹사업거래 신고를 받으면 무조건 조사하나요?

A06. 아닙니다. 접수된 내용이 가맹사업법의 적용대상이 아닌 경우, 내용 또는 대상이 명확하지 않은 경우, 이미 신고하거나 처리된 사건과 관련이 있는 경우, 근거 없는 비방인 경우, 타 부처 소관 법률과 관련된 사항 등의 경우 등 가맹사업위반행위 신고제도 운영의 취지에서 벗어난 제보에 대해서는 조사하지 않습니다.

Q07. 법 위반행위 신고하면 포상금을 받을 수 있나요?

A07. 공정거래위원회는 가맹본부가 가맹사업법을 위반하는 행위에 대해 신고하거나 제보하는 경우, 그 신고나 제보를 입증할 수 있는 증거자료를 제출한 자에게 포상금을 지급하고 있습니다.

신고 포상금은 과징금이 부과되는 건은 최고 5억원, 최저 500만원, 과징금이 부과되지 않는 건은 최대 500만원이 지급됩니다.

memo

Main Keyword

V

상생(Symbiosis)

: 프랜차이즈 상생 가맹본부 발굴 시 유의사항

프랜차이즈시스템은 상호 신뢰를 바탕으로 한 "상생" 관계다. 가맹본부는 리더십을 가지고 체계적인 시스템을 통해 가맹점을 잘 이끌어야 하고, 가맹점은 팔로우십을 가지고 가맹본부의 지원·교육·통제를 잘 따라야 한다.

가맹점이 살아야 가맹본부가 산다. 가맹사업은 가맹본부 및 가맹점사업자 양 당사자 모두 각자의 위치에서 주어진 역할에 따른 의무를 신의에 따라 성실하게 이행할 때 지속적으로 상생할 수 있다. 그래야 오랫동안 함께 멀리 갈 수 있다.

가맹본부와 가맹점사업자가 상생하기 위해 개별적으로 노력하는 것도 방법이지만 가맹점사업자단체 등을 구성하여 협의체를 통한 상생관계를 형성하는 것도 방법일 수 있다. 또한 가맹본부와 가맹점사업자가 가맹사업 관계 법령의 준수 및 상호 지원·협력을 약속하는 자발적인 공정거래협약을 체결하는 기업을 선택하는 것도 상생경영의 지름길이다.

정보공개서 내용을 심도 있게 검토하는 것은 상생경영의 첫걸음이다. 정보공개서 분석을 통한 상생 가맹본부 발굴 Point를 정확히 이해한 후 가맹본부를 선택하여 성공확률을 높일 수 있는 기준을 제시함으로써 프랜차이즈 상생 가맹본부를 발굴할 수 있는 기회를 제시하고자 한다.

본 장에서는 가맹본부와 가맹점사업자 각자의 의무에 대해 정확히 인지하고, 공정거래위원회가 가맹점사업자를 보호하기 위해 권장하는 가맹점사업자단체, 공정거래협약 제도 등을 정확히 안내하고자 한다. 또한 상생하는 가맹본부를 발굴하기 위해 정보를 정확히 파악하는 것이 가장 중요한 Point이기에 정보공개서를 심도있게 분석하고자 한다.

Keyword 32 신의성실 원칙

프랜차이즈 사업의 기본은 "신의성실 원칙"이다. 즉, 가맹사업은 가맹본부 및 가맹점사업자 양 당사자 모두 각자의 위치에서 주어진 역할에 따른 의무에 대해 신의에 따라 성실하게 이행할 때 지속적으로 상생할 수 있다.

가맹희망자 입장에서 상생하는 가맹본부를 발굴하는 가장 중요한 키포인트는 가맹본부가 자신의 역할을 얼마나 체계적으로 충실하게 실행하고 있는지를 파악하는 것이다. 가맹사업법 제5조 가맹본부의 준수사항에서 정한 7가지 기준에 따라 살펴보면 보다 효율적으로 검토할 수 있다.

가맹점사업자도 신의에 따라 성실하게 자신의 역할을 충실히 이행하여야 지속적으로 상생할 수 있다. 따라서 가맹사업법 제6조에서 정한 가맹점사업자의 준수사항 12가지를 참조하여 가맹계약 기간 동안 성실히 이행하여야 한다.

신뢰를 바탕으로 하는 프랜차이즈 사업의 기본적 소양으로 갖추어야 할 준수사항을 양 당사자 모두 항상 염두에 두고 가맹사업을 추진한다면 불필요한 갈등을 방지할 수 있을 것이다.

Keyword Key point

- 가맹본부 및 가맹점사업자 모두 신의성실 원칙에 따라 각자 역할을 충실히 이행하자.

Q01. 신의성실 원칙이 가맹사업에 적용되는 이유는 무엇인가요?

A01. 가맹사업의 성공을 위해 가맹본부와 가맹점사업자는 상호 신뢰를 바탕으로 신의에 따라 각자의 역할을 충실히 이행하여야 합니다. 가맹본부는 브랜드의 인지도를 높이고 성공적인 사업을 위한 상품의 개발 등에 관한 노력을 지속적으로 하여야 하고, 가맹점이 활성화될 수 있도록 지원과 통제를 충실히 하여야 합니다.

또한, 가맹점사업자는 가맹본부가 제공하는 브랜드와 영업 노하우를 적극적으로 활용하여 영업지역 내에서 최선의 판매 노력과 브랜드 가치의 개선을 위해 지속적으로 노력하여야 합니다.

Q02. 상생 가맹본부가 준수해야 하는 사항은 무엇인가요?

A02. 가맹본부는 노하우를 성공시키기 위한 끊임없는 사업구상을 하여야 합니다. 더불어 품질관리와 판매기법 개발에 관한 노력도 지속적으로 하여야 합니다. 이는 지속가능한 프랜차이즈 사업을 위한 당연한 의무이자 필요조건입니다.

그 외에도 가맹사업법에서 정한 7가지 규정은 다음과 같습니다.

1. 가맹사업의 성공을 위한 사업구상
2. 상품이나 용역의 품질관리와 판매기법의 개발을 위한 계속적인 노력
3. 가맹점사업자에 대하여 합리적 가격과 비용에 의한 점포설비의 설치, 상품 또는 용역 등의 공급
4. 가맹점사업자와 그 직원에 대한 교육 · 훈련
5. 가맹점사업자의 경영 · 영업활동에 대한 지속적인 조언과 지원
6. 가맹계약기간중 가맹점사업자의 영업지역 안에서 자기의 직영점을 설치하거나 가맹점사업자와 유사한 업종의 가맹점을 설치하는 행위의 금지
7. 가맹점사업자와의 대화와 협상을 통한 분쟁해결 노력

Q03. 상생 가맹점사업자가 준수해야 하는 사항은 무엇인가요?

A03. 가맹점사업자의 독자적인 행동은 가맹본부뿐만 아니라 다른 가맹점사업자에게도 피해가 갈 수 있기 때문에 가맹점사업자는 전국 가맹사업의 통일성 및 가맹본부의 명성을 유지하기 위해 가맹본부의 통제에 따라야 할 의무가 있습니다.

그 외에도 반드시 준수해야 하는 가맹점사업자의 의무로 가맹사업법에서 정한 12가지 규정은 다음과 같습니다.

1. 가맹사업의 통일성 및 가맹본부의 명성을 유지하기 위한 노력
2. 가맹본부의 공급계획과 소비자의 수요충족에 필요한 적정한 재고유지 및 상품진열
3. 가맹본부가 상품 또는 용역에 대하여 제시하는 적절한 품질기준의 준수

4. 적절한 품질기준의 상품 또는 용역을 구입하지 못하는 경우 가맹본부가 제공하는 상품 또는 용역의 사용
5. 가맹본부가 사업장의 설비와 외관, 운송수단에 대하여 제시하는 적절한 기준의 준수
6. 취급하는 상품·용역이나 영업활동을 변경하는 경우 가맹본부와의 사전 협의
7. 상품 및 용역의 구입과 판매에 관한 회계장부 등 가맹본부의 통일적 사업경영 및 판매 전략의 수립에 필요한 자료의 유지와 제공
8. 가맹점사업자의 업무현황 및 자료의 유지와 제공에 의한 자료의 확인과 기록을 위한 가맹본부의 임직원 그 밖의 대리인의 사업장 출입허용
9. 가맹본부의 동의를 얻지 아니한 경우 사업장의 위치변경 또는 가맹점운영권의 양도 금지
10. 가맹계약기간 중 가맹본부와 동일한 업종을 영위하는 행위의 금지
11. 가맹본부의 영업기술이나 영업비밀의 누설 금지
12. 영업표지에 대한 제3자의 침해사실을 인지하는 경우 가맹본부에 대한 영업표지침해사실의 통보와 금지조치에 필요한 적절한 협력

프랜차이즈 클리닉

〈에피소드〉 23. 가맹본부의 브랜드 이미지 실추행위에 따른 가맹점의 피해

상황

○○○○○ 브랜드의 미용실 가맹점사업자 10인은 가맹본부인 A사 대표이사의 성추행 사건으로 브랜드 이미지가 실추되었음을 이유로 가맹본부에게 가맹계약 해지 및 보증금 1,000만원의 반환을 요구하였으나 가맹본부가 이에 응하지 아니하여 분쟁이 발생하였다.

20△△년 3월경 당시 가맹본부 A사 대표이사 □□□은 성희롱 및 성폭행 혐의로 피소되었는데, 같은 해 4월경 고소인들과 합의하였고 검찰로부터 불기소처분을 받은 사실이 있고 이러한 내용이 언론과 인터넷 및 SNS 상에 공개된 바 있다.

가맹점사업자 10인은 2차례에 걸쳐 대표이사 □□□의 성폭행 사건으로 인하여 브랜드 이미지가 크게 실추되어 가맹점 운영이 어렵게 되었다는 이유로 가맹계약 해지 및 보증금 반환을 요구하는 내용의 서면을 가맹본부에게 발송하였다.

가맹점 주장

가맨점사업자 10인은 '○○○○○' 브랜드의 가맹점은 대표이사 □□□(예명)의 이미용업계에서의 인지도를 기반으로 하며 미용업의 특성상 주로 여성들을 상대로 영업이 이루어지는데, 가맹본부 대표이사 □□□의 성폭행 혐의 이후 브랜드와 가맹점 이미지에 큰 타격을 입고 고객수가 크게 감소하였으며, 가맹계약서에 규정된 상호 신뢰관계가 깨어졌으므로 가맹본부는 가맹계약을 해지하고 보증금 1,000만원 전액을 반환하여야 한다고 주장한다.

가맹본부 주장

가맹본부는 합의서를 제출함에 따라 답변서를 제출하지 않았다.

분쟁조정협의회 권고

이 사건 사실 확인과정에서 분쟁당사자들은 분쟁조정협의회의 권고로 "분쟁당사자들은 각각 가맹계약을 해지하고, 가맹본부는 가맹점사업자 10인에게 각각 보증금 1,000만원을 전액 반환한다"는 내용으로 합의가 되어 조정이 성립되었으므로, 가맹사업법 제23조 제3항 제1호에 따라 조정절차를 종료한다.

클리닉

본 사건은 프랜차이즈 업계에서 흔치 않은 집단 분쟁조정에 해당한다. 가맹본부의 브랜드 이미지 실추에 따른 많은 수의 가맹점 피해로 계약해지 사태가 발생한 사례로서 가맹본부의 브랜드 이미지 관리와 기업의 사회적 책임에 대한 의미를 다시 한 번 각인시켜주는 사례라고 볼 수 있다.

프랜차이즈 시스템은 브랜드를 매개로 하여 가맹본부와 가맹점이 동일한 외관을 형성하고 고객에게 유의미한 가치를 제공하는 시스템이라 볼 수 있다. 최종 소비자를 대상으로 하는 서비스업에서 브랜드 이미지는 고객의 신뢰와 영업에 큰 영향을 미친다고 볼 것이다. 따라서 브랜드이미지를 높이기 위하여 브랜드 자산을 관리하는 활동은 가맹본부와 전체 가맹점들이 지속적으로 노력하여야 하는 핵심 과제이다. 특히, 브랜드명이 특정 인물의 이름인 경우 그 인물의 품행과 인격, 아이덴티티가 그대로 브랜드 이미지로 이전되기 때문에 각별한 이미지 관리가 중요하다.

수많은 동일한 아이템의 점포와 브랜드가 경쟁하는 프랜차이즈 시장에서 타 브랜드를 제치고 소비자들의 마음속에 들어가기 위해서는 차별화된 브랜드 이미지가 구축되어야 하며, 이는 단기간에 형성되는 것이 아니라 수년에 걸친 지속적인 노력을 바탕으로 한다. 하지만 이러한 브랜드 이미지 구축 노력이 한순간의 실수로 추락할 수 있다는 점을 본 사건은 잘 말해 주고 있다.

출처: 창업 & 프랜차이즈 CEO study FC 클리닉, 이성훈, 2015년 11월호

Keyword 33 가맹점사업자단체

가맹점사업자는 권익보호 및 경제적 지위 향상을 도모하기 위하여 "가맹점사업자단체" 또는 "가맹점주협의회"를 자율적으로 구성하여 그 가맹본부에 대하여 가맹계약의 변경 등 거래조건에 대한 협의를 요청할 수 있다.

가맹사업법에서는 가맹점사업자가 가맹점사업자단체의 구성 · 가입 · 활동 등을 이유로 가맹점사업자에게 불이익을 주는 행위 또는 가맹점사업자단체에 가입 또는 가입하지 아니할 것을 조건으로 가맹계약을 체결하면 안 된다.

Keyword Key point

- 가맹점사업자단체 or 가맹점주협의회는 자율적으로 구성할 수 있다.
- 가맹본부는 단체 or 협의회 구성 · 가입 · 활동 등을 이유로 불이익을 주면 안 된다.

한눈에 보는 Keyword 근거 법령

법 조항	– 제14조의2(가맹점사업자단체의 거래조건 변경 협의 등)
가맹점 사업자 단체 권리의무	– 가맹점사업자는 단체를 자율적으로 구성할 수 있음 – 가맹점사업자단체는 가맹본부에 거래조건에 대한 협의를 요청할 수 있음 – 가맹점사업자단체는 가맹사업의 통일성이나 본질적 사항에 반하는 거래조건을 요구하는 행위, 가맹본부의 경영 등에 부당하게 간섭하는 행위 또는 부당하게 경쟁을 제한하는 행위를 하면 안됨
가맹본부 권리의무	– 가맹본부는 가맹점사업자단체가 협의를 요청하면 성실하게 응해야 함 – 가맹점사업자단체의 구성·가입·활동 등을 이유로 불이익을 주면 안됨
제재 사항	– **시정명령**: 시정조치 or 시정권고 – **과징금**: 위반기간 동안 관련 매출액(or 영업수익)의 2% 이내(매출액 산정불가 시 5억원 이내)

Q01. 가맹본부에는 가맹점사업자단체가 반드시 구성되어야 하나요?

A01. 가맹점사업자단체는 가맹점사업자가 가맹본부에 가맹계약의 변경 등 거래조건에 대한 협의를 함에 있어서 소수보다 다수가 유리하기 때문에 보다 효율적으로 관철시키기 위해 구성되는 단체로 자율적으로 구성됩니다.

가맹본부와의 관계에 불편함이 없다면 가맹점사업자단체를 구성하지 않아도 되고, 가맹점사업자단체가 있다 하더라도 모든 가맹점이 반드시 가입해야 하는 의무는 없습니다.

Q02. 가맹점사업자단체 1개 브랜드에 1개만 구성할 수 있나요?

A02. 가맹점사업자단체는 하나의 브랜드에 여러 개(복수)의 단체를 구성할 수 있습니다. 또한 여러 개(복수)의 단체는 개별적으로 활동할 수 있습니다.

Q03. 가맹점사업자단체 동일본부 내 다 브랜드 구성할 수 있나요?

A03. 여러 개(복수)의 영업표지를 보유한 가맹본부와 계약 중인 가맹점사업자는 동일한 영업표지를 사용하는 가맹점사업자들끼리만 하나의 가맹점사업자단체를 구성할 수 있습니다. 이는 브랜드마다 가맹계약의 내용이나 거래조건이 다를 수 있기 때문입니다.

Q04. 계약이 종료된 가맹점사업자 단체 활동 계속할 수 있나요?

A04. 가맹점사업자단체는 특정 가맹본부와 가맹계약을 체결·유지하고 있는 가맹점사업자로만 구성되어야 합니다. 따라서 가맹계약 종료와 동시에 가맹점사업자단체에서도 자동 탈퇴됩니다.

Q05. 복수 단체가 동시에 협상 요구하면 가맹본부는 어떻게 하나요?

A05. 가맹점사업자단체의 협의를 요청받은 경우 가맹본부는 성실하게 협의에 응하여야 합니다. 이때, 복수의 가맹점사업자단체가 동시에 협의를 요청한다면 가맹본부는 다수의 가맹점사업자로 구성된 가맹점사업자단체와 우선적으로 협의합니다.

Q06. 가맹점사업자단체가 협상을 요구하면 안되는 내용도 있나요?

A06. 가맹점사업자단체는 가맹본부에 대하여 가맹계약의 변경 등 거래조건에 대한 협의를 요청할 수 있습니다. 다만, 가맹점사업자단체는 가맹사업의 통일성이나 본질적 사항에 반하는 거래조건을 요구하는 행위, 가맹본부의 경영 등에 부당하게 간섭하는 행위 또는 부당하게 경쟁을 제한하는 행위는 하면 안됩니다.

Q07. 가맹점사업자단체 활동으로 불이익주면 가맹본부 처벌받나요?

A07. 가맹본부가 가맹점사업자단체의 구성 · 가입 · 활동 등을 이유로 가맹점사업자에게 불이익을 주는 행위를 하는 경우 공정거래위원회는 시정조치 및 과징금을 부과할 수 있습니다. 가맹본부가 가맹점사업자단체에 가입 또는 가입하지 아니할 것을 조건으로 가맹계약을 체결하는 경우에도 공정거래위원회는 시정조치 및 과징금을 부과할 수 있습니다.

Keyword 34 공정거래협약

최근 프랜차이즈 분야에서 상생경영을 추진하고자 노력하는 기업이 증가하고 있다. 가맹본부와 가맹점사업자 간 자발적으로 상생하는 협의체를 구성하고, 상호 협의할 내용을 자율적으로 정하여 협약을 맺고 성실히 이행하면서 협력하고 있다.

공정거래위원회는 이와 같은 가맹본부와 가맹점사업자 간의 자발적인 상생협약을 유도하고 가맹본부의 불공정거래행위를 예방하고자 공정거래협약 제도를 도입하여 이를 권장하고 있다. 이에 공정거래위원회는 「가맹본부·가맹점사업자 간 공정거래 및 상생협력 협약절차·지원 등에 관한 기준(이하 "협약 가이드라인")」을 마련하여 협약관련 가이드라인을 제시하면서 필요한 경우 협약 내용에 대한 검토 등을 지원하고 있다.

또한 가맹본부와 가맹점사업자가 가맹사업 관계 법령의 준수 및 상호 지원 · 협력을 약속하는 자발적인 협약을 체결하여 운영하는 기업에 대해 매년 각 가맹본부의 협약 체결 내용 및 이행 실적에 대한 평가를 실시하여 협약이행평가 결과가 우수할 경우 직권조사 면제 등의 인센티브를 부여하고 있다.

Keyword Key point

- 공정거래협약은 가맹본부와 가맹점사업자가 자율적으로 협약을 체결한다.
- 공정거래협약을 맺고 있는 가맹본부는 1년에 1번 공정거래위원회의 평가를 받는다.
- 공정거래협약을 성실히 이행한 가맹본부는 직권조사 면제 등 인센티브를 받는다.

Q01. 공정거래협약이 무엇인가요?

A01. 공정거래협약은 가맹본부와 가맹점사업자가 가맹사업 관계 법령의 준수 및 상호 지원·협력을 약속하는 자발적인 협약을 체결하고, 이를 잘 이행할 것을 독려하기 위해 포상 등 지원시책을 운영하여 가맹본부와 가맹점 간 자발적 상생협약을 유도함으로써 가맹본부의 불공정거래행위를 예방하고자 공정거래위원회가 법령에 따라 권장하는 제도입니다.

공정거래협약은 가맹본부와 가맹점사업자가 상생을 위해 자발적으로 체결하는 협약으로 공정거래와 상생협력 의지를 선언하는 것으로서 법적 권리나 의무를 발생시키지 않아 법적 효력이 없으며, 별도의 절차나 공정거래위원회의 승인을 받을 필요도 없습니다. 다만, 공정거래위원회는 협약을 준비하는 과정에서 협약 가이드라인을 제시하고 필요한 경우 협약 내용에 대한 검토 등의 지원을 하고 협약을 잘 이행한 경우 포상 등을 하고 있습니다.

Q02. 공정거래협약 기간은 정해져 있나요?

A02. 공정거래협약은 1년 단위로 체결합니다.

Q03. 공정거래협약에 필수로 기재해야 하는 내용이 있나요?

A03. 공정거래협약은 원칙적으로 자율 협약이므로 필수로 기재해야 하는 내용은 없습니다. 다만, 협약 가이드라인에서 협약에 포함될 기준을 제시하고 있으며, 내용은 가맹본부와 가맹점사업자가 협의하여 정하면 됩니다. 업종에 따라 추가되는 내용은 상이하지만 공통된 기준은 다음과 같습니다.

1. 영업지역 설정 · 변경 등에 관한 기준 설정
2. 판촉행사 등의 충분한 사전협의 및 공정한 비용부담 추진
3. 점포환경 개선에 대한 충분한 사전협의 및 공정한 비용부담 추진
4. 가맹점사업자로부터 취득하는 금전에 대한 명확한 기준 및 그 금액의 조정기준
5. 불공정한 거래행위의 사전예방 및 감시시스템 구축
6. 계약해지, 점포 폐점 및 양수도
7. 가맹점사업자에 대한 지원
8. 위약금 등에 관한 기준 설정
9. 가맹본부에 대한 정보 제공
10. 협약의 내용에 관해 가맹점 사업자와 협의할 기준의 반영 여부

Q04. 공정거래협약은 가맹점사업자단체가 체결해도 되나요?

A04. 공정거래협약은 가맹본부와 가맹점이 직접 체결하는 것을 원칙으로 하며, 가맹점주협의회를 통한 협약 위임 시 상생협력위원회에서 가맹점 대표와 협약을 체결할 수 있습니다.

Q05. 공정거래협약 이행을 평가하는 기준은 무엇인가요?

A05. 협약의 내용이 가맹사업법 기준에 위배되는지 여부와 내용의 명확성 등을 검토하며 계약내용 및 이행과정의 공정성 여부가 중요한 평가지표입니다.

Q06. 공정거래협약을 위반하면 가맹본부 처벌받나요?

A06. 협약이행평가는 가맹본부와 가맹점사업자의 자율적 상생협력을 유도하는 것으로 이를 통해 가맹본부를 제재하는 것은 아닙니다. 오히려, 공정거래위원회는「가맹본부 · 가맹점사업자 간 공정거래 및 상생협력 협약절차 · 지원 등에 관한 기준」에 따라 매년 각 가맹본부의 협약 체결 내용 및 이행 실적에 대한 평가를 실시하여 협약이행평가 결과가 우수할 경우 직권조사 면제 등의 인센티브(☞ <참고사항> 참조)를 부여하고 있습니다.

참고사항

공정거래협약 이행 평가등급 및 인센티브 제도

평가등급	평가점수	인센티브 제공 내용
최우수	95점 이상	– 직권조사 2년간 면제(조사 면제라 함은 당해 기업을 조사 대상에 미포함하는 것을 의미, 이하 동일) – 공정위로부터 시정명령을 받은 경우, 이에 대한 공표의무 면제(1년, 1회) – 법인, 개인 대상 위원장 이상 표창 수여
우수	90점 이상	– 직권조사 1년간 면제 – 공정위로부터 시정명령을 받은 경우, 이에 대한 공표의무 면제(1년, 1회) – 법인 대상 위원장 이상 표창 수여
양호	85점 이상	– 공정위로부터 시정명령을 받은 사실 공표 시, 공표 크기 및 매체 수 1단계 하향 조정 및 공표기간 단축(1년, 1회) – 법인 대상 위원장 표창 수여

Q07. 공정거래협약 점수가 높으면 인센티브가 있나요?

A07. 공정거래협약은 가맹본부의 공정한 거래를 유도하고자 가맹본부의 공정성을 평가하여 포상하는 것으로 가맹점사업자에게 직접적으로 부여하는 인센티브는 없습니다. 그러나 가맹본부가 공정한 거래를 추진하기 위해 지속적으로 협약을 이행한다면 그로 인해 얻는 이득이 더 클 것으로 보입니다.

〈에피소드〉 24. 에필로그: 상생하는 프랜차이즈를 위하여

지금까지 프랜차이즈 산업에서 대표적인 분쟁 관련 사례를 모아 문제점과 상생의 대안을 찾아보았다. 프랜차이즈 시스템은 효율적인 유통채널임에 분명하다. 하지만 프랜차이즈 시스템의 장점보다 단점이 부각된다면 프랜차이즈 산업의 미래는 어두울 것이다.

프랜차이즈시스템은 가맹본부와 가맹점의 효과적인 파트너십의 구축을 통해 성장한다. 효과적인 파트너십의 구축을 위한 상호 노력이 필요하다. 프랜차이즈 파트너십의 구축은 상호 역할의 인식과 존중에서 시작된다. 가맹본부는 가맹점의 입장에서 가맹점 수익모델의 구축과 지원을 통해 발전적인 관계를 이끌어야할 리더십이 필요하다. 반면 가맹점 또한 브랜드를 공유하는 프랜차이즈시스템의 일원으로서 팔로워십을 요구한다.

프랜차이즈시스템은 수직적 마케팅시스템(VMS)을 기반으로 한다. 태생적으로 가맹본부와 가맹점의 목적이 다르고 역할 충돌이 일어날 수밖에 없는 구조인 것이다. 갈등이 구조적으로 발생되는 구조라는 것이다.

프랜차이즈시스템에서 갈등은 계약체결 과정부터 운영과정 및 종료 이후단계까지 다양한 원인에 의해 촉발된다. 따라서 모든 프랜차이징 프로세스 상에서 갈등의 원인을 파악하고 예방한다면 프랜차이즈 갈등을 적절한 수준에서 관리할 수 있다. 갈등은 제거하는 것이 아니라 관리하는 것임을 명심해야 한다는 것이다. 적절한 수준에서 갈등을 관리한다면 오히려 가맹본부와 가맹점 간에 생산적인 관계가 형성되고 바람직한 방향으로 전개될 수 있다.

프랜차이즈 갈등을 제대로 관리한다는 것은 가맹본부가 절차적 합법성, 운영상 적법성, 정확한 내용의 계약 체결, 문서에 의한 관리, 비전과 목표의 공유와 정확한 정보전달 체계의 확립, 공고한 리더십의 구축과 팔로워십의 확인, 지속적인 교육을 통한 바람직한 역할 인식 등을 말한다. 또한 지속적인 가맹점의 지원과 문제 해결을 위한 관심과 노력도 필요하다.

상생하는 프랜차이즈란 이렇게 적정한 수준에서 갈등을 관리하는 시스템의 구축에서 시작된다. 더불어 상호 신뢰를 쌓기 위한 노력 또한 게을리하면 안된다. 신뢰란 상대방이 정직하여 거래 의무를 성실히 수행할 것이라는 당사자의 신념이나 확신을 말한다. 신뢰는 관계형 교환의 핵심개념인 만족과 몰입, 장기지향성에 긍정적인 영향을 미치며, 상대방의 기회주의적 행동을 억제함으로써 협력적 행위를 유발하고 거래비용을 감소시키는 효과를 발휘할 수 있게 한다. 이러한 신뢰 관계의 형성은 투명한 경영을 요구한다.

프랜차이즈시스템에서 갈등을 합리적으로 관리하고 신뢰관계를 형성하여 가맹본부와 가맹점 간의 효과적인 파트너십을 구축하고 상생경영을 하기 위해서 필요한 요인은 다음과 같다.

첫째, 지식공유 즉, 가맹본부와 가맹점 간의 활발한 정보교류와 커뮤니케이션을 통해 이해를 돕는 과정이 필요하다.

둘째, 상호의존. 서로 간의 존재를 존중하고 의존함으로써 시너지를 내는 관계를 말한다. 상호의존이 높으면 높을수록 장기지향적인 관계로 발전할 수 있기 때문이다.

셋째, 상호이익고유. 서로 자신만의 이익 극대화를 추구한다면 프랜차이즈 시스템은 붕괴될 수밖에 없다. 투명한 경영을 통해 비용과 이익을 합리적으로 배분하는 방식이야 말로 건전한 프랜차이즈 시스템을 구축하기 위한 필수적인 요건이다.

지금까지 살펴본바 상생하는 프랜차이즈 시스템 구축을 위해서 프랜차이즈 갈등의 인식과 관리 노력, 신뢰관계 형성을 위한 투명한 경영 프로세스의 확립을 생각해 보았다.

프랜차이즈 산업의 발전을 위하여 프랜차이즈 산업인 모두의 노력이 필요하다.

출처: 창업 & 프랜차이즈 CEO study FC 클리닉, 이성훈, 2016년 12월호

Keyword 35

정보공개서 분석을 통한 상생 가맹본부 발굴 Point

가맹본부가 가맹점을 모집하기 위해서는 반드시 정보공개서를 공정거래위원회에 등록하고 등록된 정보공개서를 가맹희망자에게 제공하여야 함은 이미 정보공개서 등록변경, 정보공개서 제공의무 키워드를 통해 살펴보았다.

또한 가맹사업법 키워드에서 허위·과장된 정보제공 및 정보공개서 제도가 얼마나 중요한지도 숙지하였다. 가맹희망자는 정보공개서와 가맹계약서 내용이 일치하는지, 기재된 세부내용이 허위·과장된 정보 등에 해당하는지 등을 꼼꼼히 살펴보는 것이 무엇보다 중요하다.

정보공개서에 기재되어야 하는 내용은 정보공개서 주요내용 코너에서 살펴본 바와 같이 가맹사업법 시행령 [별표 1]에 구체적으로 명시되어 있다. 또한, 공정거래위원회는 가맹희망자에게 실효적인 정보공개서를 제공하고 가맹본부의 업무편의를 높이고자 「가맹사업거래 정보공개서 표준양식에 관한 고시(이하 "정보공개서 표준고시")」를 통해 항목별 기재사항을 구체적으로 예시하고 이의 사용을 권장하고 있다.

상생하는 가맹본부를 발굴하기 위해서는 가맹본부가 공식적으로 안내하는 정보공개서의 내용을 우선적으로 정확히 확인하는 것이 중요하기 때문에 본 장에서는 정보공개서 주요 내용을 세부적으로 어떻게 파악해야 하는지에 대하여 구체적으로 살펴보고자 한다.

1 정보공개서의 표지

Q01. 정보공개서 표지에는 "다음의 문장"이 왜 기재되어 있나요?

A01. 정보공개서 표지에 "다음의 문장"을 기재한 이유는 가맹계약 체결 전 이러한 내용을 읽고 정보공개서의 중요성과 숙고기간의 의미를 되새겨보고, 정보공개서 내용 외에도 가맹계약서 세부내용, 정보공개서와 가맹계약서에 기재된 내용의 일치성, 인근가맹점 현황문서를 통한 현장실사, 예상매출액 산정서를 통한 사업 타당성 등에 대해 가맹희망자가 가맹본부를 충분한 시간을 가지고 신중히 검토한 뒤 가맹계약을 체결할 것을 권고하기 위함입니다.

정보공개서는 가맹희망자가 가맹본부에 대해 수집한 정보 중 기초적이면서도 가장 중요한 문서입니다. 그러나 일부내용이 상당히 전문적이거나 일반인이 이해하기에는 다소 어려울 수 있는 내용들도 있기 때문에 정보공개서 전체 내용을 숙지하기 위해서는 충분한 시간을 갖고 검토하거나 전문가의 도움을 받을 것을 권고하고 있습니다.

정보공개서 표지에 기재하도록 한 "다음의 문장"은 가맹계약 체결 전 주의사항으로 다음과 같습니다.

"이 정보공개서는 귀하께서 체결하려는 가맹계약 및 해당 가맹사업에 대한 전반적인 정보를 담고 있으므로 그 내용을 정확하게 파악한 후에 계약체결 여부를 결정하시기 바랍니다. 「가맹사업거래의 공정화에 관한 법률」에 따라 가맹희망자에게는 정보공개서의 내용을 충분히 검토하고 판단할 수 있도록 일정한 기간이 주어집니다. 따라서 이 정보공개서를 제공받은 날부터 14일(변호사나 가맹거래사의 자문을 받은 경우에는 7일)이 지날 때까지는 가맹본부가 귀하로부터 가맹금을 받거나 귀하와 가맹계약을 체결할 수 없습니다. 이 정보공개서는 법령에서 정한 기재사항을 담고 있는 것에 불과하며 그 내용의 사실 여부를 한국공정거래조정원이나 가맹사업 분야의 전문성을 갖춘 법인 · 단체 중 해당 업무를 수행할 수 있다고 공정거래위원회가 인정하여 고시하는 기관에서 모두 확인한 것은 아닙니다. 또한, 귀하께서는 어디까지나 가맹계약서의 내용에 따라 가맹사업을 운영하게 되므로 정보공개서의 내용에만 의존하여서는 아니 됩니다."

Q02. 정보공개서 표지에서 중요하게 검토할 내용은 무엇인가요?

A02. 가맹희망자는 정보공개서를 받으면 정보공개서라는 명칭의 문서인지를 가장 먼저 확인해야 합니다. 그 다음으로 정보공개서 등록번호를 확인해야 합니다. 등록된 문서임을 확인하는 것은 무엇보다 중요합니다. 따라서 문서로 받은 정보공개서의 등록번호와 최초등록일, 최종등록일을 가맹사업거래 홈페이지에서 추가로 확인한 뒤 문서를 검토한다면 가장 안전한 정보를 검토하게 될 것입니다.

정보공개서 표지에는 가맹본부의 상호, 영업표지, 주된 사무소의 소재지, 가맹사업과 관련하여 가맹본부가 운영하는 인터넷 홈페이지 주소, 가맹사업 담당부서, 가맹사업 안내 전화번호 등도 기재되어 있습니다.

가맹본부 상호는 회사명을 말하고, 영업표지는 브랜드명, 주된 사무소의 소재지는 가맹본부의 사업자등록증 등록지로서 정보공개서 등록지라고도 볼 수 있습니다. 주된 사무소는 가맹점사업자가 향후 가맹본부로부터 받게 될 영업지원, 교육·훈련 등과 관련하여 총괄적으로 사업이 이루어지는 곳이며 상호 공식적인 문서를 주고받을 때 도달지로서의 의미를 갖기도 합니다.

정보공개서 표준고시 사례

[가맹본부의 로고가 있는 경우 로고]	[정보공개서 등록번호] [정보공개서 최초 등록일] [정보공개서 최종 등록일]	[가맹본부의 홈페이지 주소 및 대표 이메일 주소]

[가맹희망자가 운영하게 될 영업표지(브랜드명)]

정 보 공 개 서

[가맹본부명]은 「가맹사업거래의 공정화에 관한 법률」 제7조 및 같은 법 시행령 제4조 제1항에 따라 귀하에게 이 정보공개서를 드립니다.

20 . . .

[가맹본부명]

<주 의 사 항>

이 정보공개서는 귀하께서 체결하려는 가맹계약 및 해당 가맹사업에 대한 전반적인 정보를 담고 있으므로 그 내용을 정확하게 파악한 후에 계약체결 여부를 결정하시기 바랍니다.

「가맹사업거래의 공정화에 관한 법률」 에 따라 가맹희망자에게는 정보공개서의 내용을 충분히 검토하고 판단할 수 있도록 일정한 기간이 주어집니다. 따라서 이 **정보공개서를 제공받은 날부터 14일(변호사나 가맹거래사의 자문을 받은 경우에는 7일)이 지날 때까지는 가맹본부가 귀하로부터 가맹금을 받거나 귀하와 가맹계약을 체결할 수 없습니다.**

이 정보공개서는 법령이 정한 기재사항을 담고 있는 것에 불과하며 그 **내용의 사실 여부를 한국공정거래조정원에서 모두 확인한 것은 아닙니다.** 또한, 귀하께서는 어디까지나 **가맹계약서의 내용에 따라 가맹사업을 운영하게 되므로 정보공개서의 내용에만 의존하여서는 아니 됩니다.**

귀하께서 **가맹계약서에 서명하는 순간부터** 그 내용에 구속됩니다. 따라서 충분한 시간을 갖고 정보공개서나 가맹계약서의 내용을 검토하시고 **기존 가맹점사업자를 방문하여 얻은 정보**에 근거하여 가맹본부의 신뢰성을 판단하도록 하십시오.

가맹사업은 **법률, 회계, 경영** 등 다양한 분야의 지식이 필요한 분야이므로 **가맹거래사 등 전문가의 자문을** 받는 것을 권장합니다. 귀하가 과거 사업경력이 없는 경우 관련 업종에서 경험을 쌓아 경영 수행 능력을 갖출 필요가 있습니다.

마지막으로 사업 초기에 많은 자금이 소요되므로 **귀하의 재정상태를 확실히 점검한** 다음 창업에 임하시기 바랍니다.

[가맹본부의 주된 사무소의 소재지]
[가맹본부의 대표전화번호]
[가맹본부의 대표팩스번호]
[가맹사업 담당부서 및 전화번호]

Q01. 가맹본부 일반 현황에서 중요하게 검토할 내용은 무엇인가요?

A01. 가맹본부의 일반 현황에는 상호, 영업표지, 주소, 대표자명, 대표 전화번호 및 팩스번호, 사업자등록번호와 사업자등록일이 기재되어 있습니다. 또한, 법인의 경우 법인등록번호와 법인설립등기일이 기재되어 있습니다.

가맹본부는 법인사업자만 운영할 수 있는 것이 아니라 개인사업자도 운영할 수 있기 때문에 개인사업자의 경우 표준 정보공개서 양식을 사용할 경우 법인설립등기일 법인등록번호 등에 “해당 없음”, 또는 “개인사업자” 등으로 기재되어 있을 수 있습니다.

정보공개서 표준고시 사례

<table>
<tr><td>상호</td><td>영업표지</td><td colspan="4">주 소</td></tr>
<tr><td rowspan="4">(주)공정위</td><td>반포삼겹살 외 1개</td><td colspan="4">서울시 서초구 반포로 9999번지</td></tr>
<tr><td>법인 설립등기일①</td><td>사업자등록일</td><td>대표자</td><td>대표전화번호</td><td>대표팩스번호</td></tr>
<tr><td>1999.3.15.</td><td>1999.3.17.</td><td>김공정</td><td>02-1234-5678</td><td>02-1234-5679</td></tr>
<tr><td>법인등록번호</td><td>111111-2222222</td><td colspan="2">사업자등록번호</td><td>123-45-67890</td></tr>
</table>

Q02. 가맹본부의 설립일 기준은 무엇인가요?

A02. 가맹본부의 설립일 작성기준은 가맹본부가 법인사업자인 경우에는 “법인설립등기일”로 정하고, 개인사업자인 경우에는 “사업자등록일”로 정하고 있습니다.

Q03. 브랜드는 오래되었는데 가맹본부 설립일이 최근일 수도 있나요?

A03. 해당 브랜드의 가맹점이 많고 가맹사업을 한지 오래된 업체임에도 불구하고 법인설립등기일이나 사업자등록일이 얼마 되지 않은 경우가 있습니다. 이는 해당 가맹본부가 개인사업자에서 법인사업자로 전환되었거나, 해당 브랜드를 타사에서 인수·합병한 경우일 수 있습니다. 이 내용은 반드시 가맹본부의 인수·합병 현황 및 가맹사업 현황의 "가맹사업 시작일"과 "가맹본부 및 브랜드 연혁" 항목을 함께 연계하여 검토하시기 바랍니다.

가맹희망자는 가맹본부 설립을 의미하는 법인설립등기일과 사업자등록일 및 대표자 정보를 통해 가맹본부의 지속성을 확인할 수 있습니다. 해당 가맹사업을 3년 이상 지속적으로 동일한 대표자가 회사 변동 없이 가맹본부를 운영하고 있다면 가맹사업에 대한 지속성을 어느 정도 신뢰할 수 있을 것입니다. 그러나 기타 사유로 사업자등록일 및 대표자가 자주 변경되는 경우가 있는데 이런 경우 그 사유에 대하여 반드시 검토해 보기 바랍니다.

Q04. 문서 대표자와 실제 대표자가 다르면 주의할 사항이 있나요?

A04. 가맹본부의 대표자는 가맹계약 체결 당사자가 되며, 계약 내용의 권리와 의무를 이행할 책임 당사자가 됩니다. 따라서 정보공개서나 등기부등본 등 문서에 기재된 대표자를 검증하는 것이 매우 중요합니다.

개인사업자로 가맹사업을 진행하는 일부 가맹본부의 경우, 가족명의의 사업자등록증을 통해 가맹사업을 전개하는 곳이 있는데 이런 경우 가족관계증명서 등을 통해 진위여부를 반드시 확인할 필요가 있습니다.

그러나 제3자와의 관계이거나 법인사업자의 경우라면 실제로 가맹본부를 운영하는 대표자와 정보공개서 및 사업자등록증 문서에 기재된 대표자가 왜 상이한지에 대해 가맹본부의 입장을 정확히 확인한 후 가맹계약 체결 여부를 결정할 필요가 있습니다.

Q05. 가맹본부의 특수관계인 범위는 어떻게 되나요?

A05. 특수관계인이란 해당 회사를 사실상 지배하고 있는 자로 임원여부와 무관하게 실제로 의사결정을 하는 자, 대표(오너)의 친족, 가맹본부의 계열회사, 가맹본부 및 계열회사의 사용인 등이 특수관계인(☞ <참고사항> 참조)에 해당됩니다.

이 경우 회사가 법인사업자라면 대표이사도 특수관계인에 해당되고, 임원과 임원급으로 활동하는 대표자의 친족도 특수관계인이 됩니다. 그러나 회사가 개인사업자일 경우 대표자는 회사 그 자체가 되므로 특수관계인에서 제외되고, 회사의 경영에 참여하는 임원 등은 특수관계인에 포함될 수 있습니다.

참고사항

특수관계인의 범위

소속	세부내용	비고
가맹본부	대표 (오너)	가맹본부를 사실상 지배하고 있는 자로 임원여부와 무관하게 실제로 의사결정을 하는 자 ※ 가맹본부가 개인사업자인 경우 대표자는 특수관계인이 아님
	사용인	가맹본부가 법인사업자인 경우 등기임원 or 가맹사업과 관련하여 실제 임원 역할을 하는 임직원 ※ 가맹본부가 개인사업자인 경우 가맹사업과 관련하여 실제 임원 역할을 하는 임직원은 특수관계인 임
계열회사	회사	계열회사가 가맹사업을 최근 3년 이내 경영한 적이 있거나 현재 경영하는 경우에만 해당
	사용인	가맹사업을 최근 3년 이내 경영한 적이 있거나 현재 경영하는 계열회사가 법인사업자인 경우 등기임원 or 가맹사업과 관련하여 임원 역할을 하는 직원
기타	대표(오너)의 친족	대표(오너)의 배우자, 6촌 이내의 혈족, 4촌 이내의 인척 중 최근 3년 이내에 가맹사업을 경영한 적이 있거나 현재 다른 가맹본부의 임원으로 활동하는 경우에만 해당

Q06. 가맹본부의 특수관계인을 왜 검토해야 하나요?

A06. 정보공개서에 기재된 가맹본부를 경영하고 있는 대표자와 임원 그리고 계열회사와의 관계를 통해 가맹본부의 지배구조와 인적 구성원의 특성을 파악할 수 있기 때문입니다. 즉, 특수관계인의 현황을 통해 가맹본부를 경영하고 있는 사람들의 관계를 파악할 수 있고, 가맹본부의 인적구성의 안전성이나 전문성, 과거의 경력 등에 대해서도 알 수 있습니다.

또한 가맹본부가 외국기업인 경우에는 가맹본부 및 국내에서 영업 중인 특수관계인의 현황을 면밀히 검토하여야 합니다. 외국기업이 국내 업체와 계약을 종료하거나 해지 후 철수하면 그 피해는 고스란히 가맹점에 미치게 되기 때문입니다.

정보공개서 표준고시 사례

<table>
<tr><th>관계</th><th>이름/상호①</th><th>영업표지</th><th colspan="3">주 소</th></tr>
<tr><td rowspan="3">배우자</td><td rowspan="3">이친절
(주)서초건강</td><td rowspan="3">1004건강</td><td colspan="3">서울시 서초구 강남대로 10000번지</td></tr>
<tr><td>대표자</td><td>대표전화번호</td><td>대표팩스번호</td></tr>
<tr><td>백철민</td><td>02-2000-9999</td><td>02-2000-8888</td></tr>
<tr><th>관계</th><th>이름/상호</th><th>영업표지</th><th colspan="3">주 소</th></tr>
<tr><td rowspan="3">사용인
(임원)</td><td rowspan="3">최거래</td><td rowspan="3">반포삼겹살
외 1개</td><td colspan="3">서울시 서초구 반포로 9999번지</td></tr>
<tr><td>대표자</td><td>대표전화번호</td><td>대표팩스번호</td></tr>
<tr><td>-</td><td>02-1234-5678</td><td>02-1234-5679</td></tr>
<tr><th>관계</th><th>이름/상호</th><th>영업표지</th><th colspan="3">주 소</th></tr>
<tr><td rowspan="3">사용인
(임원)</td><td rowspan="3">송가맹</td><td rowspan="3">반포삼겹살
외 1개</td><td colspan="3">서울시 서초구 반포로 9999번지</td></tr>
<tr><td>대표자</td><td>대표전화번호</td><td>대표팩스번호</td></tr>
<tr><td>-</td><td>02-1234-5678</td><td>02-1234-5679</td></tr>
<tr><th>관계</th><th>이름/상호</th><th>영업표지④</th><th colspan="3">주 소</th></tr>
<tr><td rowspan="4">계열회사③</td><td rowspan="3">조정원(주)</td><td rowspan="3">잠원우동 외
1개</td><td colspan="3">서울시 서초구 잠원로 1234번지</td></tr>
<tr><td>대표자</td><td>대표전화번호</td><td>대표팩스번호</td></tr>
<tr><td>박조정</td><td>02-9876-5432</td><td>02-9876-5431</td></tr>
<tr><td>법인등록번호</td><td>333333-4444444</td><td>사업자등록번호</td><td colspan="2">987-65-43210</td></tr>
<tr><td rowspan="4">계열회사⑤</td><td rowspan="3">나도해(주)</td><td rowspan="3">삼겹구어 외
1개</td><td colspan="3">서울시 서초구 반포로 7777번지</td></tr>
<tr><td>대표자</td><td>대표전화번호</td><td>대표팩스번호</td></tr>
<tr><td>박협회</td><td>02-1234-3333</td><td>02-1234-3334</td></tr>
<tr><td>법인등록번호</td><td>777787-666666</td><td>사업자등록번호</td><td colspan="2">123-45-67890</td></tr>
<tr><td>· · · ·</td><td></td><td></td><td></td><td colspan="2"></td></tr>
</table>

Q07. 인수·합병 현황은 가맹본부가 변경된 현황인가요?

A07. 인수·합병은 다른 회사의 지분인수, 임원 겸임, 영업양수 등을 통하여 실질적으로 다른 회사가 경영권을 행사하기 위해 진행됩니다. 합병의 경우 회사의 지분을 반드시 50% 이상 획득할 필요는 없으며 임원의 선임권을 획득하는 등 사실상 경영권을 행사하고 있는 것으로 충분합니다.

인수·합병 현황에는 가맹본부가 가맹사업 영업표지를 포함하여 가맹사업 경영권을 가진 다른 기업을 인수·합병하거나 다른 기업에 인수·합병된 적이 있는 경우 모두 기재되어 있습니다. 다른 기업의 가맹관련 사업의 일부(ex. 가맹사업운영권 등)만을 양수 또는 양도한 경우도 기재되어 있습니다.

인수·합병 현황에서는 브랜드 소유권의 변화를 파악할 수 있습니다. 브랜드의 소유권이 자주 변경되거나 인수·합병이 잦은 브랜드는 가맹본부의 관리 시스템이 부실하거나 가맹점에 대한 지원보다는 인수·합병을 통한 수익에 관심이 더 많은 가맹본부일 확률이 높을 수 있기 때문에 주의하여야 합니다.

정보공개서 표준고시 사례

인수·합병 여부	기업명	영업표지	인수·합병일	주 소	대표자
가맹본부가 다른 기업을 인수함	해당없음				
가맹본부가 다른 기업의 가맹사업 일부를 인수함	해당없음				
다른 기업에 가맹사업 일부를 인도함	청산별곡 (주)	달려라 한입	2011.11.24.	강원도 OO군 OO로 OO번지	나국어
다른 기업이 가맹본부를 합병함	해당없음				

Q08. 가맹본부 임원 현황에서 중요하게 검토할 내용은 무엇인가요?

A08. 정보공개서에는 최근 3년간 가맹본부 임원의 경력사항을 기재하게 되어 있습니다. 임원은 법인인 경우 등기이사 즉, 대표이사, 이사, 감사, 사외이사 등이 포함되며, 그 외에 가맹사업 운영에 영향을 미치는 실제 임원의 역할을 하는 경우까지 포함합니다.

가맹본부 임원의 현황과 개인별 가맹사업과 관련된 경력을 파악함으로써 가맹본부의 전문성이나 과거의 경력 등을 확인할 수 있는 근거가 됩니다. 즉, 임원이 다른 가맹본부를 운영해 본 경험이 있다면 보다 전문적인 경영을 기대할 수 있을 것입니다.

정보공개서 표준고시 사례

관련여부③	이름	현 직위	사업경력		
			기간④	직위	담당 업무
가맹사업 관련 임원	김공정	대표이사	2017.1.~2017.8.	AB학원(주) 상무	가맹점 관리
			2017.8.~2018.11.	AB학원(주) 전무	회계·자금
			2018.11.~현재	(주)공정위 대표이사	회사 업무 총괄
	송가맹	감사	2017.1.~2018.5.	(주)가나식품 전무	가맹점 관리
			2018.5.~현재	(주)공정위 감사	
가맹사업 비관련 임원	최거래	이사	2017.6.~2018.5.	한강대학교 교수	경영학
			2018.5.~현재	(주)공정위 이사	경리
	…				

Q09. 임원수가 4명, 직원수가 4명이면 임직원은 총 8명인가요?

A09. 정보공개서에 기재된 임직원의 수는 세무서에 신고하는 원천징수이행상황 신고서의 내용을 근거로 합니다.

회사의 임원이 4대 보험에 가입되어 있다면 원천징수이행상황 신고서의 직원 수에 포함되어 있는 것이기에 실질적으로 임원 수와 직원 수의 합계로 임직원 수를 판단하면 안 됩니다.

또한 문서에 기재된 임직원 수와 실제 근무하고 있는 임직원 수가 다를 수도 있습니다. 실제 직원과 정보공개서 상의 직원이 상당한 차이가 있다고 판단되면 그 이유에 대하여 확인해 볼 필요가 있습니다.

이 경우 가맹본부에 소속되어 일을 하는 직원으로서 가맹 상담 등을 하지만 정상적인 급여를 받는 내부 직원이 아니라 가맹 개설 수당을 받는 계약 관계의 외부 직원일 수 있습니다. 따라서 가맹본부의 임직원 수를 확인함으로써 가맹본부의 건전성을 확인할 수 있습니다.

특히 매출액 대비 인당 생산성 등을 살펴보면 가맹본부의 생산성과 효율성 등을 함께 파악할 수 있습니다. 또한 직원 수와 가맹점 수를 비교해보면 향후 가맹본부가 충분한 직원을 바탕으로 가맹점에 대한 지원과 관리를 잘할 수 있는지 가늠해 볼 수 있는 지표가 됩니다. 즉, 가맹점관리 사원 1인당 가맹점수가 과도하게 많다면 가맹점에 대한 효율적인 영업지원을 기대하기 어려울 수 있습니다.

정보공개서 표준고시 사례

시점	임원수(명)		직원수(명)①
	상근	비상근	
2018년 12월 31일	3	1	30

Q10. 가맹본부의 다른 브랜드 정보공개서에 기재되어 있나요?

A10. 가맹본부는 복수의 브랜드를 운영할 수 있습니다. 기존 브랜드를 통한 가맹점 개설이 전략적 목표치에 달했다면 새로운 가맹사업 모델을 개발하여 브랜드를 론칭하게 됩니다. 그 브랜드 수가 수 개에 달하는 경우도 있습니다. 제2, 제3의 브랜드를 개발하여 가맹점을 모집하는 것 자체는 가맹본부로서는 당연한 업무이고 브랜드 자체가 상품이 되어 지속적인 가맹사업을 영위할 수 있게 해주기도 합니다.

그러나 제2의, 제3의 브랜드가 기존 브랜드와 차별화되지 않고 명칭이나 인테리어 외관 등을 조금만 바꾸어 가맹사업을 한다면 기존 브랜드의 가맹점뿐만 아니라 새로운 브랜드의 가맹점에게도 영업지역 문제 등에 있어 불이익을 받을 수 있습니다. 따라서 가맹본부의 복수 브랜드가 전체 가맹사업을 풍성하게 해주고 브랜드 파워에 상승효과를 가져오는 긍정적인 측면이 있는지 아니면 기존브랜드를 진부화시키고 있는지를 잘 확인해볼 필요가 있습니다.

정보공개서를 통해 가맹본부 및 가맹본부의 특수관계인의 최근 3년 동안 가맹사업 경영 사실을 확인함으로써 브랜드 운영 현황에 대하여 세밀히 관찰하여야 합니다. 또한 이 내용에는 최근 3년 동안 가맹사업을 경영한 적이 있으나 폐업 등의 사유로 정보공개서를 자진취소한 경우도 포함되어 있습니다. 사업상 검증되지 않은 브랜드를 수시로 런칭하여 가맹사업을 하고 있는지 여부도 확인하시기 바랍니다.

정보공개서 표준고시 사례

관계	상호/이름	구분	기간①	사업내용②
가맹본부	(주)공정위	가맹사업 경영	2017.1.~현재	과천보쌈(등록번호: 20120000019)이라는 영업표지의 한식사업 경영
		가맹사업 경영	2017.2.~2017.11. *해당 가맹사업을 다른 회사에 인도함	달려라한입(등록번호: 20080000001)이라는 영업표지의 분식사업 경영
특수관계인 (배우자)	이친절	다른 가맹본부 [(주)서초건강] 이사로 재직	2017.11.~현재	1004건강(등록번호: 20080000002)이라는 영업표지의 식품사업 경영
		친절식품(주)라는 식품 업체 경영	2018.7.~현재	㈜공정위에 식자재 등 납품
특수관계인 (계열회사)	조정원(주)	가맹사업 경영	2018.5.~현재	잠원우동(등록번호 : 20080000003)라는 영업표지의 분식사업 경영
		가맹사업 경영	2018.4.~현재	랄라라학원(등록번호: 20080000005)라는 영업표지의 영어사업 경영
특수관계인 (계열회사)	나도해(주)	가맹사업 경영	2015.9.~2018.1. *경영난으로 폐업하여 정보공개서 자진취소③	삼겹구어(등록번호 : 20080000004)이라는 영업표지의 한식사업 경영
		가맹사업 경영	2016.2.~현재	세종오겹살(등록번호 : 2010000010)이라는 영업표지의 한식사업 경영

Q11. 가맹본부 재무현황에서 중요하게 검토할 내용은 무엇인가요?

A11. 가맹본부는 정보공개서 등록이나 변경등록 시에 사업연도 말 기준 직전 3개년도의 재무 현황의 자산총계, 부채총계, 자본총계, 매출액, 영업이익, 당기순이익 등을 기재하고, 재무상태표와 손익계산서 전체를 첨부하고 있습니다.

참고로, 개인사업자로 진행하다가 법인사업자로 전환한 경우도 실제 영업한 개인사업자의 내용을 포함하여 기재하여야 하며 이를 누락하거나 첨부하지 않는다면 기재사항 누락에 해당합니다.

정보공개서 표준고시 사례

(단위: 천원, 부가세 미포함)

연도	자산총계②	부채총계	자본총계	매출액	영업이익	당기순이익
2016년						
2017년						
2018년						

Q12. 가맹본부 매출액을 브랜드별로 구분하여 검토할 수 있나요?

A12. 가맹본부가 사업연도 말 기준 손익계산서에 기재하는 매출은 가맹본부가 운영하고 있는 여러 브랜드의 매출액이 통합되어 정리됩니다. 회사의 사업 구조에 따라 제조, 일반 유통, 프랜차이즈 가맹사업 등을 모두 진행하는 경우 프랜차이즈 관련 매출만 구분하여 검토할 필요가 있습니다.

또한 복수의 브랜드를 운영하는 경우 브랜드별로 구분하여 매출액을 확인하여야 현재 가맹하고자 하는 해당 브랜드에 대해 가맹본부가 얼마나 집중하고 있는지를 확인할 수 있습니다. 따라서 정보공개서에는 가맹본부의 매출액을 가맹사업과 가맹사업 비관련으로 구분하고, 가맹사업 관련 매출액은 브랜드별로 구분하여 기재하도록 하고 있습니다.

정보공개서 표준고시 사례

(단위: 천원, 부가세 미포함)

영업표지②	연도	가맹사업 관련 매출액③④		
		매출액	상한	하한
반포삼겹살	2016년			
	2017년			
	2018년			
과천보쌈	2016년			
	2017년			
	2018년			
. . . .				

가맹본부의 재무제표 중 재무상태표와 손익계산서는 회사와 관련된 다양한 정보를 제공하고 있으며, 재무비율 분석을 통해 가맹본부의 경영현황 및 장점과 단점을 파악할 수 있습니다. 특히 3개년간의 재무상태를 비교함으로써 매출액이 꾸준히 성장하고 있는지의 여부와 재무구조의 안정성 등을 확인할 수 있기 때문에 가맹본부의 지속적인 성장가능성을 예측하는 데 유용한 자료가 될 것입니다.

자본에 비해 부채가 지나치게 많은 경우 가맹본부의 재무건전성이 취약한 것으로 볼 수 있고, 가맹본부의 매출액이 높은 것도 중요하지만 영업이익이나 당기순이익과 관련된 지표를 확인함으로써 가맹본부의 안정성과 성장성 등을 파악할 수 있을 것입니다. 자세한 내용은 "재무비율 분석(☞ <참고사항> 참조)" 내용을 참고하시기 바랍니다.

참고사항

재무비율 분석

재무제표의 각 계정과목 중 상호 관계가 있는 두 개의 항목을 비율로 산정하여 측정함으로써 기업경영의 실태(안정성, 수익성, 성장성 등)를 판단하는 방법

■ **재무상태표(Balance Sheets)**

특정시점에 본부가 영업활동을 위해 보유한 자산이 어느 정도이고, 특정시점에 본부가 얼마나 연구개발에 투자했는지 보여준다. 또한 자산을 취득하기 위하여 자금을 얼마나 빌렸으며, 본부를 설립하기 위해 주주들이 투자를 얼마나 했는지 보여준다.

■ **손익계산서(Profit and loss Statement)**

본부가 일정기간 동안 가맹점과 영업활동을 하면서 사용한 원가나 상품의 구입원가를 보여준다. 또한 본부가 비용을 얼마나 어디에 사용했고, 이익구조가 어떻게 구성되어있는지 보여준다.

구분	계산
매출총이익	매출액 – 매출원가
영업이익	매출총이익 – 판매비와 관리비
경상이익	영업이익 + 영업외수익 + 영업외비용
법인세비용차감전순이익	경상이익 + 특별이익 – 특별손실
당기순이익	법인세비용차감전순손익 – 법인세비용

■ **안정성 분석**

- 차입금 또는 부채가 증가하는 데 필요 이상의 현금잔고 등의 유동자산을 보유하고 있거나, 결산기일 전에 갑자기 현금잔고를 증가시키거나, 판매부진으로 인한 재고자산의 증가와 매출채권 및 미수금의 증가, 부채비율의 증가 등이 있다면 부적합하다고 판단
- 기업의 자금 지급능력에 관한 비율로 일명 유동성 비율. 일정시점의 자산, 부채, 자본이 어느 정도 상호 균형있게 짜여져 있나 하는 재무 구조상의 균형조건을 분석

유동비율	유동자산/ 유동부채×100	• 기업의 단기적인 채무지급 능력을 측정하는 비율 • 기업의 단기채무를 지급하기 위하여 단기에 현금으로 회수될 수 있는 자산의 정도를 측정 • 표준비율: 170% 이상 적합, 100% 이하 부적합, 전기 및 동업계 비율보다 높으면 양호
당좌비율	당좌자산/ 유동부채×100	• 유동자산 중 용이하게 현금화할 수 있는 당좌자산이 어느 정도인가를 표시해주는 비율 • 표준비율: 100% 이상 적합, 60% 이하 부적합, 전기 및 동업계 비율보다 높으면 양호
부채비율	부채/ 자기자본×100	• 자기자본으로 총부채(타인자본)를 어느 정도 충당할 수 있는가를 표시해주는 비율 • 표준비율: 150% 이하 적합, 400% 이상 부적합, 전기 및 동업계 비율보다 낮으면 양호
자기자본 비율	자기자본/ 총자본×100	• 총자본(부채+자본) 중에서 자기자본이 차지하는 비중을 나타내는 비율로서 재무구조를 판단하기 위한 대표적인 지표 • 표준비율: 일정한 표준비율은 없고 높을수록 양호(보통 45% 이상 적합, 20% 이하 부적합), 전기 및 동업계 비율보다 높을수록 양호
매출채권 대 매입채무 비율	매입채권/매출 채권×100	• 기업간 신용관계를 나타내는 매출채권과 매입채무를 대비한 비율로 기업의 자금관리 지표로 이용 • 표준비율: 일정한 표준비율은 없고 동업계 비율과 비교하여 양부를 판단 이 비율이 100%를 넘으면 유동비율은 좋아지지만 매출채권의 과다한 보유는 오히려 자금사정의 악화를 초래하는 요인이 될 수 있음

■ 수익성 분석

- 매출액의 지속적 감소, 매출원가의 지속적 상승, 매출 감소 대비 판매비와 일반관리비의 증가, 금융비용이 영업이익을 상회 등이 발생하면 부적합하다고 판단
- 기업활동의 결과로 나타난 일정기간 동안의 경영성과를 의미

매출액 총이익률	매출총이익/매출액×100	• 기업의 전체적인 경영효율성을 판단하는 데 이용되는 비율 • 표준비율: 25% 이상 적합, 15% 이하 부적합, 전기 및 동업계 비율보다 높을수록 양호
매출액 영업 이익률	영업이익/매출액×100	• 표준비율: 15% 이상 적합, 10% 이하 부적합

■ 활동성 분석

기업이 보유하고 있는 자원을 얼마나 효율적으로 활용하고 있는지를 나타내는 비율

매출채권 회전율	매출액/[(기초매출채권+기말매출채권)/2]	• 매출채권의 현금화 속도를 측정하는 비율로서 기업자금의 원천인 매출채권의 유동상태를 측정하는 지표 • 표준비율: 6회 이상 적합, 3회 이상 부적합
재고자산 회전율	매출액/[(기초재고자산+기말재고자산)/2]	• 기업이 재고자산을 쌓아놓지 않고 얼마나 빨리 매출로 실현시키는가를 나타내는 지표 • 표준비율: 7회 이상 적합, 5회 이하 부적합
총자산 회전율	매출액/[(기초총자산+기말총자산)₩/2]	• 총자산이 일정한 매출을 실현하기 위해 1년 동안 몇 회 반복하여 사용되었는가를 나타내는 비율로 기업이 투자한 총자산의 활용도를 총괄적으로 나타내는 지표 • 표준비율: 2회전 이상 적합, 1회전 이하 부적합

■ 성장성 분석

- 기업의 경영규모 및 경영활동의 성과가 전년에 비해 얼마나 증가하였나를 나타내는 비율
- 성장성이 높으면 시장에서의 상대적인 지위는 높아지겠지만 기업의 유동성이나 자금사정에는 부정적인 영향을 미친다.
- 따라서 유동성 분석과 연계하여 종합적으로 평가할 필요.

매출액 증가율	(당기매출액-전기매출액) /전기매출액	• 전년도에 비해 당해연도에 얼마나 증가하였는지를 나타내는 비율
총자산 증가율	(당기말총자산-전기말총자산) /전기말총자산	• 기업에 투하되어 운영된 총자산이 전년도에 비하여 당해연도에 얼마나 증가하였는가를 나타내는 비율로 기업의 전체적인 외형적 성장규모를 측정
순이익 증가율	(당기순이익-전기순이익) /전기순이익	• 경영활동의 최종 성과의 향상정도를 측정하는 비율 • 일정한 표준비율은 없고 일반적으로 비율이 높을수록 좋음

Q13. 상표권이 없는데 가맹점 모집 관리 등 가맹사업 해도 되나요?

A13. 프랜차이즈 사업은 성공적인 사업 노하우와 브랜드의 인지도를 바탕으로 전개되며, 이에 대한 권리와 사용권의 범위는 법적인 보호가 되어 있어야 합니다. 최소한 브랜드에 대한 상표권이나 서비스표권조차 확보되어 있지 않은 브랜드라면 제3자의 상표권 침해에 대항할 수 없습니다. 이는 가맹점사업자에 막대한 피해를 가져다 줄 수 있습니다. 따라서 가맹사업 노하우 검토는 상표(서비스표) 권리부터 확인하여야 합니다.

가맹점사업자가 가맹본부에 가맹비 및 로열티 등을 부담하는 가장 큰 이유는 지식재산권의 사용을 허락받거나 계약기간 동안 지속적으로 사용하기 위함일 것입니다. 그러나 일부 가맹본부는 상표(서비스표) 등의 지식재산권을 확보하지 않은 상태에서 가맹사업을 진행하면서 가맹비 및 로열티 등을 지식재산권 사용대가로 수령하는 경우가 있습니다. 이는 분쟁 발생 시 반환대상 가맹금에 해당할 수 있습니다.

따라서 가맹본부는 가맹사업을 시작하기 전에 반드시 상표권이나 특허에 관한 확실한 법적 권리를 확보하는 것이 가맹사업의 지속성을 보장하기 위해 우선적으로 필요한 조치입니다.

또한 가맹본부의 노하우를 입증함에 있어서 객관성을 담보할 수 있는 것이 상품 또는 제품의 특허권입니다. 가맹본부가 영업비밀이 침해당했다거나 경업을 금지하기 위해 부정경쟁방지법 등을 통해 소송을 제기하는 경우, 특허권이 확보되어 있다면 상당히 유리한 위치를 선점할 수 있을 것입니다. 반대로 가맹점사업자 입장에서는 특허권이 확보되어 있는 상품 또는 제품의 경우 가맹본부의 노하우가 훼손되지 않도록 주의하여야 합니다.

가맹본부가 가맹점운영을 위하여 가맹점사업자에게 사용을 허가한 상표권, 특허권 등 지식재산권이 존속기간의 만료, 소유권(사용권) 변경, 효력 상실 등의 사유로 더 이상 지식재산권을 독점적으로 사용할 수 없게 되는 경우에는 가맹본부의 책임과 비용으로 이를 대체할 수 있는 수단을 제공하여야 합니다.

그러나 대체할 수 있는 수단을 제공하지 못하거나 대체수단이 만족스럽지 못할 경우, 가맹점사업자는 체결한 가맹계약을 해지할 수 있으며, 이 경우 귀책사유 등을 감안하여 일부 가맹금의 반환을 청구할 수 있습니다. 이로 인해 가맹점사업자에게 손해가 발생하면 가맹본부에 손해배상을 청구할 수 있습니다.

정보공개서 표준고시 사례

명칭	권리내용[2]	등록 및 등록신청 여부(일자)	출원번호 및 등록번호	소유자 (등록신청자)	존속기간 만료일 (가맹본부의 사용기간[3])
반포삼겹살 (상표권)		2004.5.10. 출원 2004.7.21. 등록	출원 제OO-O 등록 제OO-O	(주)공정위	2024.7.21.
특제소스 1 (특허권)	제품 사용 및 대가 수수	2004.4.11. 출원 2006.1.20. 등록	출원 제OO-O 등록 제OO-O	(주)공정위	2024.4.11.
특제소스 2 (특허권)	제품 사용 및 대가 수수	2010.6.2. 출원 2010.9.2. 등록	출원 제OO-O 등록 제OO-O	나가맹	2030.6.2. (2015.2.4.)
특제소스 3 (특허권)	제품 사용 및 대가 수수	2010.9.3. 출원 2010.10.29. 출원거절 2010.11.22. 이의신청	출원 제OO-O	((주)공정위)	
. . . .					

Q14. 상표권이 가맹본부 소유가 아닌데 가맹사업 해도 되나요?

A14. 지식재산권 내용은 특허정보 검색서비스(www.kipris.or.kr/)를 통해 확인할 수 있으며, 해당 브랜드의 등록 및 등록신청 여부와 지식재산권 소유자 및 등록신청자의 이름, 사용이 허용되는 지식재산권의 등록 만료일 등이 공개되어 있습니다.

공개현황 확인 시 특허, 상표(서비스표) 등 지식재산권의 소유권이 가맹본부 및 대표자와 다를 경우, 가맹점 운영 중 지식재산권 분쟁에 휘말려 가맹점의 피해가 발생될 수 있으므로 반드시 지식재산권 확보 및 소유권 주체 등을 꼭 확인한 후 가맹계약을 체결할 필요가 있습니다.

만약, 소유권이 가맹본부 및 대표자와 다를 경우, 지식재산권 등록기간 동안 소유자와 가맹본부 간 지식재산권 사용계약 등을 체결하여 가맹사업운영권을 확보한 경우가 있을 수도 있으니, 소유권을 확인하는데 참고하시기 바랍니다.

3 가맹본부의 가맹사업 현황

Q01. 가맹사업 시작일 기준은 무엇인가요?

A01. 가맹본부가 먼저 설립되고 가맹점이 개설되기 때문에 가맹본부의 시작일은 법인설립일 또는 사업자등록일이고, 가맹사업 시작일은 최초의 가맹점이 영업을 시작한 날입니다. 직영점을 운영하는 경우 직영사업 시작일은 별도로 기재하고 있습니다.

Q02. 가맹사업 경영기간이 길면 길수록 안전한가요?

A02. 해당 가맹사업을 시작한 날을 통해 가맹사업의 안정성을 판단할 수 있습니다. 가맹사업 년 수가 오래된 장기 운영 가맹본부의 경우는 시장에서 어느 정도 검증된 것으로 볼 수 있으며 이는 안정성이 높다고 판단할 수 있습니다.

그러나 가맹점 증가 등에 있어서는 저조하기 때문에 성장성은 떨어진다고 볼 수 있습니다. 반면, 가맹사업을 시작한지 얼마 되지 않은 가맹본부의 경우 성장 가능성이 크지만 안전성은 떨어진다고 볼 수 있으니 자신의 성향과 맞는 브랜드를 선택하시기 바랍니다.

Q03. 브랜드명이나 대표자가 수시로 바뀐 가맹본부 안전한가요?

A03. 가맹사업 연혁을 통해 가맹본부 및 브랜드의 역사를 알 수 있습니다. 사례에서 보는 바와 같이 가맹본부가 개인사업자에서 법인으로 전환한 경우도 있고, 대표자가 변경되기도 하고, 브랜드명이 변경되기도 합니다. 가맹본부의 사무실 이전 등으로 주소가 변경되는 경우도 있습니다.

가맹본부가 변경되는 경우는 가맹사업운영권 인수·합병 등의 사유일 수 있으며, 이는 가맹본부의 인수·합병 현황과 연계하여 검토하여야 합니다. 또한 대표자가 자주 변경되는 회사의 경우 실질운영자가 아니라 서류상 명의자일 수 있습니다.

CEO의 자질 및 역량 등은 프랜차이즈 사업을 지속적으로 영위하는데 중요한 변수가 될 수 있으므로 변경이 잦은 가맹본부의 경우 실질적으로 운영하는 대표와의 관계를 정확히 확인 후 결정하여야 안전할 수 있습니다.

정보공개서 표준고시 사례

가맹본부 상호	영업표지	대표자의 이름	가맹사업 경영 기간	주된 사무소의 소재지
공정위	서초삼겹살	김사업	1997.3.21.~1999.3.16.	서울시 송파구 송파1동 999번지
(주)공정위	반포삼겹살	김사업	1999.3.17.~2018.10.31.	서울시 서초구 반포로 9999번지
(주)공정위	반포삼겹살	김공정	2018.11.1.~현재	서울시 서초구 반포로 9999번지

Q04. 가맹본부의 광고판촉비 내역은 모두 가맹본부 부담금인가요?

A04. 가맹본부가 전국 또는 지역단위의 광고·판촉을 진행하는 경우 가맹본부가 해당 금액 전부를 부담하는 경우도 있으나, 이를 가맹점사업자 및 지역본부와 분담하기도 합니다.

가맹본부의 광고·판촉비는 가맹본부가 전부 부담하거나 분담하는 경우 모두 가맹본부가 집행하기 때문에 가맹본부의 손익계산서에 정리됩니다.

따라서 정보공개서에 기재하는 내역은 가맹본부의 손익계산서에 기재된 내용으로 정리하되, 사례에서 보는 바와 같이 전체 금액을 가맹본부가 부담한 금액과 가맹점사업자 전체가 부담한 금액이 구분되어 기재되고 있습니다.

광고·판촉비를 가맹본부와 가맹점사업자가 분담하는 기준은 가맹계약서에서 정하고 있으므로 분담 비율이 가맹계약서에서 정하는 기준에 부합하는지 여부를 검토할 필요가 있습니다.

가맹본부가 복수의 브랜드를 운영하는 경우, 가맹점사업자가 개설하고자 하는 브랜드의 광고·판촉비가 어느 정도 사용되었는지 구분하여 검토하는 것도 중요합니다.

가맹본부가 복수의 브랜드를 운영하는 경우, 한 개의 브랜드에만 지출한 비용인지, 전체 브랜드를 위해 사용한 비용인지를 구분하고, 가맹점 모집을 위해 사용하는 등 가맹본부의 이익만을 위해 사용한 금액 등을 세부적으로 구분하여 검토할 필요가 있습니다.

정보공개서 표준고시 사례

구분①	수단②	기간③	지출 비용(단위: 천원, 부가세 미포함)			비고④
			합계	가맹본부	가맹점	
합계			342,000	295,000	47,000	
광고	소계		230,000	230,000	-	
	TV	2018.3.1.~3.7.	150,000	150,000	-	KTV
	라디오	2018.10.~12.	30,000	30,000	-	반포라디오
	인터넷	연중	50,000	50,000	-	ftc.com
판촉	소계		112,000	65,000	47,000	
	1월행사	2018.1.5.~1.18.	35,000	20,000	15,000	
	추석행사	2018.9.15.~9.29.	77,000	45,000	32,000	한가위와 함께하는 돈돈돈! 이벤트

Q05. 직영점 운영경험 없는 가맹본부 안전한가요?

A05. 직영점은 가맹본부가 법인사업자일 경우 법인등기부등본상 지점 또는 단위과세사업장으로 등록된 점포를 말하며, 개인사업자의 경우 대표자 명의로 된 점포를 말합니다. 즉, 직영점은 가맹본부 명의로 가맹본부가 운영전반을 직접 책임지고 그 매출이 가맹본부에 귀속되는 형태를 말합니다.

가맹상담을 하다 보면 가맹본부의 직영점이라고 불리는 점포가 실제 가맹본부 소유인 경우보다 대표의 가족이나 친인척 또는 동업자 및 투자자의 명의인 경우가 많이 있습니다. 이는 직영점이 아닌 가맹점으로 분류됩니다. 직영점이 없는 경우 가맹본부의 운영 노하우 구축이 어렵다고 볼 수 있습니다.

따라서 가맹본부가 실제 운영하고 있는 직영점의 현황을 꼼꼼히 살피고 가맹본부가 그 직영점을 통해 가맹사업 노하우를 꾸준히 개선해 나가고 있는지 파악해 본다면 가맹사업을 선택하는 데 도움이 될 것입니다.

또한 가맹사업의 안전성을 검토하기 위해서는 사례에서 보는 바와 같이 해당 가맹사업과 관련하여 사업연도 말 3개년의 가맹점 및 직영점수의 증감과 광역지방자치단체(특별시, 광역시, 특별자치시, 도, 특별자치도) 기준 지역별 분포도를 확인할 필요가 있습니다.

이는 실제 운영하고자 예정하는 지역에 얼마나 많은 점포가 분포되어 있는지에 따라 가맹본부의 지원 역량을 판단할 수 있기 때문입니다.

정보공개서 표준고시 사례

(단위: 개)

지역	2016.12.31.			2017.12.31.			2018.12.31.		
	전체	가맹점수	직영점수	전체	가맹점수	직영점수	전체	가맹점수	직영점수
전체	54	50	4	58	55	3	68	64	4
서울	44	40	4	40	37	3	49	45	4
부산	-	-	-	-	-	-	-	-	-
대구	-	-	-	-	-	-	-	-	-
인천	-	-	-	-	-	-	-	-	-
광주	-	-	-	-	-	-	1	1	-
대전	-	-	-	2	2	-	2	2	
울산	-	-	-	-	-	-	-	-	-
세종	-	-	-	-	-	-	-	-	-
경기	10	10	-	16	16	-	16	16	-
강원	-	-	-	-	-	-	-	-	-
충북	-	-	-	-	-	-	-	-	-
충남	-	-	-	-	-	-	-	-	-
전북	-	-	-	-	-	-	-	-	-
전남	-	-	-	-	-	-	-	-	-
경북	-	-	-	-	-	-	-	-	-
경남	-	-	-	-	-	-	-	-	-
제주	-	-	-	-	-	-	-	-	-

Q06. 가맹점수 변동 현황에서 연말 가맹점수는 어떻게 산정되나요?

A06. 가맹점수는 사업연도 말 기준 1년 동안 가맹점이 변동된 현황입니다. 연초 가맹점수에 신규 가맹점수를 더하고, 계약종료 가맹점수와 계약해지 가맹점수를 빼면 연말 가맹점수가 되며, 명의변경 가맹점수는 합계에서 제외됩니다. 명의변경은 계약해지 및 신규 개점수로 정리되는 경우도 있고, 단순 명의만 변경된다는 의미의 명의변경 항목으로 정리되기도 합니다.

가맹점수는 가맹본부에 따라 거의 매일매일 변동되기도 합니다. 그러나 정보공개서 변경등록 일정에 따라 법인사업자는 사업연도 말 기준 120일, 개인사업자는 180일 이내의 일정으로 정리됩니다.

그러다보니 가맹희망자가 2020년 3월 정보공개서의 가맹점수 현황을 검토하면 2018년 말 기준 정보가 제공되고 있습니다.

따라서 시의성이 너무 떨어지는 시점에 가맹점 창업을 검토하는 경우, 홈페이지나 가맹본부를 방문하여 현재 기준의 가맹점수를 추가로 검토할 필요가 있습니다.

Q07. 최근 3년 동안 가맹점이 지속적으로 증가했으면 안전한가요?

A07. 가맹점의 수가 꾸준히 증가하고 있다면 지속적으로 성장하고 있다고 볼 수 있습니다. 반면 계약종료나 계약해지수가 많다면 가맹본부에 대한 가맹점의 불만이 높거나 가맹본부의 관리가 부실한 결과일 수 있기 때문에 주의가 필요합니다.

반대로 계약 종료 및 계약 해지 등 폐점률은 낮으나 명의변경이 많은 경우는 해당 가맹사업이 성숙기에 들어선 경우라고 파악할 수 있을 것입니다. 따라서 가맹점 운영 시 안전성 여부는 종합적으로 검토할 필요가 있습니다.

정보공개서 표준고시 사례

(단위: 개)

연도	연초	신규 개점	계약 종료①	계약 해지②	명의 변경③	연말
2016	41	11	1	1	2	50
2017	50	12	5	2	-	55
2018	55	10	1	-	1	64

Q08. 신규 가맹점수도 많고 폐점 가맹점수도 많은데 안전한가요?

A08. 1년 동안 많은 신규 가맹점수가 생겼더라도 폐점된 가맹점수가 많다면 가맹사업의 안정성이 떨어진다고 볼 수 있으며, 가맹본부가 가맹점 관리 및 지속적 거래보다는 신규개점을 통한 수익창출에만 관심을 갖고 있는 경우라고 볼 수 있을 것입니다.

예를 들어, 연초 가맹점이 300개이고 1년 동안 폐점된 가맹점수가 100개라면 폐점률(☞ <참고사항> 참조)은 33%입니다. 1년 동안 신규 가맹점이 200개가 개점하여 전체 가맹점수가 400개로 100개가 늘어났다 할지라도 기존 가맹점의 폐점률이 높게 나타난다면 그만큼 가맹사업의 지속성과 안정성이 떨어진다고 판단할 수 있습니다.

가맹본부의 임직원 수나 규모에 비해 과도하게 급증한 신규 가맹점수는 부실한 가맹점 관리로 이어질 수 있기 때문에 이에 대한 주의도 필요합니다. 따라서 가맹본부 직원의 수나 물류시스템 및 개점 시스템의 규모와 함께 파악할 필요가 있습니다.

참고사항

가맹점수 변화율 산정 기준

가맹점수 변화의 확인

가맹점유지율	(연초 총가맹점수 – (해지 + 종료건수)) / 연초 총가맹점수×100
가맹점증가율	(연말 총가맹점수 – 연초 총가맹점수) / 연초가맹점수×100
가맹점해지율	해지건수 / 연말가맹점수×100
가맹점종료율	종료건수 / (종료 + 재계약건수)×100
재계약율	재계약건수 / (종료+재계약건수)×100
가맹점양수도율	양수도건수 / 연말가맹점수×100
폐점율	(해지 + 종료건수) / 연말가맹점수×100

Q09. 가맹점 평균 영업기간이 길면 길수록 안전한가요?

A09. 가맹점의 평균 영업기간은 직전 사업연도 말 영업 중인 가맹점 수를 기준으로 하고, 직전 사업연도 말 영업 중인 가맹점의 최초 가맹계약 체결일부터 직전 사업연도 말까지의 영업한 일수를 모두 더하여 직전 사업연도 말 영업 중인 가맹점 수로 나눈 기간으로 산정합니다.

가맹점을 운영하는 기간이 길다는 것은 가맹점의 가맹본부에 대한 충성도가 높다고 판단할 수 있고, 기존 가맹점의 만족도가 높다는 것은 안정성이 높다고 평가할 수 있습니다.

Q10. 가맹점사업자당 연간평균매출액 산정 기준은 정해져 있나요?

A10. 매출액 산정 기준은 가맹본부가 자율적으로 정하고 있습니다. 가맹점사업자의 연간평균매출액은 가맹본부에 따라 가맹점사업자의 POS상 실제 매출액을 기재하기도 하고, 가맹본부가 가맹점에 공급하는 물품공급액을 근거로 역산하여 추정 매출액을 기재하기도 합니다. 실제 매출액은 부가세가 제외된 금액이어야 하고, 매출액을 추정하는 산출 근거가 객관성이 결여된 허위·과장된 정보에 해당되면 안 됩니다.

가맹본부는 매출액 산정기준에 대한 근거자료를 반드시 사무실에 비치해서 열람할 수 있도록 하여야 하며 산정기준은 명확한 근거 기준이 있어야 합니다. 만약 가맹본부가 제시한 평균매출이 사실이 아닌 경우 허위 또는 과장된 정보로서 처벌의 사유가 됩니다. 다만, 매장크기나 영업개월수에 따라 매출액이 차이가 있을 수 있으므로 숫자로만 검토하려 하지 말고 직접 방문하여 전체적인 현황을 파악해 보는 것이 중요합니다.

매출액을 산정할 수 있는 기준이 없는 경우 매출액을 기재하지 않아도 됩니다. 다만, 기재할 수 있음에도 불구하고 기재하지 않는 경우 허위·과장된 정보에 해당할 수 있습니다.

정보공개서의 핵심정보 중 하나인 가맹점사업자의 매출액에 관한 정보가 누락되어 있다면 가맹사업의 현황을 온전히 파악하는 데 상당한 제한이 따를 수밖에 없습니다. 문제는 가맹본부가 가맹점을 관리하는 데 있어서 매출현황 조차 파악하지 않고 관리하는 것으로 해석할 수 있습니다.

가맹본부의 역할 중에는 컨설팅 기능도 포함됩니다. 노하우와 경험이 부족한 가맹점을 관리하고 지원하는 것이 가맹본부의 중요한 역할입니다. 가맹점의 매출액 변화 추이를 파악하고 매출 부진 시 적절한 대응방안을 수립해 줄 수 있는 능력이 있어야 하며, 가맹점 매출액의 파악은 그 시작입니다.

따라서 가맹점사업자의 평균매출액 현황이 기재되어 있지 않은 정보공개서는 가맹본부의 가맹점에 대한 관리 시스템이 부실할 수도 있다는 점에 주의하여야 합니다.

정보공개서 표준고시 사례

(단위: 천원, 부가세 미포함)

지역④	2018년말 가맹점수	2018년 가맹점사업자의 연간 평균 매출액						비고⑤
		연간 평균 매출액		연간 평균 매출액(상한)		연간 평균 매출액(하한)		
		연간 평균 매출액	면적 $3.3m^2$당	상한	면적 $3.3m^2$당	하한	면적 $3.3m^2$당	
전체⑥	64	92,000	6,133	125,300	8,353	52,300	3,487	
서울	45	99,000	6,600	125,300	8,353	72,700	4,847	
부산	-	해당없음						
대구	-	해당없음						
인천	-	해당없음						
광주	1	해당없음						5곳 미만
대전	2	해당없음						5곳 미만
울산	-	해당없음						
세종	-	해당없음						
경기	16	87,600	5,840	121,100	8,073	54,100	3,607	
강원	-	해당없음						
충북	-	해당없음						
충남	-	해당없음						
전북	-	해당없음						
전남	-	해당없음						
경북	-	해당없음						
경남	-	해당없음						
제주	-	해당없음						

Q11. 가맹점사업자당 연간평균매출액 매출액은 어떻게 해석하나요?

A11. 가맹점사업자당 연간평균매출액은 직전 사업연도에 영업한 가맹점 사업자 전체에 대해 연간평균매출액이 정리되어 있고, 광역지방자치 단체(특별시, 광역시, 특별자치시, 도, 특별자치도) 기준 5명 이상의 가맹점사업자가 존재하는 지역에 한해 매출액을 구분하여 정리되어 있습니다.

또한, 영업한 개월 수가 3개월 미만인 경우 개점 초기의 변수를 고려하여 가맹본부가 자율적으로 반영하지 않아도 되고, 12개월 미만인 경우 1년 치로 환산하여 정리하도록 기준을 정하고 있습니다. 가맹점사업자당 연간평균매출액의 평균과 상한, 하한을 기재함에 있어서 가맹점의 매장 크기에 따른 변수를 반영하여 3.3㎡당 평균과 상한, 하한을 함께 기재하도록 하고 있습니다.

이는 해당 브랜드의 가맹점을 운영하는 경우 가맹점마다의 기준을 동일하게 적용하여 산출함으로써 매출액을 비교하는 근거를 보다 현실적이고 명확하게 제시하기 위함입니다.

가맹점 수익성의 정확한 예측을 위해서는 평균매출액을 기준으로 가장 높은 가맹점과 가장 낮은 가맹점 매출의 차이를 살펴보는 것이 중요합니다. 만약 그 차이가 좁다면 가맹점들이 고른 매출을 보이고 있다고 판단할 수 있으며, 그 차이가 크다면 가맹점들의 매출이 안정적이지 못하다고 볼 수 있습니다.

그러나 가맹점 크기나 규모, 지역의 편차, 영업방법의 다양성, 가맹점사업자의 능력 등으로 인해 발생하는 차이를 고려해서 신뢰성을 검토하여야 합니다.

참고로, 매출액이 높다고 순이익이 높은 것은 아니므로 단순히 매출액만 검토할 것이 아니라 실제 소요되는 비용 등을 포함하여 수익성을 검토하여야 합니다. 매출액 산정기준이 합리적인지의 여부와 가맹본부의 주관적 판단이 어느 정도 개입되어 있는지 여부, 비용 산출 근거 등이 얼마나 현실적인지 등의 근거를 가맹본부에 요청하여 확실히 따져볼 필요가 있습니다.

지역별 평균 매출액 또한 개점하고자 하는 지역의 특성을 모두 반영할 수는 없을 것입니다. 다만 지역별 평균 매출액의 비교를 통해 해당 가맹사업이 특히 어느 지역에서 활성화되고 있는지 또는 어느 지역에서는 미약한지 알아둔다면 본인이 창업하고자 하는 지역의 사업성을 판단하는 데 유용한 자료가 될 것입니다.

아래 예시된 "매출액 등 산출 기준(☞ <참고사항> 참조)"을 참조한다면 자료를 보다 객관적으로 분석하는 데 도움이 될 것입니다.

참고사항

매출액 등 산출기준

| 참고 | 일반적인 평균 매출액 산출 기준(예시 – 외식업)

내용	평균 매출액 기준
테이블수	15개
회전수	3회전
객단가	2만원
월산출일수	26일
일매출액	90만원
월매출액	27백만원
년매출액	324백만원

|참고| 기타 평균 매출액 산출 기준

추정방법	매출액 추정식
회전률법	테이블수(좌석수) × 객단가 × 회전율 × 영업일수 = 월 매출액
	• 테이블수: 사업장 영업면적 / 테이블당 기준평수 • 회전율: 평일 , 주말, 시간대 등을 감안하여 적용 • 객단가: 기본가격 또는 시간당 요금(서비스업) 적용 • 영업일수: 상권 및 입지 또는 업종의 특성에 따라 적용
내점율법	통행인구수 × 내점율 × 실구매율 × 1인 구매단가 × 영업일수 = 월매출액
	• 통행인구수: 1일 통행인구수 • 내점율: 통행인구 중 점포에 내점하는 비율 • 실구매율: 내점객 중 상품을 구매하는 비율 • 1인 구매단가: 1인 1회 평균 구입금액
세대수법	독점세대 매출액 × 가망세대 매출액 × 외부유입인구 매출액 = 월매출액
	• 독점세대 매출액 = 독점세대수 × 이용률 × 구매빈도 × 구매단가 • 가망세대 매출액 = (가망세대수/경쟁점포수)×이용률×구매빈도×구매단가 • 외부유입인구 매출액 = 외부유입인구수×이용률×구매빈도×객단가
목표이익법	(월고정비 × 월목표이익) / 한계이익률(마진률) = 월매출액
	• 월고정비: 인건비, 임차료 등 매월 고정적 발생비용 • 월 목표이익: 투자금액에 대한 수익 • 한계이익률: 한계이익(매출액 – 변동비 차감이익)을 매출액으로 나눈 비율
예상고객수법	예상고객수 × 1인당 구매단가 × 영업일수 = 월 매출액
	• 예상고객수: 1일 점포방문 고객수 • 1인 구매단가: 1인 1회 평균 구입금액

|참고| 점포 운영비용 산출 기준(예시 - 외식업)

직접비	• 전기, 수도, 가스, 소모품비 등(매출액 × 5% ~ 10%)
복리후생비	• 식대 5%, 국민연금 4.5%, 건강보험 2.24%, 고용보험 0.45%, 기타(인건비 × 15%)
지급임차료	• 업종별 평당 금액
지급수수료	• 카드 수수료, 세무비용, 기타 용역수수료 (매출액 × 카드결제비율 × 3% ~ 4% + 1%)
판매관리비	• 광고선전비, 운반비, 포장비, 기타(매출액 × 3 ~ 5%)
일반관리비	• 통신비, 보험료, 소모품비, 차량유지비, 잡비 등 (종업원수 × 월 50 ~ 100만원, 매장 면적 기준 평당 4 ~ 6만원) • 가맹비, 로열티는 가맹본부 기준 적용
감가상각비	• 업종에 따라 상이(시설투자금액 × 20% ~ 33%)
재고감모손	• 도난, 분실 등(재료비 × 3% ~ 5%)

|참고| 영업이익률 추정기준(예시)

(단위: %)

구분		산출근거	외식업	소매업	서비스업
매출액			100	100	100
매출원가			80	85	75
	재료비	업종별 평균	35	50	5
	인건비	업종별 평균	15	10	35
	직접경비	추정	8	6	8
	복리후생비	인건비 15%	2	2	6
	지급임차료	추정	11	8	12
	지급수수료	매출액 4~5%	4	4	4
	광고선전비	매출액 3%	3	3	3
	기타비용		2	2	2

영업이익		20	15	25

|참고| 소점포 자영업의 투자대비 수익률 파악을 위한 간단한 공식(예시)

투자대비 예상 월평균매출액	총투자금액 × 1.5 ~ 2회전 / 12월 = 예상 월 매출액
투자대비 예상 월 영업이익	총투자금액 × 2 ~ 3% = 예상 월 영업이익

점포보증금, 시설비, 가맹금 등 총투자금액이 2억원인 음식점을 창업할 경우 월평균매출액은 2천5백만원을 예상할 수 있고, 예상 월 영업이익은 400만원에서 600만원 정도로 파악할 수 있다.

즉, 2억원을 투자했을 경우 최소 2천5백만원의 매출을 올리고 월 수익이 600만원 정도 되어야 투자금 회수기간이 약 34개월 걸린다는 것을 의미한다.

2억원을 투자했을 경우라 할지라도 월 수익이 400만원에서 600만원 정도가 평균적인 투자대비 수익률이기 때문에 1억원 이하 소자본의 경우는 이보다 더 못한 경우가 많다. 따라서 5천만원 투자로 월수익 1천만원 보장 등의 경우는 일단 그 타당성을 따져보아야 한다.

투자대비 수익률의 적정성은 평균적 예상수익을 중심으로 보수적으로 계산해야 한다. 최소자본으로 최대의 수익을 얻을 수는 있지만 이는 극히 제한적인 경우라 볼 수 있다. 과도한 요행을 바라지 않는 한 상식적인 수준에서 누구에게나 일반적인 상황을 고려해야 한다. 점포 보증금조차 건지지 못하고 1년 안에 폐업하는 경우도 많다는 점을 참고하기 바란다.

따라서 가맹본부가 터무니없는 예상수익을 홍보한다면 그 구체적인 근거 제시를 요구하고 검토해야 할 것이다.

Q12. 지사나 지역사무소 현황도 정보공개서에 기재되어 있나요?

A12. 가맹지역본부(지사) 현황은 사례에서 보는 바와 같이 정보공개서에 기재되어 있습니다. 따라서 지사의 운영 여부는 정보공개서를 통해 확인할 수 있습니다.

정보공개서에 지사 현황에 대해 기재하여야 하는 내용으로는 해당 가맹사업을 경영하는 가맹지역본부의 상호, 명칭, 주된 사무소의 소재지, 대표자의 이름, 대표전화번호, 관리지역 및 정보공개 바로 전 사업연도 말 현재 관리하는 가맹점 수, 가맹본부와의 계약기간, 지사의 업무권한 등입니다.

정보공개서 표준고시 사례

관리지역②	상호/명칭③	주 소		
서울시 동부	동부사무소	서울시 OO구 OO로 OO번지		
	대표자	대표전화번호	관리 가맹점수④	
	서일중	02-7777-8888	14	
	가맹본부와의 계약기간	가맹점 모집권한	가맹계약 체결권한⑤	가맹금 수령권한⑥
	2019.4.1.~2020.3.31.	○	×	×
서울시 서부	상호/명칭	주소		
	서부총판	서울시 OO구 OO로 OO번지		
	대표자	대표전화번호	관리 가맹점수	
	이승	02-666-9999	16	
	가맹본부와의 계약기간	가맹점 모집권한	가맹계약 체결권한	가맹금 수령권한
	2019.5.2.~2020.5.1.	○	×	×
경기도	삼미실업(주)	경기도 OO시 OO로 OO번지		
	대표자	대표전화번호	관리 가맹점수④	
	장종훈	031-5555-6666	11	
	가맹본부와의 계약기간	가맹점 모집권한	가맹계약 체결권한	가맹금 수령권한
	2019.4.1.~2020.3.31.	○	○	×

Q13. 지사의 권한도 정보공개서애 기재되어 있나요?

A13. 지사를 운영하는 가맹본부에 대해 가장 중요하게 검토하여야 하는 사항은 지사의 업무 권한입니다. 정보공개서에는 가맹본부가 지사에게 부여하는 가맹점 모집, 가맹계약 체결, 가맹금 수령 등에 대한 권한 여부에 대해 기재하도록 하고 있습니다.

가맹본부가 지사를 운영하는 이유는 가맹점 영업의 활성화, 물류의 원활화, 가맹점 관리의 효율화 등을 위해서 입니다.

가맹점 영업을 활성화하기 위해서 주로 부여하는 권한이 가맹점 모집권한, 가맹계약 체결권한, 가맹금 수령권한입니다. 따라서 정보 공개서 기재하도록 정한 범위는 개점 업무에 한정되어 있다고 볼 수 있습니다.

가맹점사업자 입장에서는 가맹점을 개점하고 난 후 가맹점을 운영하면서의 효율화가 더 중요할 것입니다. 따라서 가맹점을 관리하거나 물품공급 등의 원활한 운영을 위한 업무를 지사가 확보하고 있는지 여부를 확인할 필요가 있습니다. 이 업무를 지사가 추진하는 경우 가맹계약서는 가맹본부와 가맹점사업자, 지사가 "갑", "을", "병"으로 체결하여 업무의 권한을 명확히 해 두는 것이 좋습니다.

지사의 업무 범위에 관리 권한이 없는 경우 가맹본부가 관리 업무를 진행하는 것으로 해석할 수 있으며, 이 경우 가맹본부의 관리 역량을 반드시 검토 후 가맹계약 체결여부를 결정하시기 바랍니다.

Q14. 가맹본부의 다른 브랜드 직영점수나 가맹점수도 알 수 있나요?

A14. 정보공개서에는 최근 3년 동안 해당 가맹사업 외 가맹본부 및 특수관계인, 계열회사 등이 경영하는 다른 브랜드에 대한 가맹사업의 업종, 영업표지 및 사업 시작일과 정보공개 바로 전 3개 사업연도 말 현재 영업 중인 가맹점 및 직영점의 총 수 등이 기재되어 있습니다.

가맹본부는 복수의 브랜드를 운영하는 경우가 많습니다. 하지만 가맹본부가 운영하는 모든 브랜드가 성공적이지는 않습니다. 그 중 주력 브랜드가 있을 것이며, 상대적으로 쇠퇴기에 접어든 브랜드나 성공적이지 못한 브랜드도 있을 것입니다.

사례에서 보는 바와 같이 이 현황은 현재 가맹본부가 핵심역량을 집중하여 주력하고 있는 브랜드가 무엇인지를 예측할 수 있습니다. 기존 브랜드와 유사한 컨셉의 복수 브랜드를 운영하고 있다면 가맹사업의 유사성으로 인해 브랜드 차별화가 되지 않을 수 있기 때문에 주의할 필요가 있습니다.

정보공개서 표준고시 사례

(단위: 개)

구분	상호/이름	영업표지	정보공개서 등록번호	업종①	가맹점/직영점의 수②		
					2016.12.31.	2017.12.31.	2018.12.31.
가맹본부	(주)공정위	과천보쌈	20120000019	한식	11/1	11/1	11/2
특수관계인 (배우자)	(주)서초 건강	1004건강	20080000050	식품사업	23/1	25/0	25/0
특수관계인 (계열회사)	조정원(주)	잠원우동	2008000003	분식	67/0	122/2	79/2
		랄랄라영어	2008000005	영어학원	40/5	50/6	55/3
특수관계인 (계열회사)	나도해(주)	세종오겹살	2010000010	한식	20/1	25/3	40/3

Q15. 가맹본부가 정한 예치기관은 정보공개서에 기재되어 있나요?

A15. 가맹본부는 가맹희망자가 가맹금을 예치하도록 안내하기 위해 사전에 예치기관을 정해두어야 합니다. 가맹본부는 예치치관으로 은행만 정할 수도 있고, 보험만 정할 수도 있으며, 두 기관을 병행하여 운영하기 위해 모두 정할 수 있습니다. 또한 가맹점사업자의 예치업무의 편리성을 고려하여 여러 은행을 선정하는 가맹본부도 있습니다.

가맹금 예치기관으로 은행은 현재 국민은행, 중소기업은행, 우리은행, 우체국, 신한은행, 하나은행, 농협 등이 참여하고 있고, 보험은 서울보증보험만 진행하고 있습니다. 가맹본부는 이 중에서 예치기관으로 선정한 기관의 상호, 담당지점이나 부서의 이름과 소재지, 전화번호, 예치절차, 예치 관련하여 지급 및 보류 등에 대해 알아두어야 할 사항 등을 정보공개서에 기재하고 있습니다.

참고로, 가맹금 예치기관의 선택은 가맹본부가 할 수 있습니다. 예치기관으로 은행을 활용하는 경우 가맹본부는 최대 2개월 동안 예치가맹금을 활용할 수 없기 때문에 운영상 어려움이 있을 수 있습니다. 보험을 활용하면 가맹본부가 수수료를 부담해야 하는 불이익이 있다 하더라도 예치가맹금을 직접 수령할 수 있기 때문에 운영상 어려움을 해소할 수 있습니다. 또한 보험은 가맹본부가 가맹점사업자피해보상보험에 가입하고 가맹희망자에게 가입증권을 제공하고 직접 수령을 요구하는 것이기 때문에 예치가맹금을 보호받을 수 있습니다.

정보공개서 표준고시 사례

예치기관 상호	담당 지점 또는 부서	주소	전화번호
(주)한강은행	수신부 프랜차이즈팀	서울시 OO구 OO로 OO번지	02-XXX-XXXX

정보공개서 표준고시 사례

항목	내용	비고
보험인(보험회사)	(주)한강보증보험	
보험계약자	(주)공정위	가맹본부
피보험인(보험금을 지급받는 자)	가맹점사업자	
보험기간	가맹금 예치기간(가맹계약체결일로부터 2개월이 경과한 날 또는 가맹점사업자 영업 개시일까지)	
보험금액	예치금액	
보장범위	가맹점사업자의 피해액 일부 보장	
지급조건	가맹본부의 가맹금반환의무 불이행	
보험금의 수령절차	가맹점사업자의 보험금 신청 → 가맹본부 경유 → 보험회사 접수 → 보험회사 조사 → 지급 여부 결정 → 보험금 지급	평균 [ ] 개월 소요

4 가맹본부와 그 임원의 법 위반 사실 등

Q01. 가맹사업법 위반 사실 정보공개에 기재되어 있나요?

A01. 가맹본부 및 그 임원이 가맹사업법, 약관법, 공정거래법 등 공정거래위원회 소관 법률을 위반한 경우, 사례에서 보는 바와 같이 시정조치 대상, 의결번호, 위반 법령, 위반 내용, 조치 일자, 조치 내용 등에 대해 정보공개서에 3년 동안 기재하여야 합니다. 가맹사업법 위반 내용은 공정거래위원회로부터 시정권고 이상의 시정명령, 과징금 부과를 비롯하여 정보공개서 변경등록 위반에 따른 직권취소 내용도 포함됩니다.

따라서 가맹본부 및 그 임원이 가맹사업법을 위반하여 시정명령 등을 받았다면 유형별로 어떠한 사항을 위반했는지 꼭 확인해 두어야 합니다. 많은 경우가 정보공개서 미제공이나 가맹금 예치의무 위반, 불공정거래행위로 인한 시정조치 등이 주를 이루고 있습니다. 특히 가맹금 반환과 관련된 시정조치는 계약초기 개설과 관련된 내용이 많기 때문에 주의해서 볼 필요가 있습니다. 만약 가맹본부가 위반한 사실이 있음에도 불구하고 정보공개서에 기재하지 않은 경우 허위·과장된 정보제공에 해당합니다.

가맹사업법이나 공정거래법 등 공정거래위원회 소관 법률을 위반한 내용은 공정거래랭위원회 홈페이지(http://www.c.go.kr/) → 심결/법령 → 의결서/재결서 코너를 통해 공개하고 있습니다. 해당 의결서를 찾아 구체적인 내용을 정확하게 확인한다면 판단에 도움이 될 것입니다.

정보공개서 표준고시 사례

시정조치 대상	의결번호 (사건번호)	위반법령	위반내용 (위반법조문)②	조치일자③	조치내용④
(주)공정위	의결 2011-00 (2011가맹OOOO)	가맹사업법	가맹금 미반환 (제10조제1항)	2017.12.3.	시정명령 과징금 10백만원
㈜공정위	시권 2012-00 (2012약관OOOO)	약관규제법	부당하게 과중한 손해배상의무 부담 (제8조)	2018.9.10.	시정권고
대표이사 김공정	의결(약)2011-00 (2011서경OOOO)	가맹사업법	부당한 계약해지 (제12조제1항제1호)	2016.7.21.	시정명령 가맹점사업자 통지
감사 송가맹	의결(약)2013-00 (2013제감OOOO)	공정거래법	거래거절 (제23조제1항)	2016.5.6.	시정명령
(주)공정위			정보공개서 변경등록 불이행	2016.1.1.	정보공개서 (과천보쌈 200800000) 직권취소

Q02. 가맹사업관련 민사소송 사실 정보공개서에 기재되어 있나요?

A02. 가맹본부 및 그 임원이 가맹사업거래와 관련하여 민사소송에 패소하거나 민사상 화해를 한 경우, 사례에서 보는 바와 같이 원고, 피고, 사건번호, 최종법원명, 판결(선고)일자, 청구 취지 및 내용, 판결 또는 화해 내용 등에 대해 정보공개서에 3년 동안 기재하여야 합니다. 다만, 원고의 실명은 공개하지 않아도 되며, 항소, 상고 등을 진행하는 경우에는 기재하지 않아도 됩니다.

정보공개서 표준고시 사례

원고①	피고	사건번호	최종 법원명	판결(선고)일자	청구 취지 및 내용	판결 또는 화해 내용
(주)OOO	(주)공정위	20160000 OO	대법원	2017.12.3.	피고는 원고에게 금 300만원 지급	청구 취지와 동일

Q03. 가맹사업관련 형의 선고사실 정보공개서 기재되어 있나요?

A03. 가맹본부 및 그 임원이 가맹사업거래와 관련하여 형의 선고를 받은 경우, 사례에서 보는 바와 같이 피소, 사건번호, 선고법원, 선고 일자, 죄명 및 범죄사실, 선고 내용 등에 대해 정보공개서에 3년 동안 기재하여야 합니다.

최종심 이전의 하급심에서 선고를 받은 경우도 기재하여야 되나, 같은 사건의 경우에는 현재까지 진행된 최종심의 선고내용만 기재해도 됩니다.

정보공개서 표준고시 사례

피고	사건번호	선고 법원	선고 일자	죄명 및 범죄사실	선고 내용
(주)공정위	2016OOO	대법원	2017.7.5.	횡령죄 (OOOOOOOO)	벌금 500만원
대표이사 김공정	2017OOO	OO 지방법원	2018.5.3.	사기죄 (OOOOOOOO)	벌금 100만원

5 가맹점사업자의 부담

Q01. 개점 전에 부담해야 하는 비용은 무엇인가요?

A01. 가맹사업을 시작하기 위하여 가맹희망자가 부담하는 최초 가맹금은 가입비, 입회비, 가맹비, 최초 교육·훈련비, 상권조사비, 장소선정 지원비, 매뉴얼제공비, 오픈지원비, 개점지원비, 개점행사비, 홍보 판촉비 등 다양합니다.

개시지급금, 예탁금, 할부금의 첫 지불액, 선급임차료, 설비구입대금 등 명칭이 어떻든 가맹점사업자가 해당 가맹사업을 시작 또는 계속하기 위하여 가맹본부 또는 그 관계자에게 지급하여야 하는 대가를 포함하여 각 비용의 일부를 계약금이나 가계약금으로 먼저 부담하는 비용 모두 최초 가맹금에 해당합니다.

사례에서 보는 바와 같이 정보공개서에는 가맹점사업자가 최초 가맹금으로 지급하여야 하는 대가의 내역과 그 반환조건 및 반환될 수 없는 경우에는 그 사유에 대해 구체적으로 기재하게 되어 있습니다.

최초 가맹금 항목은 금액이 서로 중복되지 않도록 구분하여야 하며, 반환 기준은 정액 또는 정률 등 명확하게 설정하여야 합니다. 또한, 최초 가맹금은 비즈니스 모델 및 가맹본부의 시스템이라는 상품의 적절한 가격을 산출한 것으로 볼 수 있기 때문에 가맹금의 규모가 동종업계와 비교하여 상대적으로 높지 않은지를 비교해 보는 것도 잊지 말아야 할 것입니다.

정보공개서 표준고시 사례

(단위: 천원, 부가세 포함)

구분①	금액②	지급 기한	반환조건③	반환될 수 없는 사유	비고
총계	[4,950]				
가입비	3,300	계약 체결 후 20일 이내	영업 개시 이전까지 계약 해지	가맹점 모집을 위해 소요된 실제비용	반환시 당사에서 정한 기준의 위약금을 공제 (계약금을 별도로 지급하는 경우, 사후 가입비로 전환)
교육비	1,100	교육 시작 7일 이전	교육 시작 1일 이전에 계약 해지		교육이 시작되면 반환되지 않음
개점행사비	550	계약 체결 후 20일 이내	영업개시 이전까지 계약 해지	영업개시 행사를 위한 소요된 실제비용	반환시 당사에서 정한 기준의 위약금을 공제
· · · ·					

Q02. 보증금은 꼭 현금으로만 부담해야 하나요?

A02. 보증금은 물품대금의 채무를 담보하기 위한 경우와 계약 미이행에 따른 손해배상액의 지급을 담보하기 위한 계약이행 성격을 갖고 있습니다. 따라서 가맹본부가 설정하는 보증금 한도와 담보할 내용에 따라 현금 또는 부동산 및 물적 담보물, 계약이행보증보험증권 등 다양한 형태로 수령하기도 하고, 현금으로만 부담할 것을 요구하기도 합니다.

사례에서 보는 바와 같이 정보공개서에는 가맹점사업자가 보증금으로 지급하여야 하는 대가의 내역과 지급 기한, 반환될 수 없는 가맹점사업자의 귀책사유 등에 대해 구체적으로 기재하게 되어 있습니다. 보증금을 현금으로만 부담해야 하는지 여부는 가맹계약서에서 규정하고 있으므로 가맹계약서와 정보공개서 내용을 연계하여 검토하여야 합니다.

프랜차이즈 사업은 지속적인 거래를 조건으로 합니다. 따라서 계속적인 거래를 위해서 가맹본부는 물품대금 채권 및 계약 이행의 안정성을 확보할 필요가 있으며, 보증금으로 안정성에 대하여 담보하게 됩니다. 보증금은 계약의 기간만료 또는 해지로 종료하는 경우 채무 및 손해배상금 등을 정산하여 최종적으로 돌려받게 되며, 계약 종료 시 채무가 없거나 가맹본부와 손해를 다툴 여지가 없는 경우에는 보증금 전액을 돌려받을 수 있습니다.

정보공개서 표준고시 사례

(단위: 천원, 부가세 없음)

구분[①]	금액[②]	지급 기한	가맹점사업자의 귀책사유[③]	비고
총계	[35,000]			
(현금)보증금	5,000	계약 체결 후 20일 이내	가맹금 미지급, 본사가 공급한 물품 파손 등	직전년도 전체 가맹점사업자의 1회 평균 상품 등의 대금(원부재료 대금 포함)의 3배 이내[④]
담보목적물	30,000	계약 체결 후 20일 이내	〃	가맹희망자의 동산에 질권설정
…				

Q03. 개점행사비도 예치가맹금인가요?

A03. 개점행사비는 가맹본부가 수취하는 가맹금 중에서 개점 시 영업활동에 대한 지원·교육 등을 받기 위한 대가로 예치가맹금에 해당됩니다. 따라서 정보공개서 기타 비용에 개점 시 영업활동에 대한 지원 등의 성격으로 개점행사비, 개점홍보비, 개점판촉비, 홍보이벤트비, 인력지원비 등으로 기재되는 내용은 사례에서 보는 바와 같이 모두 예치가맹금 항목에 기재되어야 합니다.

정보공개서 표준고시 사례

구분	금액(단위: 천원, 부가세 포함)
합계	9,950
가입비	3,300
교육비	1,100
개점행사비	550
(현금)보증금	5,000

Q04. 면적 3.3㎡(구 1평)당 금액은 왜 설비품목에만 기재되어 있나요?

A04. 정보공개서에서 면적 3.3㎡(구 1평)당 금액을 기재해야 하는 항목은 필수 설비(정착물)와 인테리어 등 시공 시 면적 기준이 비용 산정에 있어서 중요한 역할을 하는 경우에 한합니다. 따라서 구입 품목은 기재하지 않아도 됩니다.

그렇다보니 금액의 총계는 모든 항목의 합계인데 면적 3.3㎡(구 1평)당 총계는 금액의 총계를 기준 평수로 나눈 금액으로 기재되어 있어 실제 전체 항목의 면적당 금액의 총계가 이상하게 비쳐질 수도 있습니다.

면적 3.3㎡(구 1평)당 금액을 별도로 기재하도록 한 이유는 가맹희망자가 해당 브랜드를 선택하기 위해 총 투자비를 산정할 때 여러 브랜드의 정보를 취합하는 데 올바른 정보를 제공하기 위함입니다.

또한 같은 브랜드일지라도 매장 크기에 따라 투자금은 달라지기 때문에 기준 평수를 정확히 검토할 필요가 있습니다.

정보공개서 표준고시 사례

(단위: 천원, 부가세 포함)

구분①	지급대상②	금액③	면적 3.3㎡당 금액④	지급 기한	반환조건	비고⑤
총계		[54,500~63,000]				
필수설비(정착물)	(주)공정위, OO기계 외 1개사	24,700		설치 1일 이전	설치 전 계약취소	
인테리어 (점포 내장공사)	튼튼디자인 외 2개사	21,000(보통형) 27,000(고급형)		내부 인테리어 공사 시작 3일 이후	공사 전 계약취소	33㎡ 기준 3.3㎡ 늘어날 때마다 700천원 추가부담(보통형, 고급형의 경우 800천원)
최초 공급 상품 비용	(주)공정위	7,000~9,000		물품 공급 1일 이전	상품 미공급시	
기타 개점에 소요되는 비용	(주)공정위	1,800~2,300		계약 체결 후 20일 이내	개점전 계약취소 (그간 소요 비용 제외)	소모품비, 사업자등록 등 대행 대가
....						

Q05. 가맹본부 지정업체에서 시공해도 감리비를 부담해야 하나요?

A05. 가맹점사업자가 인테리어 등을 직접 시공하는 경우, 가맹본부는 브랜드의 동일성 유지를 위하여 설비에 대한 감리를 하는 경우가 있습니다. 이 때 가맹본부는 감리비, 관리비, 감독비, 관리감독비 등의 명칭으로 별도의 금액을 청구하기도 하며, 인테리어, 간판, 주방 등 각각에 대해 비용을 청구하기도 합니다. 따라서 가맹점사업자는 감리의 범위 및 구체적 내역과 절차, 가맹본부의 관여도 등을 사전에 미리 파악해 둘 필요가 있습니다.

또한, 가맹점사업자가 직접 시공하는 경우, 가맹본부의 시공매뉴얼의 보완 유지 등으로 인해 도면설계는 가맹본부 또는 가맹본부의 지정업체가 진행하여야 하는 경우, 가맹본부가 도면설계비를 별도로 청구하기도 합니다.

가맹본부 또는 가맹본부의 지정업체에 시공을 의뢰하면 도면설계비나 감리비 등을 면제해 주는 경우도 있으니 가맹본부의 시공 정책을 정보공개서나 가맹계약서를 통해 구체적으로 확인하시기 바랍니다.

정보공개서 표준고시 사례

물품 내역①		공급방법②	공급업체③
주방집기	냉장고	가맹계약 체결시 별도 계약	OO전자(지정업체)
	가스레인지	가맹계약 체결시 별도 계약	OO전자(지정업체)
	그릇	시장에서 자체 조달 (30인분 이상)	-
외부	간판	추후 별도 계약	OO디자인(지정업체)
	입간판	추후 별도 계약	OO아트(지정업체)
내장재	실내공사	가맹계약에 포함	(주)공정위
기타	금전출납기	가맹계약에 포함	(주)공정위
…			

Q06. 점포는 가맹본부가 정해주나요?

A06. 점포를 최종적으로 결정할 수 있는 권한은 가맹점사업자에게 있습니다. 그러나 점포의 선정은 가맹본부가 할 수도 있습니다. 오히려 가맹본부가 상권 및 입지 선정을 위한 점포 개발에 대하여 전문적으로 검토하고 구체적인 선정기준에 대하여 가맹점사업자에게 제시한다면 비전문가인 가맹점사업자가 선정할 경우보다 시행착오를 상당 부분 줄여줄 수 있을 것입니다.

그러나 이 경우 가맹본부가 점포개발비 등의 비용을 요구할 수 있으며, 이 내용은 정보공개서 및 가맹계약서에 구체적으로 기재하게 되어 있어야 합니다. 가맹본부가 점포개발비 등을 추가로 요구한다는 것은 가맹점 개점 후 매출에 대해 일정부분 책임을 진다는 의미로 해석할 수 있기 때문에 가맹본부도 신중히 검토하여 청구하여야 합니다.

점포의 개발은 매출과 직접적으로 영향을 미치는 중요한 요인으로 분쟁의 이유가 되기 때문에 상권 및 입지, 점포 등을 개발하기 위해 소요되는 기간 및 업무 내역 등의 구체적인 내용을 서면으로 요구하여 검토하고, 청구하는 금액과의 적정성 등을 연계하여 검토하시기 바랍니다.

많은 소규모 가맹본부가 전문적인 점포개발 인력을 보유하고 있지 못하고 부동산 개발업체나 점포개발 컨설팅업체와 제휴하여 점포개발 업무를 하고 있습니다. 이 때 잘못 선정된 입지로 인한 피해를 가맹점사업자가 떠안을 우려가 높기 때문에 입지선정의 책임소재를 명확히 검토하시기 바랍니다.

가맹본부는 사례와 다르게 최종적인 입지선정의 주체를 가맹희망자로 정하는 경우가 많습니다. 이유는 최종적인 입지선정에 따른 매출 등의 책임을 가맹본부가 피하려 하기 때문입니다. 하지만 이러한 경우라도 가맹점사업자는 가맹본부에 조언을 요청할 수 있습니다.

정보공개서 표준고시 사례

선정 주체①	선정 기준②
당사 점포개발팀 (전화:02-XXX-XXXX)	담당자 배정 → 상담을 통하여 가맹희망자가 원하는 지역 파악 → 현장조사 등 시장 분석 → 최적의 입지 도출 → 가맹희망자에게 동의 여부를 구함 ※ 가맹희망자가 동의하지 않는 경우 새로운 입지를 정할 수 있으나 영업이 늦어지는데 따라 발생하는 비용을 추가로 부담할 수 있습니다.

Q07. 영업 중에도 부담해야 하는 비용이 있나요?

A07. 일반적으로 가맹본부가 수령하는 계속 가맹금에는 사례에서 보는 바와 같이 상표사용료(or 로열티), 리스료, 광고료, 교육·훈련비, 간판류 임차료, 리모델링(remodeling) 비용, 재고관리 및 회계처리 비용, 판매시점 관리시스템(POS)을 포함한 운영 시스템 유지비용 등이 있습니다.

계속 가맹금은 가맹본부마다 수령하는 내용이 상이하기 때문에 정보공개서에는 가맹본부가 수령하는 내역에 대해서만 기재하도록 하고 있습니다. 다만, 수령하는 대가의 내역과 그 반환조건 및 반환될 수 없는 경우에는 그 사유를 기재하도록 하고 있으니 사전에 지속적으로 부담해야 하는 가맹금에 대해서도 자세히 검토해 둘 필요가 있습니다.

정보공개서 표준고시 사례

(단위: 천원, 부가세 포함)

구분[①]	지급대상[②]	금액[③]	지급기한	반환조건	반환될 수 없는 사유	비고[④]
상표사용료	(주)공정위	월 200	다음 월 10일			
리스료		해당없음				
광고 분담금	(주)공정위	월 매출액 0.5% 등	다음 월 20일			
판촉분담금		행사별로 분담 등				
교육훈련비	(주)공정위	770	교육 실시 10일 이전			교육 필요시 지급
간판류 임차료		해당없음				
영업표지 변경 등에 따른 간판변경 비용[⑤]	공정광고 기획(주)	1,500 ~ 3,000	간판 변경 후 2일 이내			부득이한 경우 변경될 수 있으며, 교체비용은 당사자의 귀책사유 등을 고려하여 협의결정
영업지역 보장금		해당없음				
시설, 각종 기기의 교체·보수비용		14,000 ~ 16,000	교체·보수 후 5일 이내			교체·보수 필요시 시설, 기기 등의 내구연수 등을 감안하여 당사와 협의하여 결정
점포환경개선 비용	튼튼디자인 외 2개사	가맹본부 분담비용을 제외한 나머지				55페이지 참조
재고관리 비용	(주)공정위	150	재고조사 후 7일 이내			3개월마다 지급
회계처리 비용		해당없음				
POS 사용료	OO시스템	월 150	다음 월 5일			
지연이자[⑥]	㈜공정위	연10~20%	지급기일의 다음날부터 지급하는 날까지			월 계속가맹금의 지급기한을 경과했을 시 부담
· · · ·						

Q08. 차액가맹금 비율은 어떻게 해석해야 하나요?

A08. 차액가맹금이란 가맹점사업자가 해당 가맹사업을 운영하는 과정에서 가맹본부가 가맹점사업자에게 가맹본부 또는 가맹본부가 지정한 자와 거래할 것을 강제 또는 권장하여 공급받는 품목에 대하여 가맹본부에 지급하는 대가 중 적정한 도매가격을 넘는 대가를 말합니다.

정보공개서에 기재되는 차액가맹금은 직전 사업연도의 가맹점당 평균 차액가맹금 지급금액으로 [직전 사업연도 영업기간이 6개월 이상인 가맹점이 가맹본부에 지급한 차액가맹금의 합계액(직전 사업연도의 영업기간이 1년 미만인 가맹점의 경우 지급한 차액가맹금을 1년치로 환산한 금액을 반영한다)/직전 사업연도 영업기간이 6개월 이상인 가맹점 수] 산식에 따라 산출된 금액을 기재하고 있습니다.

또한 [직전 사업연도 영업기간이 6개월 이상인 가맹점이 가맹본부에 지급한 차액가맹금의 합계액/직전 사업연도 영업기간이 6개월 이상인 가맹점 매출액의 합계액] 산식을 통해 직전 사업연도의 가맹점당 매출액 대비 차액가맹금 지급금액의 비율에 대해서도 기재되어 있습니다.

차액가맹금은 가맹본부가 가맹점에 직접 공급하는 원부재료를 통해 얻는 수익을 기재하는 내용이고, 차액가맹금 비율은 가맹본부의 평균 차액가맹금이 전체 가맹점사업자 평균 매출액 대비 어느 정도를 차지하는 가를 가늠해 볼 수 있는 내용으로 차액가맹금과 차액가맹금 비율을 통해 가맹본부가 가맹점에 직접 공급하는 원부재료를 통해 어느 정도 수익을 얻는가를 추정해 볼 수 있습니다.

Q09. 가맹본부가 재고관리나 회계처리를 직접 해주나요?

A09. 가맹점을 운영하면서 발생하는 상품의 적절한 재고유지와 회계처리에 대해 가맹본부가 어느 정도 개입하여 지원할 필요가 있습니다. 잘못된 재고관리는 상품의 과다 또는 과소로 인해 판매에 지장을 줄 수 있고, 적절한 재고유지가 매장 활성화에 상당히 큰 영향을 미칠 수 있기 때문입니다.

또한, 가맹점사업자의 준수사항에는 "가맹본부의 공급계획과 소비자의 수요충족에 필요한 적정한 재고유지 및 상품진열" 및 "상품 및 용역의 구입과 판매에 관한 회계장부 등 가맹본부의 통일적 사업경영 및 판매전략에 필요한 자료의 유지와 제공" 내용이 포함되어 있습니다. 따라서 가맹점사업자는 가맹본부가 제시하는 재고관리나 회계처리 기준을 준수하여야 합니다.

사례에서 보는 바와 같이 재고관리 및 회계처리 항목은 재고관리 비용과 회계처리 비용을 부담하는지 여부와 함께 검토되어야 할 것입니다. 비용을 수령한다고 기재되어 있으면서 재고관리를 하지 않는 경우, 반환대상 가맹금으로 반환을 요청할 수 있습니다.

정보공개서 표준고시 사례

감독 항목	내 용	시기	비고
재고관리	실재제고 수량을 조사하여 장부상 재고와 비교	분기별 1회	문의: OO팀 (02-XXX-XXXX)
회계처리	가맹점사업자의 매출누락에 대한 회계 조사 실시	1년 1회	문의: OO팀 (02-XXX-XXXX)
. . . .			

Q10. 갱신 시 갱신비를 요구하면 부담해야 하나요?

A10. 가맹계약 기간이 만료되는 경우 일부 가맹본부는 재계약을 위한 갱신 조건으로 갱신 가맹비를 요구하는 경우가 있습니다. 이 때 관련된 부과 내용의 적정성과 필요성을 잘 따져보아야 하며 합당한지의 여부도 검토해야 할 필요가 있습니다.

예를 들어, 계약을 연장하기 위해 필요한 행정수수료나 추가로 교육 및 홍보를 진행하면서 교육 또는 홍보비를 수령하는 등의 요구는 정당한 사유로 부담해야 할 것으로 보이지만, 최초 가맹계약 시 부담했던 가맹비 전액을 요구하는 경우, 신규 가맹비를 지급한 내역과 갱신 가맹비를 지급하는 내역이 상이해야 인정할 수 있을 것입니다.

또한, 사례에서 보는 바와 같이 점포의 이전 및 리모델링 또는 설비의 구입 등이 갱신계약 전제 조건이거나, 기타 추가적인 과도한 비용의 발생을 필요로 한다면 부당한 계약조건 변경 등의 불공정거래행위로 이를 거절할 수 있습니다.

정보공개서 표준고시 사례

(단위: 천원, 부가세 포함)

구분①	금액②	지급 기한	반환조건③	반환될 수 없는 사유	비고
총계	[ ]				
추가 교육비④	협의하여 결정	교육 시작 7일 이전	교육 시작 1일 이전에 계약 해지		추가교육 필요시
점포 이전비⑤	협의하여 분담	점포 이전 후 10일 이내	점포 이전에 합의하지 않을 경우		점포이전 합의시
. . . .					

Q11. 가맹본부 양도양수 시 변경된 가맹본부를 꼭 따라가야 하나요?

A11. 가맹본부도 가맹점사업자의 동의를 받아 가맹사업운영권을 다른 가맹본부에 양도할 수 있습니다. 다만, 가맹본부가 가맹사업운영권을 일방적으로 다른 가맹본부에 양도하는 경우, 가맹점사업자와의 계약기간을 준수하여야 하는 의무를 위반하는 것이기 때문에 가맹점사업자는 그에 따른 손해배상을 요구할 수 있습니다.

새로운 가맹본부와의 가맹계약 유지 여부는 가맹점사업자의 선택사항입니다. 가맹점사업자가 기존 가맹본부와 연장된 계약 관계 유지를 희망하는 경우, 동의 절차만으로도 가능하나, 계약 관계 탈퇴를 희망하는 경우에는 기존 가맹본부에 가맹금 반환을 요구할 수 있고, 손해가 있는 경우 그에 대한 배상을 요구할 수 있습니다.

Q12. 가맹계약이 종료될 때도 부담해야 하는 비용이 있나요?

A12. 가맹계약이 기간만료 또는 해지로 종료되면 가맹계약 체결 시 부여받은 영업표지를 모두 철거해야 합니다. 가맹본부는 철거기한을 준수할 것을 요구할 수 있으며, 가맹본부가 요구하는 기한 내에 가맹점사업자가 정상적으로 영업표지를 철거하면 가맹본부에 별도로 부담해야 하는 비용은 없습니다.

가맹점사업자가 철거기간을 준수하지 않아 계약기간 종료 후 가맹본부의 영업표지를 무단으로 사용하게 되면 가맹본부는 위약금 및 위약벌 등의 손해배상을 요구할 수 있습니다. 이는 계약이행보증금에서 정산되며, 보증금 금액이 위약금이나 위약벌 등의 금액보다 적을 경우 추가로 요구할 수 있습니다.

따라서 가맹점사업자는 정보공개서 및 가맹계약서에 기재된 계약 종료 시 부담하여야 할 철거 및 반납 항목과 관련된 구체적인 항목과 이행기간을 파악하고 있어야 이로 인한 손해를 방지할 수 있습니다.

6 영업활동에 대한 조건 및 제한

Q01. 가맹본부 공급품목에 차액가맹금 포함여부를 알 수 있나요?

A01. 가맹점사업자가 해당 가맹사업을 시작하거나 경영하기 위하여 필요한 부동산 · 용역 · 설비 · 상품 · 원재료 또는 부재료의 구입 또는 임차 등에 대하여, 가맹본부가 가맹점사업자에게 특정한 거래상대방과 거래할 것을 강제 또는 권장하는 경우에는 그 특정한 거래상대방과 거래하는 거래대상물의 세부적인 품목에 대해 정보공개서에 기재하여야 합니다.

공급품목에 대해서는 가맹본부가 가맹점에 직접 공급하면서 차액가맹금 수익을 얻고 있는지 여부에 대해서도 기재하여야 합니다.

가맹점사업자는 이 내용을 통해 공급품목의 강제 또는 권장의 타당성을 검토하여야 하고, 가맹점업자의 부담내역 중 개점 시 부담 내역의 비용 항목과 공급물품 항목을 연계하여 검토하여야 합니다.

또한 이 내용은 가맹계약서 내용을 근거로 기재하여야 하는 내용이니 함께 검토하시기 바랍니다.

정보공개서 표준고시 사례

구분①	품목②	규격③	거래 형태④	거래 상대방⑤	차액가맹금 수취여부⑥
부동산	해당없음				X
용역	POS 사용료	시스템 사용료	강제	OO시스템	X
	· · · ·				
설비	냉장고	1,000 ℓ	권장	OO전자	X
	· · · ·				
상품	포장삼겹살	500g	권장	당사	O
	특제소스	300ml	강제	㈜한라산	X
	· · · ·				
원 · 부재료	삼겹살	10kg	강제	당사	O
	오겹살	5kg	강제	당사	O
	· · · ·				
· · · ·					

Q02. 가맹본부가 가맹점에 공급하는 가격을 알 수 있나요?

A02. 가맹본부가 가맹점사업자에게 특정한 거래상대방과 거래할 것을 강제 또는 권장하는 경우 세부 품목에 대해서 직전 사업연도 말 기준 실제 가맹점에 공급한 가격을 공개하여야 합니다. 가맹점 별로 공급가격이 다를 수 있으므로 상한과 하한으로 구분하여 기재하고 있으니 이 금액을 검토하여 권장 품목에 대해 직접 구입할 것인지 가맹본부 또는 가맹본부의 지정업체에 공급을 요청할 것인지 결정하기 바랍니다.

정보공개서 표준고시 사례

(단위: 천원)

순번	품목(단위)	공급가격②		구분③
		상한	하한	
1	삼겹살(10kg)	000,000	000,000	당사
2	오겹살(5kg)	000,000	000,000	당사
3	특제소스(300ml)	000,000	000,000	㈜한라산
:	:	:	:	:

Q03. 가맹본부가 거래처를 소개해주고 얻는 이익을 알 수 있나요?

A03. 가맹본부는 강제 품목뿐만 아니라 권장 품목에 대해서도 가맹점사업자의 편의를 위하여 특정한 거래상대방과 거래하도록 주선할 수 있습니다. 이와 관련하여 그 특정한 거래상대방이나 가맹점사업자로부터 대가를 받을 수 있습니다. 이를 통해 수령한 금액은 가맹본부의 경제적 이익으로 정보공개서에 기재하여 공개하여야 합니다.

이 금액은 가맹본부 매출액의 일부에 해당하기에 이 내용을 통해 가맹본부의 수익구조를 파악할 수 있습니다. 가맹본부가 얻는 경제적 이익은 가맹본부의 거래처가 가맹점에 공급하면서 올린 매출액의 일부 비율을 판매장려금이나 리베이트 형태로 수령한 금액이 기재된 경우가 있고, 가맹본부가 거래처에 직접 물품을 판매하면서 올린 매출액으로 기재되어 있는 경우가 있어 구분하여 검토하여야 합니다.

정보공개서 표준고시 사례

(단위: 천원)

상품・용역①	거래상대방	대가 지불	경제적 이익의 내용②	금액③	비고④
갈비살	OO축산	OO축산	거래액의 2%	연간 거래총액 250,000	2018년 기준
식탁	OO가구	OO가구	거래액의 1%	000,000	
:	:	:	:	:	
계					

Q04. 특수관계인이 가맹점에 공급하는 품목과 이익을 알 수 있나요?

A04. 가맹본부 매출액의 수익구조는 가맹본부가 가맹점에 물품을 직접 공급하면서 얻는 차액가맹금, 거래처를 통해 얻는 경제적 이익 등으로 구성되어 있습니다. 그러나 일부 가맹본부는 가맹본부의 특수관계인의 사업자를 통해 경제적 이익을 얻기도 합니다.

이 내역은 가맹본부가 가맹본부의 수익을 숨기기 위한 목적으로 악용되기도 하지만 가맹본부의 가맹사업의 안정성을 위해 제조생산 업무를 분할한 사업자를 운영하는 등 가맹본부 별 특수성이 반영되어 있을 수 있으니 참고하여 검토하시기 바랍니다.

정보공개서 표준고시 사례

(단위: 천원)

명칭②	관계	경제적 이익의 대상이 되는 상품 또는 용역의 명칭③	경제적 이익의 내용④	비고
이친절	배우자	참기름, 마늘 등 00개	0,000,000원	
최거래	사용인(임원)	냉장고, 오븐 등 00개	0,000,000원	
㈜반포	계열회사	주방설비	0,000,000원	
-				
계				

Q05. 특수관계인이 거래처를 소개해주고 이익을 얻기도 하나요?

A05. 가맹본부가 가맹점을 거래처에 소개시켜 주고 경제적 이익을 얻는 것처럼 특수관계인도 거래처를 소개시켜주고 경제적 이익을 얻는 경우도 있습니다. 이 경우도 정보공개서 기재하여야 합니다.

정보공개서 표준고시 사례

(단위: 천원)

관계	상품·용역	거래상대방	대가 지불	경제적 이익의 내용	금액	비고
배우자	갈비살	OO축산	OO축산	거래액의 2%	250,000	2018년 기준
사용인(임원)	식탁	OO가구	OO가구	거래액의 1%	000,000	
:	:	:	:	:	:	
계						

Q06. 고객에게 판매하는 상품과 가격, 거래상대방 제한해도 되나요?

A06. 가맹사업의 상표권을 보호하고 상품 또는 용역의 동일성을 유지하기 위하여 가맹본부는 지정된 상품·용역만을 판매하도록 하거나, 지정한 가격으로 판매하도록 하거나, 판매를 제한하는 대상이 있는 경우 불공정거래 여부를 검토할 필요가 있습니다.

가맹본부가 가맹점사업자에게 상품, 가격, 대상 등을 제한하는 경우 가맹사업을 경영하는 데 필수적이라고 객관적으로 인정되어야 하고, 가맹본부의 상표권을 보호하고 상품 또는 용역이 동일성을 유지하기 어렵다는 사실이 객관적으로 인정되어야 하며, 정보공개서를 통해 그 구체적인 내용을 기재하고 가맹점사업자에게 해당 사실을 알리고 계약을 체결하여야 하는 조건을 성립하기 위해 정보공개서에 구체적으로 기재하도록 하고 있습니다.

가맹본부가 가맹점사업자에게 상품, 가격, 대상 등을 제한하는 경우, 이는 가맹계약서 내용을 근거로 기재하고 있기에 이의 내용을 함께 검토하시기 바랍니다.

연계 참조 keyword 24. 232~238page

Q07. 영업지역은 동일업종 다른 브랜드를 통합하여 보호해 주나요?

A07. 가맹본부가 다른 브랜드를 운영하면서 가맹점사업자의 영업지역에 동의 없이 가맹점을 개설하고는 해당 브랜드와 다른 업종이라고 주장하는 경우가 있습니다. 즉, 동일한 업종 기준에 대해 가맹본부와 가맹점사업자 각자의 이익이 상충되기 때문에 해석하는 기준이 다를 수 있습니다.

이럴 경우 가맹본부가 침해하지 않겠다고 설정한 영업지역의 동일한 업종 범위를 어떻게 정하고 있는지를 확인해 볼 필요가 있습니다.

동일한 업종이란 수요층의 지역적·인적 범위, 취급품목, 영업형태 및 방식 등에 비추어 동일하다고 인식될 수 있을 정도의 업종을 말합니다. 이는 가맹본부 및 계열회사가 다른 브랜드를 준비하는 시점부터 검토되어져야 하며, 브랜드 간 동일한 업종에 대한 기준을 구체적으로 수립하고 있어야 합니다.

사례에서 보는 바와 같이 가맹본부는 해당 브랜드의 동일한 업종범위를 구체적으로 정하여 정보공개서에 기재하여야 하고, 가맹본부또는 계열회사의 다른 브랜드가 그 범위에 해당하는 직영점 또는 가맹점일 경우 해당 브랜드의 영업지역 내에는 설치하지 않아야 합니다.

정보공개서 표준고시 사례

동일한 업종 범위①	동일한 업종 영업표지②	
	가맹본부	계열회사
돼지고기 또는 소고기 구이를 전문으로 하는 가맹사업	반포삼겹살	세종오겹살

연계 참조 keyword 22, 214~218page

Q08. 영업지역 설정은 꼭 거리를 기준으로 설정해야 하나요?

A08. 가맹계약 체결 시 가맹본부가 가맹점사업자의 영업지역을 설정하도록 규정되어 있을 뿐, 특별하게 설정기준이나 방식에 대하여 제한을 두고 있지 않습니다. 따라서 영업지역 설정 기준은 가맹본부가 자율적으로 정할 수 있습니다.

통상적으로는 사례에서 보는 바와 같이 인구수나 세대수, 읍·면·동 등의 행정구역, 거리기준 등의 방법을 사용하거나 이를 혼용하는 방법으로 영업지역을 설정하고 있습니다.

영업지역의 설정은 객관적인 기준에 근거해야 하고, 업종의 특성과 고객층의 범위 등을 고려하여 안정적인 매출에 기여할 수 있는 범위여야 하며, 가맹계약 체결과정에서 구체적으로 지도로 영역을 표시하고 있습니다.

명확하지 않거나 불분명한 영업지역 설정은 향후 분쟁의 원인이 되기 때문에 가맹계약 체결 시 구체적으로 설정되었는지 여부는 필히 검토하여야 합니다.

정보공개서 표준고시 사례

설정 기준①	설정방법②
인구 O만명 당 1점포	별지에 영업지역 표시 (지도별첨을 원칙으로 함)
점포를 중심으로 반경 00㎞	별지에 영업지역 표시 (지도별첨을 원칙으로 함)
행정구역당 1점포 단, 특수상권(백화점, 마트, 시장, 지하상가, 공항, 호텔 등)은 행정구역과 상관없이 별도의 영업지역으로 인정	별지에 영업지역 표시 (지도별첨을 원칙으로 함)
· · · ·	

Q09. 가맹점에서 판매하는 동일 상품을 인터넷에서 판매해도 되나요?

A09. 최근 HMR(Home Meal Replacement) 시장이 확대되면서 가맹본부도 가맹점에서 판매하는 상품을 반 조리 식품으로 가공하여 다른 유통채널을 통해 판매하는 경우가 늘어나고 있습니다. 가맹본부가 동일한 상품을 고객에게 직접 판매하는 경우 가맹점의 매출에 영향을 받을 수 있기 때문에 이 내용은 가맹점 창업 시 반드시 검토해야 하는 내용입니다.

정보공개서에 기재되어 있는 다른 유통채널 내용은 다른 브랜드의 가맹점, 대리점, 일반소매점 등의 오프라인 채널과 쇼핑몰, 홈쇼핑, 전화권유판매 등의 온라인 채널로 구분되어 있으며, 가맹본부가 가맹점에서 판매하는 동일한 상품을 고객에게 직접 판매하는 품목에 한해 기재되어 있습니다.

정보공개서 표준고시 사례

구분①	영업표지	취급품목②	가맹점과의 구분③
가맹점	반포샤브샤브	삼겹살	세부업종이 다름
대리점	:	:	:
일반소매점	K마트	포장 삼겹살	완제품 판매
기타	:	:	:

구분①	유통업체명②	주소	취급품목③	가맹점과의 구분④
온라인	e-공정	www.aa.co.kr	OOO	
	k머스	www.km.co.kr	◎◎	
홈쇼핑	공정 홈쇼핑	www.bb.co.kr	◇◇◇◇	
전화권유판매	AA통신	www.aa.com	▶▶▶	

Q10. 계약기간 만료 후 조건이 변경되는 경우 갱신은 어떻게 하나요?

A10. 가맹계약의 최초 계약기간과 갱신 계약기간은 업종 및 가맹본부에 따라 상이합니다. 그럼에도 불구하고 가맹사업법에는 최초 계약기간을 포함하여 10년 동안 계약을 연장할 수 있는 권한을 가맹점사업자에게 부여하고 있습니다.

그러나, 가맹점사업자가 갱신을 요구하기 위해서는 계약기간 동안 귀책사유가 없어야 하며, 이는 가맹본부가 갱신을 거절할 수 있는 정당한 사유로 가맹사업법에 규정되어 있습니다.

사례에서 보는 바와 같이 가맹점사업자가 갱신을 요구하면서부터 재계약을 체결할 때까지 절차를 쉽게 안내하고 있으니 재계약 검토시 참고하시기 바랍니다.

정보공개서 표준고시 사례

순 서	기간(계약만료일: D-day)
① 가맹점사업자가 계약갱신을 요구하였습니까? 예→②, 아니오→⑦	D-180 ~ D-90
② 3)에서 정한 계약갱신 거절 사유에 해당합니까? 예→④, 아니오→③	D-180 ~ D-90
③ 가맹본부가 계약조건 변경을 서면으로 통지하였습니까? 예→⑤, 아니오→A	D-180 ~ D-90
④ 가맹본부가 가맹점사업자에게 거절 사유를 적은 서면으로 거절 통지를 하였습니까? 예→B, 아니오→A	①+15일 이내
⑤ 가맹점사업자가 계약조건 변경에 동의하였습니까? 예→C, 아니오→⑥	
⑥ 변경된 계약조건이 다른 가맹점사업자에게 통상적으로 적용되는 계약조건입니까? 예→B, 아니오→D	
⑦ 가맹본부가 계약갱신을 하지 않겠다는 사실을 서면으로 통지하였습니까? 예→B, 아니오→⑧	D-180 ~ D-90
⑧ 가맹점사업자가 계약갱신 또는 계약조건에 대하여 이의를 제기하였습니까? 예→E, 아니오→A	D-60일 이전
A. 종전과 같은 조건으로 다시 가맹계약 체결	D-day
B. 계약기간이 만료되는 날 계약 종료	D-day
C. 변경된 조건으로 다시 가맹계약 체결	D-day
D. 양자가 합의하여 계약조건을 바꾸어야 함(가맹본부가 계약 변경을 강행할 경우 불공정거래행위에 해당할 수 있음)	-
E. 양자가 합의하여 계약을 만료하거나 변경된 조건으로 다시 가맹계약 체결(민사상 문제로 가맹사업법에서 특별하게 제한하는 규정 없음)	-

연계 참조 keyword 13, 132~138page

Q11. 계약해지 조건은 가맹본부가 임의로 설정할 수 있나요?

A11. 가맹본부는 가맹사업법에서 정하고 있는 9가지 즉시해지 사유를 제외하고 가맹계약을 해지하려는 경우, 가맹점사업자에게 서면으로 2개월 이상의 유예기간을 두고 계약의 위반 사실 및 이를 시정하지 않을 경우 계약을 해지한다는 사실을 2회 이상 통지하여야 합니다. 이러한 절차를 거치지 않은 계약해지는 무효입니다.

따라서 가맹점사업자는 가맹본부가 해지 통보를 할 경우 이러한 해지사유의 적합여부와 해지절차의 적법성을 고려하여야 하며 사전에 이에 대한 충분한 숙지를 통해 향후 피해를 예방하여야 합니다.

연계 참조 keyword 14, 142~148page

Q12. 환매·양도·상속·대리경영·위탁경영 동의 받아야 하나요?

A12. 가맹점을 운영하다가 개인 사정 등으로 가맹점사업자의 권리를 포기하거나 양도, 이양하는 등 가맹본부와의 계약 조건이 변경되는 경우에는 반드시 사전에 협의하여야 합니다. 그렇지 않을 경우 가맹점사업자가 일방적으로 가맹계약을 해지한 것으로 볼 수 있습니다.

가맹점사업자가 권리변동에 대한 승인을 요청하는 경우, 가맹본부는 정당한 사유 없이 이를 거절할 수 없으며, 심의 절차를 거쳐 승인 여부를 결정합니다. 한편, 이 내용은 가맹계약서의 필수기재사항이기도 하기 때문에 정보공개서와 가맹계약서를 연계하여 검토할 필요가 있습니다.

Q13. 영업일수·영업시간·직접근무·종업원수 제한해도 되나요?

A13. 가맹점이 정당한 사유 없이 연속하여 7일 이상 영업을 중단한 경우 가맹계약이 즉시 해지될 수 있습니다. 가맹본부가 영업시간 및 영업일수를 중요한 영업방침으로 정하고 있다면 이를 준수하여야 하고, 피치 못할 사정 등으로 영업시간 및 영업일수의 조정이 필요한 경우 사전에 가맹본부와 협의하여야 합니다.

가맹점 영업은 가맹점사업자의 권한일 수 있으나 가맹점의 불규칙한 영업으로 인해 인근 가맹점에 영향을 미치거나 고객의 불만으로 인해 가맹본부 및 브랜드 이미지가 훼손되는 문제가 발생할 수 있기 때문에 영업일수 영업시간 등은 가맹본부가 정한 기준을 준수하여야 합니다.

그럼에도 가맹본부가 정상적인 거래관행에 비추어 부당하게 가맹점사업자의 영업시간을 구속하는 행위는 불공정거래행위에 해당될 수 있습니다. 따라서 24시 편의점일지라도 가맹점사업자가 심각한 영업손실이나 질병치료 등으로 인한 영업시간 조정은 정당하게 요구할 수 있습니다.

가맹본부가 가맹점사업자가 직접 근무하도록 제한하는 경우 이를 준수하여야 합니다. 가맹점사업자가 직접 근무해야 하는지 여부는 위의 대리경영 및 위탁경영과 연계하여 검토할 필요가 있습니다. 만약 대리경영이나 위탁경영이 가능한 경우 직접 근무하지 않아도 될 것이나, 이는 가맹본부의 승인 하에 가능한 사항이니 부득이한 사정으로 직접 근무가 어려운 경우 사전에 가맹본부와 협의하시기 바랍니다.

가맹점의 직원고용 권한은 가맹점사업자에게만 있기에 가맹본부가 종업원 수를 제한할 수는 없습니다. 그러나 최소한의 인력이 없는 상태에서 매장을 운영하다보면 고객서비스 등의 품질이 저하될 수 있기 때문에 가맹본부는 최소한의 직원 수를 고용하여 유지할 것을 권장하고 있습니다.

Q14. 가맹점 관리 빈도가 "수시"인 경우 어떻게 해석해야 하나요?

A14. 가맹점사업자가 생각하는 수시의 빈도와 가맹본부가 생각하는 수시의 빈도 또한 각자의 입장이 상충되기 때문에 해석이 다를 수 있습니다. 가맹점사업자는 사례에서 보는 바와 같이 1주일에 4회, 2주일에 1회 등을 생각할 것이나, 가맹본부는 분기에 1회, 반기에 1회를 수시의 기준으로 생각할 수도 있기 때문입니다.

정보공개서 표준고시 사례

관리 · 감독 항목①	감독 절차	빈도 및 시기	담당팀②	비고③
매장 청결(4항목)	담당자 매장 방문 → 청결도 확인 → 관리표 작성 → 가맹점사업자 확인 및 서명 → 완료	4회/1주일	각 지역 XX팀	
친절도(5항목)	담당자 매장 암행방문 → 주문 → 친절도 확인 → 관리표 작성 → 완료	1회/2주일	본사 OO팀	
품질 관리(7항목)	담당자 매장 방문 → 품질 확인 → 관리표 작성 → 가맹점사업자 확인 및 서명 → 완료	4회/1주일	각 지역 XX팀	
. . . .				

가맹본부는 개점 후 가맹점 관리의 대가로 로열티를 정기적으로 수령합니다. 로열티를 수령하지 않는 가맹본부는 최초가맹금으로 수령한 가맹비에 가맹점 관리의 대가가 포함되어 있다고 해석해야 할 것입니다. 따라서 가맹점 관리 빈도는 최소한 로열티를 수령하는 빈도만큼은 제공해야 할 것입니다.

개점 초기에는 가맹점의 애로사항이 많은 시기이므로 가맹점사업자가 생각하는 기준만큼 수시로 관리를 하겠지만, 시간이 지나면서 가맹점 운영이 안정되면 슈퍼바이저 얼굴 한번 보기 어렵다는 가맹점사업자들의 불만이 제기되기 때문에 처음부터 가맹점 관리 기준을 구체적으로 명확히 해둘 필요가 있습니다.

슈퍼바이저는 프랜차이즈시스템에서 중요한 직책이며 가맹점 성과를 좌우하는 핵심적인 역할을 하고 있습니다. 즉, 슈퍼바이저는 가맹점 운영에 있어 매뉴얼의 준수여부, QSC(품질, 서비스, 청결) 준수여부, 매출현황 및 영업지도 등 다양한 형태의 영업지원 활동을 합니다.

따라서 가맹점사업자는 슈퍼바이저의 가맹점 관리 수준과 매장방문 횟수 및 시기 등에 대한 구체적인 내용을 사전에 파악하고 가맹본부가 기본적인 역할을 충실히 하면서 가맹점 영업활동 지원 등을 지속적으로 수행할 능력을 갖추고 있는지 파악해야 합니다.

Q15. 전국 광고·판촉 비용 분담 기준은 법에 정해져 있나요?

A15. 아닙니다. 전국 광고·판촉 비용에 대한 분담은 가맹본부가 정보공개서 및 가맹계약서에서 정하는 기준을 준수하면 됩니다. 따라서 비용분담에 대한 정확한 기준이 설정되어 있는지 여부와 분담 비율 등은 가맹계약 체결 전 중요하게 검토되어져야 하는 내용이고, 정보공개서와 가맹계약서를 연계하여 검토하여야 합니다.

정보공개서에는 사례에서 보는 바와 같이 광고 비용 분담 기준을 기재함에 있어서 광고의 성격에 따라 구분하게 되어 있는데, 상품 광고와 가맹점 모집광고를 우선 구분하고, 이 두 광고의 성격이 혼합되어 있는 경우의 분담 기준을 제시하고 있습니다. 또한, 가맹본부와 전체 가맹점사업자의 분담 기준, 가맹점사업자 간 분담 기준 등도 구체적으로 기재하여야 합니다.

판촉 행사의 경우 판촉물 제작비와 실제 판촉비를 분담하는 기준이 제시되어 있고, 할인카드나 멤버십 제휴서비스를 진행하는 경우 수수료 등의 분담기준도 기재되어 있습니다. 위에서 설명한 바와 같이 광고·판촉 비용 분담 기준은 가맹본부의 정책에 따라 결정되는 것이기 때문에 광고비의 산출 근거 및 분담 비율의 적정성에 대해서는 가맹점사업자가 인정할 만한 수준인지 신중히 검토하여야 합니다.

정보공개서 표준고시 사례

구분①	광고 성격②	부담비율		분담 절차④	비고⑤
		본사부담③	가맹점부담		
광고 전체 행사	상품광고	광고비의 50%	광고비 50% 중 가맹점 총매출액 비율 따라 산정	광고 계획 공고 → 가맹점의 광고참여 여부 결정 → 가맹점부담액 제시(명세서)	대중매체 광고 명절. Day 이벤트 행사 (전국 행사)
	상품광고 +가맹점 모집광고	광고비의 75%	광고비 25% 중 가맹점 총매출액 비율 따라 산정		
	가맹점 모집광고	전액 부담	없음		
판촉행사	할인행사	할인금액 (소비자가) 50%	할인금액 (소비자가) 50%	행사계획 공고 → 가맹점부담액 제시 → 가맹점의 행사 참여 결정 → 행사 시행 → 종료 후 최종분담금 확정	판촉행사 동의 절차를 거친 후 전체 가맹점 사업자의 70% 이상의 동의시 전체 적용
	증정행사	증정상품 출하가 50%	증정상품 출하가 50%	〃	〃
	팜플렛 등 제작	판촉물 제작비용 50%	판촉물 제작비용 50%	〃	〃
	기타 개별행사	행사에 따라 유동적 (2013년의 경우 행사별로 가맹점당 20~50만원 부담)		〃	〃
할인카드·멤버십 제휴서비스	제휴행사	서비스로 인한 월 할인금액의 50%	서비스로 인한 월 할인금액의 50%	(가맹점) 월 할인금액 제시 → (가맹본부) 자료제출일로부터 10일 이내 부담액 송금	할인서비스 등의 종료시까지
· · · · ·					

7 가맹사업의 영업 개시에 관한 상세한 절차와 소요기간

Q01. 개점 절차와 기간 내용 검토 시 주의할 사항이 있나요?

A01. 가맹 상담에서 점포 개설까지 적지 않은 시간이 흐르기 때문에 가맹본부는 일련의 점포개점프로세스를 사례에서 보는 바와 같이 사전에 매뉴얼화하여 진행하고 있습니다. 개점에 필요한 인허가 사항을 점검하는 것도 개점일정을 당길 수 있는 지름길입니다. 따라서 이에 대한 절차도 사전에 점검하여 불필요한 시간 낭비를 줄여야 할 것이며, 그에 따른 가맹본부의 지침이 있다면 적극 따르는 것이 효율적입니다.

가맹점사업자는 가맹계약을 체결하고 점포를 구하여 임대차 계약을 체결하면 그 순간부터 임차료 및 관리비 등의 비용이 발생하게 됩니다. 가맹본부의 시행착오로 인하여 개점이 지연된다면 그에 따른 손해는 고스란히 가맹점사업자의 부담이 될 수 있기 때문에 가맹본부는 보다 체계적으로 개점 절차를 준비해야 하며, 가맹점사업자와 불필요한 비용을 줄이기 위해 최대한 협조하여야 합니다.

정보공개서 표준고시 사례

(단위: 천원, 부가세 포함)

구분	내용	소요기간①	소요비용②
합계		47일 내외	[00p~00p 참조]
가맹희망자 문의	- 전화문의 접수 - 희망지역 확인, 담당자 배정	D-47	
사업 설명 · 상담	- 정보공개서 제공 - 인근 10개 가맹점 현황문서 제공 - 가맹희망자 상담	D-46~45	
점포개발 및 상권분석 실시	- 입지선정 - 입지 주위 점포 정보 제공	필요시 실시	
최종 협의	- 개설 승인 - 계약서 제공	D-34~31	
가맹계약 체결	- 계약 체결	D-30	
가맹금 예치	- OO기관에 가맹금 예치	D-29(1일)	
점포실측/설계	- 투자비 산출	D-27~25(3일)	
실내외 공사착수	- 도면협의 및 공사일정 확인	D-24(1일)	
인테리어 공사	- 공사 실시	D-24~5(20일)	
교육 실시	- 점포운영교육 실시	D-7~4(3일)	
점포 개설	- 가맹점 개설 및 영업시작	D-day	

Q02. 분쟁이 발생하면 꼭 분쟁조정협의회 조정을 받아야 되나요?

A02. 가맹본부와 가맹점 간의 의견충돌이나 갈등이 전혀 없을 수는 없습니다. 따라서 갈등을 원만히 해결하고 대화와 협상을 통해 이견을 조율할 수 있는 내부적인 갈등 해결 절차가 수립되어 있어야 할 것입니다. 내부적인 갈등 해결이 어렵다면 가맹사업거래 분쟁조정협의회의 조정신청을 통해 해결방법을 모색해 볼 수 있습니다.

조정이 이루어지지 않는 경우 결국 소송에 이르게 되는데, 가맹계약에 관한 소송의 관할법원에 대해 가맹계약서에 일방적으로 가맹본부의 소재지로 규정하는 경우 약관법 위반에 해당될 수 있습니다. 따라서 소송의 관할 법원은 민사소송법상 관할 법원 또는 상호 협의하여 결정할 수 있으니, 정보공개서 및 가맹계약서에 가맹본부의 편의에 따라 정하도록 명기되어 있는지 검토할 필요가 있습니다.

8 가맹본부의 경영 및 영업활동 등에 대한 지원

Q01. 가맹본부 로고가 변경되면 갱신 시 간판을 바꿔야 하나요?

A01. 가맹본부가 일방적으로 브랜드명 또는 로고 디자인을 변경하는 경우, 갱신 시 간판 및 영업표지 등에 대해 전부 가맹점사업자 비용으로 변경할 것을 요구하는 경우가 있습니다. 이는 불공정거래행위이므로 따르지 않아도 됩니다.

점포환경개선은 점포의 시설, 장비, 인테리어 등의 노후화가 객관적으로 인정되거나, 위생 또는 안전의 결함 등으로 가맹사업의 동일성을 유지하기 어려운 경우를 제외하고 가맹점사업자에게 부당하게 요구하는 행위는 불공정거래행위입니다.

연계 참조 keyword 20. 204~207page

Q02. 개점 시 지원하는 판촉행사 비용은 가맹본부가 부담하나요?

A02. 가맹본부의 판촉지원이란 가맹점사업자가 별도의 비용을 부담하지 않고 가맹점사업자의 판매 촉진을 위해 가맹본부가 비용을 부담하여 지원하는 내역을 말합니다.

가맹점사업자가 개점행사비를 부담하고 개점행사를 진행한다면 그 내역은 가맹점사업자의 구입 내역에 해당한다고 보기 때문에 가맹본부의 지원 내역으로 볼 수 없습니다.

정보공개서에는 가맹본부가 가맹점사업자의 판매를 촉진하기 위해 지원하는 제도가 있는 경우 이를 기재하게 되어 있습니다. 사례에서 보는 바와 같이 개점행사비, 판촉장려금, 판촉지원, 판매용 집기 무상대여, 반품지원, 마일리지, CRM, 테스터 등을 개점 시 또는 영업 중 가맹본부가 가맹점사업자의 판매를 촉진하기 위해 지원할 수 있습니다.

다만, 이 사례는 예시일 뿐 실제 지원제도가 있는 경우만 기재하도록 되어 있기에 "해당 없음" 또는 "당 사는 별도의 지원제도를 운영하지 않습니다" 등으로 기재되는 가맹본부도 많이 있습니다. 그러나 지원제도가 있는 가맹본부의 경우 지원정책, 주요내용, 지원조건, 지원기간, 지원금액 등을 기재하고 있습니다.

일부 가맹본부는 지원정책에 따라 지원조건을 충족하지 않으면 지원하지 않거나 반환을 요청하는 가맹본부가 있으니 세부 내용을 자세히 검토하시기 바랍니다. 지원금액은 가맹본부가 부담하는 비용이기는 하나 보통 가맹비를 수령하고 그 비용의 일부를 가맹점사업자를 위해 개점 시 지원 비용으로 사용하는 가맹본부도 있습니다.

따라서 가맹비를 수령하는 대가와 개점 시 지원 대가를 비교하여 어느 정도를 지원하는지도 연계하여 검토하여야 혹시 가맹금 반환 문제가 생기는 경우 참고할 수 있습니다.

정보공개서 표준고시 사례

(단위: 천원, 부가세 별도)

지원정책①	주요 내용②	지원조건③	지원기간	지원금액④	비고⑤
개점행사비	가맹점 오픈시 판촉인원 파견 및 전단지, 기념품 등의 판촉비용 지원	가맹점의 매장면적, 예상매출액에 따라 판촉인원 수 및 판촉비용 차등 지원	오픈일로부터 3일간	300만원 한도	
판촉장려금	매월 가맹점 매입금액의 5% 이내 범위에서 장려금 지원	직전 2개월 평균 매입금액이 1000만원 이상 가맹계약 위반사항이 없을 것 *지원조건 미충족시 지원하지 않음	가맹계약기간	직전 2개월 평균 매입금액이 1000~2000만원 : 매입금액의 2% 2000만원 초과~ 3000만원 : 매입금액의 3% 3000만원 초과시 : 매입금액의 5%	익월 상품대금 차감방식으로 지원
판촉지원	매월 전체 가맹점의 제품 주문량의 1~5%를 가맹점의 판촉물로 지원	없음 (전 가맹점 해당)	가맹계약기간	소요되는 비용 전액 당사 부담	
판매용 집기 무상대여	가맹점에 필요한 판매용집기를 계약기간 동안 무상대여	없음 (전 가맹점 해당)	가맹계약기간	소요되는 비용 전액 당사 부담	
반품지원	시즌행사(크리스마스, 연말연시, 가정의 날 등)시 출시되는 제품류 중 일정한 품목에 대하여 반품지원	시즌행사 제품류 중 반품지원 품목 지정상품에 한함	시즌행사 종료 후 30일 이내	가맹점 매입금액의 80% 인정하여 지원금액 산정	
마일리지	구매회원에 대한 2~5% 마일리지 적립	없음 (전 가맹점 해당)	가맹계약기간	소요되는 비용 전액 당사 부담	가맹점 판촉마일리지 지급
CRM	우수고객에 대한 고객 유입 DM발송	없음 (전 가맹점 해당)	분기별 1회	소요되는 비용 전액 당사 부담	
테스터	고객이 사용할 수 있는 테스터공급 지원	없음 (전 가맹점 해당)	신제품 출시시	소요되는 비용 전액 당사 부담	
....					

Q03. 영업 중 지원하는 경영지원 비용은 가맹본부가 부담하나요?

A03. 가맹본부의 경영지원은 가맹점사업자가 가맹점을 개점한 후 조기에 안정단계에 도달할 수 있도록 가맹본부가 경영상 지원활동을 하고 있는 경우 정보공개서에 기재하도록 하고 있습니다.

조기 안정화 자금을 지원하기도 하고, 매출 부진 시 경영 지원 자금을 지원하는 등 다양한 방법으로 가맹본부가 가맹점을 지원할 수 있으며, 이는 가맹본부 여건에 따라 금전이 아니라 업무로 지원할 수도 있습니다.

정보공개서 표준고시 사례

지원정책①	주요 내용②	지원조건③	지원기간	지원내용④	비고⑤
조기 안정화 자금지원	가맹점 오픈시 조기안정화를 위한 자금지원	매출이익이 월400만원 이하인 경우	오픈일로부터 1년 간	400만원 - 월 매출이익	
매출부진 경영지원	매출부진 가맹점 판매촉진을 위한 경영지원	직전 3개월간 매출액이 2천만원 이하인 경우	가맹계약기간	경영 컨설팅 제공	
. . . .					

Q04. 가맹본부에 경영지도 요청하면 별도 비용을 부담해야 하나요?

A04. 가맹본부는 슈퍼바이저를 통해 매월 정기적 또는 비정기적으로 가맹점을 관리하며, 가맹점사업자는 이의 대가로 로열티 및 로열티에 상응하는 가맹금을 부담합니다. 따라서 가맹점 관리는 가맹본부가 로열티를 수령하는 대가로 의무적으로 이행하고 있습니다.

그러나 슈퍼바이저는 단순히 가맹점을 점검하기만 하는 것이 아니라 사례에서 보는 바와 같이 상품, 설비(집기), 판매촉진, 고객관리, 위생관리, 교육훈련, 회계 등 가맹점 운영 전반에 대한 개선이 필요하다고 판단되는 경우, 가맹점사업자에게 경영지도를 받을 것을 권고하기도 합니다. 이처럼 가맹본부가 경영지도를 요구하는 경우에 경영지도에 소요되는 비용은 가맹본부가 부담합니다.

가맹점사업자가 가맹점 운영의 개선이 필요하다고 판단되는 경우, 가맹점사업자의 비용으로 가맹본부에 경영활동에 대한 자문을 요청할 수도 있습니다. 경영지도는 모든 가맹본부가 필수로 진행하여야 하는 법적 의무사항이 아니기 때문에 가맹점사업자가 요청하는 경우일지라도 경영지도가 진행되는지 여부는 정보공개서 및 가맹계약서를 통해 확인해야 합니다.

가맹본부의 요구 또는 가맹점사업자의 요청으로 경영지도가 진행되는 경우에는 반드시 그 내용에 대한 구체적인 경영지도계획서와 결과보고서를 서면으로 수령하여 진행 전후의 비용에 대한 적정성을 판단하시기 바랍니다. 가맹본부가 제공하는 경영지도 내용 및 범위가 통상적으로 로열티 수령의 대가로 제공되는 내용과 그 외의 내용으로 구분되어 비용이 산출되었는지 여부도 필수로 검토하시기 바랍니다.

정보공개서 표준고시 사례

구 분	대상 및 내용①	절 차②	비용부담	비 고
가맹본부 요청 시	상품, 설비(집기), 판매촉진, 고객관리, 위생관리, 교육훈련, 회계 등 가맹점 운영 전반에 대한 경영지도	가맹본부는 경영지도계획서(경영지도내용, 기간, 경영진단 및 지도관계자의 성명, 소요비용 등 포함)를 가맹점사업자에게 제시 → 경영지도 후 [ ]일 이내에 가맹본부 담당자가 가맹점사업자에게 직접 방문하여 경영지도 결과 및 경영개선방안을 서면으로 제시하고 이를 설명	가맹본부 부담	문의: OO팀 (02-XXX-XXXX)
가맹점사업자 요청 시	상품, 설비(집기), 판매촉진, 고객관리, 위생관리, 교육훈련, 회계 등 가맹점 운영 전반에 대한 경영지도	가맹점사업자 경영지도 요청 → 가맹본부는 경영지도계획서(경영지도내용, 기간, 경영진단 및 지도관계자의 성명, 소요비용 등 포함)를 가맹점사업자에게 제시 → 경영지도 후 [ ]일 이내에 가맹본부 담당자가 가맹점사업자에게 직접 방문하여 경영지도 결과 및 경영개선방안을 서면으로 제시하고 이를 설명	가맹점 부담 (가맹금에 포함된 통상의 경영지도 비용을 초과한 부분에 한함)	문의: OO팀 (02-XXX-XXXX)
....				

Q05. 가맹본부가 소개해 주는 대출업체, 믿어도 되나요?

A05. 가맹사업을 시작하려면 적지 않은 자금이 필요합니다. 가장 좋은 방법은 전액 자기자본으로 시작하는 방법이지만 100% 자기자본으로 창업하기는 쉽지 않습니다. 때문에 창업자금의 부족으로 은행을 통해 대출을 받거나 정부의 소상공인 지원 정책자금 등을 활용하게 됩니다.

그러나 이마저도 여의치 않으면 가맹본부가 알선해 주는 주류 대출이나 금융업체를 활용하게 됩니다. 가맹본부의 규모가 크거나 자금의 여유가 있는 가맹본부가 직접 대출해 주는 경우도 있지만 일부의 경우 제 3금융기관의 자금을 주선해 주기도 합니다.

문제는 이러한 대출업체가 일반적인 제도권 금융에 비해 과도한 이자비용이 발생하거나 원리금 상환조건 및 담보제공 조건이 까다롭기 때문에 창업 후 가맹점사업자에게 부담이 될 수 있습니다.

일부이긴 하지만 가맹본부가 사(私)금융업체와 제휴를 맺고 "초기자본 없이도 창업이 가능하다"는 광고를 통해 가맹점사업자를 모집하여 가맹점을 개설하기 위한 인테리어 비용 등을 무리하게 부담시키는 경우가 있습니다.

이럴 경우 일방적으로 가맹본부의 말만 믿고 맡겼을 경우 가맹점 운영과정에서 과도한 금융비용의 피해를 입을 수도 있기 때문에 가맹점사업자는 신용제공 시 구체적인 조건 및 신용제공 금액 및 사후 이자비용, 원리금 상환 조건 등을 명확히 파악하고 금융지원 여부를 결정할 필요가 있습니다.

사례에서 보는 바와 같이 가맹본부와 신한은행, 우리은행, NH농협은행 등의 금융기관이 연합하여 우수한 가맹본부의 가맹점을 개설하는 가맹희망자에게 대출해 주는 프랜차이즈 론 등은 안전한 금융상품으로 소개되고 있습니다.

정보공개서 표준고시 사례

(단위: 천원, 부가세 포함)

신용명 또는 내용①	신용제공자②	금액③	신용 형태④	신용제공 조건⑤
자금 지원	(주)공정위	최대 5천만원	신용 대출	임원 면담 후 결정
프랜차이즈 우대신용 대출	한강은행	최대 3천만원	담보 대출	가맹본부 확인 신용등급 OO이상 5천만원 이상 담보 제공

9 교육·훈련에 대한 설명

Q01. 가맹본부가 진행하는 교육은 모두 필수로 이수해야 하나요?

A01. 가맹본부가 사례에서 보는 바와 같이 개점을 위한 신규 교육, 정기 교육이나 수시 교육 등 보수 교육 등을 필수로 정하고 있다면 이 교육은 모두 반드시 이수하여야 합니다.

정보공개서 표준고시 사례

구분	주요내용	교육방식①	기한	비고②
신규 교육	회사 소개 음식 가공 POS 사용, 입금 방법 등	합숙 실습교육 집단 강의	가맹계약 체결 후 1개월 이내	필수 교육
보수 교육	신메뉴 가공 종업원 관리 실무 등	실습교육	매년 가맹계약 체결일로부터 1개월 이내	매년 필수적으로 이수
...				

Q02. 개점 교육기간은 며칠이 적정한가요?

A02. 개점 교육기간은 업종에 따라 다르고, 평가기관에 따라 다르겠지만, 일반적으로 최소한 이론교육 8시간, 직무교육 5일 정도는 진행해야 한다고 보고 있습니다. 예를 들어, 이론교육 1일, 직무교육 2주일, 교육평가 1일 등을 진행하는 경우 적정하다고 볼 수 있습니다.

Q03. 개점 교육비용은 어느 정도가 적정한가요?

A03. 개점을 위한 교육·훈련 비용은 사례에서 보는 바와 같이 교육기간 및 내용에 따라 결정된다고 볼 수 있습니다. 실질적으로 교육 대상의 인원이 몇 명인지, 교육내용은 얼마나 구체적이며 체계적인지 등을 함께 고려하여야 비용의 적정성을 파악할 수 있습니다.

개점 교육 및 수시 교육비용은 교육에 필요한 재료비, 강사비, 교통비, 숙박비, 교육기간의 연장으로 인해 발생되는 추가 비용 등도 함께 고려되어 산정합니다. 이 기준은 가맹본부가 자율적으로 정할 수 있으며, 내용 및 비용의 적정성 여부는 가맹점사업자가 판단하여야 합니다. 이의 비용이 적정하지 않을 경우 교육비 반환을 청구할 수 있습니다.

정보공개서 표준고시 사례

구분	최소시간	비용(단위: 천원, 부가세 포함)	비고
신규 교육	7일(2박 3일 합숙 포함)	1,100	최초 계약시 이수
보수 교육	3일	770	매년 필수적으로 이수
…			

Q04. 가맹본부의 필수 교육은 가맹점사업자가 직접 받아야 하나요?

A04. 필수 교육 대상자는 가맹계약서에서 규정하고 있습니다. 따라서 이내용은 가맹계약서 내용과 연계하여 검토하여야 합니다. 만약 가맹계약서에서 필수 교육·훈련을 받아야 하는 주체를 가맹점사업자로 한정하는 경우, 계약당사자인 가맹점사업자가 이수하여야 합니다.

가맹점의 직원이 함께 받아야 하는 경우도 있고, 교육을 이수하여야 가맹점의 직원으로 근무할 수 있는 조건을 정하는 경우도 있으니 가맹본부가 정하는 정책을 확인하시기 바랍니다.

가맹점을 운영하는 사람은 전국 가맹사업의 동일성 유지 및 중요한 영업방침을 잘 준수하기 위해서라도 필수 교육을 꼭 이수하여야 합니다. 가맹점사업자가 직접 운영하지 않고 점포관리자 등을 고용하여 운영할 계획이라면 점포관리자가 대신하여 이수하게 할 수도 있습니다.

그러나 가맹점사업자가 직접 매장을 운영하지 않는다 하더라도 대리경영이나 위탁경영이 아닌 한 가맹점사업자가 필수 교육을 함께 이수하여 매장운영 전반에 대해 통제를 할 수 있는 역량을 갖추어 두는 것이 좋습니다.

Q05. 가맹본부의 필수 교육을 이수하지 않으면 불이익이 있나요?

A05. 가맹본부가 필수로 진행하는 교육에 참여하지 않는다면 당연히 전체 가맹사업의 전개방식을 따라갈 수 없을 것입니다. 따라서 개점 교육을 이수하지 않으면 가맹점 개점이 불가하거나 지연될 수 있습니다.

또한, 개점 이후 진행되는 신상품(메뉴) 또는 서비스에 대한 교육을 받지 못한다면 전국 가맹사업 동일성 유지를 위한 가맹본부의 중요한 정책을 따를 수 없기 때문에 가맹점 운영에 차질을 빚을 수 있을 것입니다.

따라서 가맹점사업자가 계약기간 중 필수 교육을 이수하지 않는 경우에는 가맹본부가 계약기간 만료 후 갱신을 거절할 수 있으며, 물품공급을 중단하거나 가맹계약을 해지할 수 있기 때문에 가맹본부가 필수로 진행하는 교육·훈련에 대해서는 적극적으로 참여하여야 합니다.

맺음말

프랜차이즈 비즈니스는 가맹본부나 가맹점사업자 어느 일방의 노력으로 성공하지 않는다. 가맹본부는 강력한 브랜드 컨셉을 개발하고 지속적인 연구개발과 가맹점 관리를 통해 경쟁우위를 창출해야 한다. 가맹점사업자 또한 주어진 영업지역에서 브랜드 방향과 가맹본부가 제시하는 정책에 적극적으로 협력하며 현장에 집중해야 상호관계가 발전할 수 있다.

관계는 신뢰를 바탕으로 한다. 신뢰는 정확한 정보제공과 일관성 있는 태도에서 출발한다.

지금까지 많은 프랜차이즈 가맹본부들이 정확하지 못하고 과장된 정보를 가맹희망자에게 제공한 경우가 많았다. 그리고 일관성 없는 태도와 가맹점에 대한 불공정한 거래행위로 이른바 갑질 프랜차이즈 논란에 휩싸이기도 했다. 가맹점 또한 무리한 요구와 브랜드 정체성을 훼손하는 일방적인 매장운영으로 브랜드 통제를 핵심으로 하는 프랜차이즈 가맹본부와 마찰을 빚기도 했다.

가맹본부는 차별화된 노하우와 전문화된 시스템을 구축하고 가맹희망자에게 정확한 정보를 제공하여야 한다. 진정성 있는 태도로 일관성 있는 가맹점 관리를 통해 가맹점의 신뢰를 회복해야 한다.

가맹점사업자 또한 묻지 마 식의 창업과 준비되지 않은 성급한 창업에서 탈피하여야 한다. 가맹본부가 제공하는 정보를 꼼꼼히 따져 보고 자신의 경력과 조건 등에 부합하는 합리적인 브랜드를 선택하여야 한다. 잘못 선택한 계약은 사후에 구제받거나 되돌리기가 어렵기 때문이다. 사전에 실패 가능성을 줄이고 시행착오를 줄이는 것은 제대로 된 정보를 파악하는 것에서 출발한다.

그리고 프랜차이즈시스템의 일원으로 참여하게 되면 가맹본부와 가맹점사업자는 지속적으로 정보를 공유하고 투명한 경영을 통해 파트너십을 다져나가야 한다.

프랜차이즈는 사기라거나 가맹본부는 모두 갑질을 한다는 식의 편향되고 왜곡된 시선은 가맹본부와 가맹점 모두에 바람직스럽지 않으며 모두의 실패로 귀결되고 말 것이다. 프랜차이즈 산업이 갖고 있는 사회 경제적 순기능을 살리면서 슬기롭게 가맹본부와 가맹점이 상생하는 바람직한 프랜차이즈 산업으로 선진화되어야 한다.

이 책이 프랜차이즈 산업의 상생 발전에 작으나마 기여할 수 있기를 소망한다.

저자 프로필

■ 이성희

㈜에프씨엠컨설팅 대표, 가맹거래사, 경영학박사다.

프랜차이즈 가맹본부를 체계화시키는 시스템구축, 정보공개서 및 가맹계약서 업무지원을 통한 계약관리, 슈퍼바이징 업무지원을 통한 성과관리, 공정거래협약 업무지원을 통한 상생경영 컨설팅, 가맹희망자 정보공개서 자문 등 업무를 추진하고 있고, 대학교 및 기업에서 강의를 진행하고 있으며, 저서 및 논문 등 연구 활동을 병행하고 있다.

현재 세종대학교 경영전문대학원 FC MBA(프랜차이즈전공) 겸임교수로 프랜차이즈 계약관리론, 프랜차이즈 경로관리론 등을 강의하고 있고, 세종사이버대학교에서 가맹거래사 자격증특강, 프랜차이즈 컨설팅방법론 등을 강의하며 외래교수로 활동하고 있다.

부천대학교, 장안대학교, 호원대학교 등에서 가맹계약론, 슈퍼바이저론, 가맹본부경영론, 상권입지분석론, 가맹본부경영론, 물류관리론, 슈퍼바이징실무, 기업창업론, 가맹점마케팅관리, 가맹점손익관리 등 과목을 강의하였고, 유통회사 및 프랜차이즈 기업 강의도 현재 진행 중이다.

저서로는 “프랜차이즈 계약과 창업”, “프랜차이즈 계약관리론”, “프랜차이즈 경영론: 통합마케팅 관점 프랜차이즈 시스템”, “한권으로 합격하는 가맹거래사 1차 필기시험문제”, “정보공개서를 활용한 가맹본부 파악과 가맹계약 시 유의사항” 등이 있다.

연구 활동으로 “프랜차이즈 가맹본부와 협력업체의 파트너십이 외부협업을 통해 거래성과에 미치는 영향”, “제3세계 음식전문점의 문화마케팅 활동이 방문동기와 재방문의도에 미치는 영향”, “프랜차이즈 계약관리레버리지를 활용한 프랜차이즈 기업의 성과분석과 전망”, “프랜차이즈 마케팅믹스에 관한 탐색적 연구” 등의 논문을 발표한 바 있다.

■ 이성훈

세종대학교 경영전문대학원 프랜차이즈 MBA 주임교수로 재직 중이며 가맹거래사, 경영학박사다. 에프씨엠컨설팅 가맹경영연구소 소장으로 프랜차이즈 상생경영을 위한 컨설팅 등을 수행하고 있다.

주요 언론 기고와 방송 인터뷰 등을 통해 프랜차이즈산업 주요 이슈에 대한 전문 의견을 활발하게 개진해오고 있다.

프랜차이즈산업 발전에 기여한 공로를 인정받아 2019년 산업통상자원부 장관 표창을 수상했다.

주요 연구와 강의 분야는 마케팅, 유통경로, 프랜차이즈 경제, 프랜차이즈 시스템과 프랜차이즈 기업의 정보시스템 및 프랜차이즈 전사적 계약관리 등이다.

주요 논문은 "프랜차이즈 기업의 정보시스템 성과에 대한 정보기술역량과 파트너십 품질의 영향" 및 "프랜차이즈 기업의 계약관리 시스템 구축을 위한 대안 모델: IT 기반의 프랜차이즈 전사적 계약관리(ECM) 도입의 필요성", "전사적 계약관리(ECM) 지표를 활용한 프랜차이즈 기업성과 분석: 프랜차이즈 계약관리 레버리지의 유용성", "지식공유, 상호의존, 상호이익공유가 프랜차이즈 정보시스템 성과에 미치는 영향" 등이 있다.

저서로는 "프랜차이즈 계약과 창업", "정보공개서를 활용한 가맹본부 파악과 가맹계약 시 유의사항", "한권으로 합격하는 가맹거래사 1차 필기시험문제", "프랜차이즈 경영론: 통합마케팅 관점 프랜차이즈 시스템", "프랜차이즈 계약관리론", "詩와 마케팅" 등이 있다.

프랜차이즈 예비창업자를 위한 가이드

프랜차이즈 계약과 창업

2020년 개정법 반영 "알기쉬운 정보공개서 파악법"

2018년 8월 31일 초판 발행
2020년 9월 15일 개정판 발행

공 저 이 성 희 · 이 성 훈
발행인 배 효 선

발행처 도서출판 法 文 社

주 소 10881 경기도 파주시 회동길 37-29
등 록 1957년 12월 12일 / 제2-76호(윤)
전 화 (031)955-6500~6 Fax (031)955-6525
e-mail(영업): bms@bobmunsa.co.kr
(편집): edit66@bobmunsa.co.kr
홈페이지 http : //www.bobmunsa.co.kr
조 판 (주) 성 지 이 디 피

정가 20,000원 ISBN 978-89-18-91143-4